Größe und Vielfalt der Stadt

„Wer der Stadt London überdrüssig ist, hat vom Leben genug!“, behauptete Dr. Samuel Johnson, der große Enzyklopädist der englischen Sprache. Schon lange kann London – eine der ersten Metropolen der Welt – nicht mehr in seiner Ganzheit beschrieben, geschweige denn überblickt werden. Zur Zeit der Regentschaft der Stuarts im 17. Jahrhundert war dies letztmalig möglich. Wer damals auf den Hügeln bei Westminster auf dem Rücken eines Pferdes saß, konnte London bis zu den Stadtgrenzen überschauen. Im viktorianischen Zeitalter schrieb der Amerikaner Henry James: „Man hat nicht die Alternative, von London als einem Ganzen zu sprechen, aus dem einfachen Grund, weil es so etwas wie dessen Ganzes nicht gibt. Es ist unermeßlich – die umfassenden Arme berühren sich nicht.“ Andere Schriftsteller behaupteten, daß es mehr als ein London gäbe oder kamen wie E. M. Forster zu dem Schluß, die Stadt sei ein „großes Durcheinander“.
Wie mag sich da erst ein Besucher gefühlt haben? G. Ch. Lichtenberg schrieb 1770 in einem Brief nach Deutschland: „Es ist unglaublich was die Menge von neuen Gegenständen, die ich nicht sogleich immer in meinem Kopf unterzubringen wußte, für eine Würkung auf mich gehabt hat. Ich vergaß immer über das letzte das erste völlig und lebe noch jetzo würklich in einer solchen Verwirrung, daß ich mich, da ich sonst mit kleinen Stadtneuigkeiten Bogen anfüllen könnte, in großer Verlegenheit befinde.“ Daß diese Reizüberflutung im Laufe der Zeit noch zunahm, davon zeugt die elliptische Notiz, die die Amerikanerin Sylvia Plath in den 1950er Jahren über den Trafalgar Square machte: „Holzbänke, zurück zur National Gallery – heiße Juni Sonne – glänzend: lavendel-pink farbener Nacken einer braunen Taube – schlafende Hintern unter Zeitungspapier [...] rot und weiß gescheckte Flagge im blauen Himmel [...] – weiße und graue Hausdächer – der Rücken der schwarzen Lord Nelson-Statue – 9.30 Uhr – die Fontänen gehen an – herausspritzende Wasserstrahlen, die den grünen Rücken der Delphine und Meerjungfrauen umspielen – Verkehrslärm – rote Dächer großer Doppeldeckerbusse fahren nach rechts, schwarze Taxen – weiße Glanzlichter – die Sonne steht rechts oben.“
Aufgrund der ständigen Ausweitung Londons in die angrenzenden Satelliten-Städte, die ohne architektonische Leitbilder auskommen müssen, erscheint das Gebiet ‚Greater London‘ heute wie eine Megalopolis und veranlaßt nicht wenige zu fragen: „London, aber wo liegt es?“ (Görner). Der Dichter Lord Byron hatte hierauf bereits eine Antwort: „London ist das, was die Vorstädte nicht sind.“
Wenn auch nicht auf einen Blick, so kann die Stadt heute doch wenigstens mit Hilfe von Stadtplänen und Straßenverzeichnissen graphisch

überschaubar gemacht werden. Seit Mitte der 1930er Jahre gibt es den legendär gewordenen „A to Z-Plan". Phyllis Pearsall stand um fünf Uhr morgens auf und legte pro Tag 29 Kilometer zurück. Insgesamt lief sie, um den Stadtplan fertigzustellen, eine Strecke ab, die eine Entfernung von gut 4800 Kilometern ergab (Ackroyd). Heute gibt es in London über 50 000 verzeichnete Straßen.

Wandel der Mentalitäten und Wahrnehmungen

London ist nicht nur flächen- und einwohnermäßig im Laufe der Jahrhunderte rasant gewachsen. Auch kulturelle Veränderungen, ein Wandel der Mentalitäten und der Wahrnehmung der Stadt haben dazu geführt, daß London immer wieder unterschiedlich erlebt und reflektiert worden ist. Die einen sahen London als Ort moralischer und physischer Korruption, für andere war die Stadt ein unbeschreibbares Babylon oder ein kultureller Magnet. Die uneingeschränkte Bewunderung vieler, die in die Stadt kamen, verkehrte sich schon im 16. Jahrhundert in eine moralische Verdammung. Der Gegensatz zwischen Stadt und Land, zwischen der städtischen Zivilisation und Korruption auf der einen und einer idealisierten naturnahen ländlichen Ordnung auf der anderen Seite wurde heraufbeschworen (Barth). In Anlehnung an die Bibel haben nicht wenige London als verwerflichen Ort des Lasters empfunden und ihn Sodom genannt. Mit dem zunehmend unüberschaubaren Wachstum der Stadt und einer ständig fortschreitenden Technisierung machte sich ein weiterer Bewußtseinswandel bemerkbar, der durch Gefühle der „Entfremdung, Vereinzelung oder drohende[n] Anonymität in der Massengesellschaft" (ebd.) gekennzeichnet war.

Viele Gebäude, die einmal von nationaler Bedeutung waren, sind heute aus dem Stadtbild verschwunden. Das Große Feuer 1666 (‚Great Fire') war ein ebenso einschneidendes Ereignis wie die Luftangriffe der Deutschen. Ferner sind Orte wie der Crystal Palace, die imposante Stahl-Glas-Konstruktion der Weltausstellungen von 1851 und 1862 im Hyde Park, oder die Nervenheilanstalt Bedlam – eine Touristenattraktion im 17. und 18. Jahrhundert – schon lange auf keinem Londoner Stadtplan mehr verzeichnet. Trotzdem haben diese Orte in der Literatur für den Leser nichts an ihrer Faszination eingebüßt. Auch der legendäre und in Romanen vielfach beschriebene Nebel prägt schon seit vielen Jahren nicht mehr das Stadtbild. So kann Arthur Conan Doyle Sherlock Holmes in der Erzählung *The Bruce Partington Plans* (1908) noch sagen lassen: „Schauen Sie aus dem Fenster, Watson. Sehen Sie, die Gestalten werden kaum erkennbar und tauchen gleich wieder in dem düsteren Nebel unter. Diebe und Mörder können an solchen Tagen London durchstreifen wie Tiger den Dschungel, unbemerkt schlägt die Klaue zu, die Tat wird erst am Opfer offenkundig."

Die Themse war lange Zeit die Hauptverkehrs- und Gütertransportroute der Stadt. Alexander Pope nannte den ‚Fluß des Kommerzes' denn auch „silberne Themse". – Seit 1863 die erste U-Bahn Strecke eröffnet wurde, hat sich für immer mehr Menschen die Fortbewegung auf die unterirdische Welt konzentriert. So wurden zunehmend die Anfangs- und Endpunkte einer Strecke, aber nicht die dazwischenliegenden Gebiete der Stadt wahrgenommen, und das Gefühl von Raum und Geschwindigkeit in der Stadt veränderte sich. Der Schriftsteller Compton Mackenzie (1883-1972) schreibt über seine Eindrücke in der Londoner U-Bahn: „Der zyklopische Blick des einfahrenden Zuges, das Abenteuer beim Einsteigen, die Pingeligkeit bei der Auswahl des Sitznachbarn, das Gefühl von Gleichheit, das geheimnisvolle Spiegeln in den gegenüberliegenden Fenstern, sogar der Farben der verschiedenen U-Bahnstationen [...]"

Auch für Besucher der Stadt an der Themse, die aus allen Teilen der Welt anreisten, um die vielbeschriebene Stadt mit eigenen Augen zu sehen und zu erleben, hat sich einiges geändert. Heute reisen sie bequem mit dem Schiff und Auto bzw. Bus, dem Zug oder per Flugzeug an. Im 18. Jahrhundert hinterlegten Karl Philipp Moritz und seine Zeitgenossen vor Antritt einer größeren Reise nach England noch ihr Testament. Die Anreise war sehr beschwerlich und zeitaufwendig. Moritz berichtete, daß sein Schiff mehrere Meilen vor London anlegte, „weil wegen der erstaunlichen Menge von Schiffen, die immer gedrängter aneinander stehen, je näher man der Stadt kömmt, oft verschiedene Tage erfordert werden, ehe ein Schiff sich durcharbeiten kann." So mußte Moritz in einiger Entfernung von London vom Schiff gehen und näherte sich in einer Postchaise der Stadt, die an verschiedenen Schlagbäumen anhielt, wo Zoll gezahlt werden mußte. Nach der Ankunft des Schiffs in London machte Moritz sich Tage später abermals auf den Weg, um sein Gepäck abzuholen und mußte dafür wiederum Geld entrichten.

Leben und Werk von SchriftstellerInnen in London

London hat derartig viele Literaten angelockt, daß unweigerlich eine Auswahl bei den Porträtierten getroffen werden mußte. Es sollte kein schweres Kompendium entstehen, sondern ein handliches Buch, das bei Streifzügen durch London zum ständigen Begleiter werden kann. Anders als in den bisherigen Büchern zum Thema werden in diesem Band keine Rundgänge durch einzelne Stadtbezirke beschrieben, sondern die Porträtierten und ihre Wohn- und Wirkungsstätten in einem in sich geschlossenen Text vorgestellt. Wie in der Reihe „Literarische Stadtpläne" üblich, werden in erster Linie Autoren und Autorinnen porträtiert, deren Werk sie selbst überlebt hat. London ist neben Oxford, Cambridge und Edinburgh nicht nur ein Zentrum von Literaten, sondern auch Wohn- und Schaffensort vieler Künstler, Gelehrter, Philosophen, Naturwissenschaftler und Persönlichkeiten gewesen, die es in vielen anderen Disziplinen zu Ruhm und Anerkennung gebracht haben. Der vorliegende Band konzentriert sich auf Literaten. Einige berühmte Ausnahmen wie Sigmund Freud oder Karl Marx bestätigen dabei die Regel, da ihr Werk einen erheblichen Einfluß auf die Literatur genommen hat. Eingang fanden vor allem diejenigen, deren Bücher auf deutsch übersetzt worden sind, um so auch Leserinnen und Leser zu gewinnen, die die Lektüre deutschsprachiger Ausgaben bevorzugen. Deshalb sind zum Beispiel einige Dramatiker wie Joe Orton und Noel Coward auf den folgenden Seiten nicht zu finden: Ihr Bekanntheitsgrad auf deutschen Bühnen ist leider relativ gering. Einige Besucher haben es nicht lange genug in London ausgehalten, als daß eine Aufnahme in den Band sinnvoll gewesen wäre. Dieses Kriterium haben u. a. William Wordsworth, obwohl er ein berühmtes Gedicht über die Westminster Bridge verfaßt hat, oder Thomas Mann und seine Tochter Erika nicht erfüllt. Goethe hingegen wurde in London nicht gesichtet. Man lud ihn zwar wiederholt ein, er zog es aber vor, lesend in seinem Sessel zu reisen. Goethe korrespondierte mit Dichtern wie Lord Byron und Thomas Carlyle und ließ sich von Engländern in Weimar von ihrer Heimat erzählen. So konnte er behaupten: „käme ich nach England hinüber, ich würde kein Fremder sein."

Porträts britischer Autoren und Autorinnen wechseln sich u. a. mit denen von Iren, Amerikanern, Franzosen und deutschsprachigen Autoren ab. Seit 1867 die erste Hinweistafel zum Gedenken an Lord Byron am Cavendish Square (Holles Street, nicht erhalten) angebracht worden ist, folgen im Auftrag des National Trust jährlich einige weitere Tafeln in ganz London. In diesem Band werden darüber hinaus viele Adressen erstmals veröffentlicht und verstehen sich in dem einen oder anderen Fall auch als Anregung zum Anbringen neuer Gedenktafeln in London.

Virginia Woolf schrieb: „An ihren Häusern können wir sie erkennen – und Schriftsteller drücken ihrer Umgebung ganz gewiß einen unauslöschlicheren Stempel auf als andere Leute." So nähern auch wir uns den Schriftstellern über ihre Häuser und der Stadt London mit den Worten ihrer Literaten. Wie nun läßt sich ein Porträt der Stadt und der Literaten aus dem vielfältigen Material erschaffen? Zunächst werden Texte der Autoren und Autorinnen selbst, wie Tagebücher, Briefe, Autobiographien oder Reiseberichte, herangezogen, in denen sie über ihr Leben in der Stadt berichten. Biographien runden das Bild, das die Schriftsteller von sich selbst entwerfen, durch einen Blick von Außen ab. Hinzu kommen die Werke, die sie während ihrer Zeit in London verfaßt haben. Hierbei wird vor allem auf die Texte eingegangen, in denen London als Motiv oder Gegenstand bedeutsam ist.

Warum London?

Als politisches, wirtschaftliches und kulturelles Zentrum der britischen Insel hat London seit Chaucers Lebzeiten eine herausragende Stellung inne. Hier gab es bis weit ins 18. Jahrhundert Mäzene, die nicht adeligen oder mittellosen Schriftstellern Protektion gewährten. Da ein Großteil von ihnen mit dem englischen Hof in Verbindung stand, suchten auch viele Autoren die Nähe des Königshauses. Daneben fanden sie in London Veröffentlichungsmöglichkeiten, Theater und andere Foren, wie zum Beispiel Wettbewerbe, um ihre Werke einem größeren Publikum vorzustellen. Ob auf Besuch bei einer Bildungsreise, als Station auf der Durchreise zu Zielen auf anderen Kontinenten, als temporäres Exil oder als Zufluchtsstätte aus dem nationalsozialistischen Deutschland: London ist immer auch das Ziel von Schriftstellern anderer Nationen gewesen. Die Stadt, die einmal krönender Abschluß manch einer ‚Grand Tour' deutschsprachiger Schriftsteller war, ist in Zeiten der Globalisierung heute auch Inspirationsquelle und neue Wahlheimat junger Schriftsteller geworden. So lebt z. B. Zoë Jenny, deren Romane auch in englischer Sprache verlegt werden, heute in London. Für Schriftsteller damals wie heute mag die Beobachtung von Peter Ackroyd gleichermaßen zutreffend sein: „Was die Menschen anzog, war die Stadt selbst. London rief sie. Sich dort niederzulassen bedeutete, auf eine indirekte und intuitive Weise teilzuhaben an einer Gegenwart, die ins Zukünftig-Ungewisse aufbrach."

Zeitgenössische Autoren

In zeitgenössischen Werken lebender Autoren und Autorinnen bleibt London ein beliebter Handlungsort. Der vielseitigste Chronist der Stadt ist wohl Peter Ackroyd. Er hat in Romanen u. a. Oscar Wilde, T. S. Eliot und Charles Dickens porträtiert, eine Biographie über London geschrieben (*London. The Biography*, 2000) und mehrere wichtige englische Autoren mit einer Biographie gewürdigt. Für die Bühne hat z.B. David Hare eine erfolgreiche Trilogie über den Zustand der Institutionen Kirche (*Racing Demon*, 1990), Justiz (*Murmuring Judges*, 1991) und Parteiensystem *(The Absence of War*, 1993) verfaßt. Caryl Churchill machte mit einem Stück über die Börsenspekulation (*Serious Money*, 1987) Furore.

Ob in Anlehnung an das Genre des Bildungsromans bei Julian Barnes (*Metroland*, 1980), des historischen Romans bei Jeanette Winterson (*Sexing the Cherry*, 1989, dt. *Das Geschlecht der Kirsche*) oder des Krimis, wie bei Martin Amis (*London Fields*, 1989) – London wird in vielen zeitgenössichen Romanen aus ungewohnten und ungewöhnlichen Blickwinkeln gezeigt. So wie diese Autoren das jeweilige literarische Genre weiterentwickeln, indem sie mit dessen Tradition spielen, wird die Stadt oftmals nur noch fragmentarisch dargestellt – aus verschiedenen, sich nicht ergänzenden Perspektiven. Das multikulturelle London haben u. a. Hanif Kureishi (*The Buddha of Suburbia*, 1991, dt. *Der Buddha der Vorstadt*) und Zadie Smith (*White Teeth*, 2000, dt. *Zähne zeigen*) evoziert. Bei Monica Ali (*Brick Lane*, 2003) erscheint London bereits so groß, daß das Zentrum völlig aus dem Blickfeld der Protagonisten gerät. Die pakistanische Familie hat bereits dreißig Jahre weit ab vom Zentrum im Osten der Stadt (Tower Hamlets) gelebt, bevor der Vater beschließt Urlaub zu nehmen, und sich mit der Familie einmal die Sehenswürdigkeiten Londons anzusehen.

Englische Ausgaben bekannter Bücher deutscher Autoren oder Emigranten findet man heute allerdings äußerst selten. Einen erstaunlich großen Erfolg hatten lediglich die autobiographischen Jugendbücher von Judith Kneale, der Tochter des Theaterkritikers Alfred Kerr. Sie erzählt von der Flucht der Familie nach London und ihren Erlebnissen während des Zweiten Weltkrieges. Auf der Liste der BBC (2003), die nach den hundert beliebtesten Büchern in England fragte, findet sich dagegen nur ein deutscher Autor, dessen Name bizarrer Weise falsch geschrieben wurde: *Das Parfüm* von Patrick Suskind (Süßkind).

Deutschsprachige Literaten in London

Mehr noch als Übersetzungen deutschsprachiger Texte hatten originalsprachige deutsche Publikationen bis ins 20. Jahrhundert hinein eine lange Tradition in London. Zwar endeten die meisten Unternehmungen deutscher Emigranten, in England Bücher auf deutsch zu verlegen, in einem finanziellen Verlustgeschäft, dennoch können z. B. für den Zeitraum von 1680 bis 1811 ca. 600 Einträge deutscher Publikationen nachgewiesen werden. Erst mit dem Ausbruch des Ersten Weltkrieges verstummte die deutsche Stimme im Verlagswesen und Buchhandel. Verlegt wurden zunächst meist deutsche Grammatiken und religiöse Bücher. Daneben gab es deutsche Buchläden, eine deutsche Lese-Bibliothek am Strand und sogar deutschsprachige Zeitungen (zuletzt *Die Zeitung*). Im 19. Jahrhundert stechen die Namen zweier Verleger hervor: Joseph Wertheimer, der auch erfolgreich Literatur verlegt hat, und Nikolaus Trübner, dessen Verlag heute unter dem Namen des großen akademischen Verlags „Routledge" firmiert. *Das kommunistische Manifest* von Karl Marx und Friedrich Engels dürfte wohl heute noch einer der bekanntesten auf deutsch in London erschienenen Titel sein.

Neben Flüchtlingen, die aus wirtschaftlichen Gründen, wegen ihres Glaubens oder ihrer politischen Gesinnung nach London kamen, emigrierten im Nationalsozialismus vor allem viele deutschsprachige Juden. Gabriele Tergit, die lange Zeit auch Sekretärin des Exil-PEN in London war, schrieb über die Lebensbedingungen in London: „Am Anfang waren das möblierte Zimmer und der Gasring und die Pensionswirtin und das Verbot jeder Arbeit, bezahlt oder unbezahlt." Oftmals mußte sich eine ganze Familie ein einzelnes Zimmer teilen. Viele deutschsprachige Emigranten fanden im Norden Londons, in Hampstead, eine neue Bleibe, häufig unterbrochen durch Aufenthalte in Internierungslagern außerhalb der Hauptstadt. Nach Ausbruch des Krieges wurden viele als „enemy aliens" (ausländische Feinde) eingestuft und somit unter Generalverdacht einer Komplizenschaft mit den Nationalsozialisten gestellt. Einige fanden wie ihre britischen Kollegen eine Beschäftigung bei der BBC und im Propagandaministerium. Viele beklagten ihre geringen Veröffentlichungsmöglichkeiten – zumal sie auf englisch erst zu einem eigenen Stil finden mußten oder wie Alfred Kerr zwangsläufig viel für die Schublade produzierten. Auf die dementsprechende Klage von Hilde Spiel antwortete Robert Neumann: „Unsere Vorfahren hat man auf Scheiterhaufen verbrannt. Da wirst du noch lernen können, in einer anderen Sprache zu schreiben." Viele Emigranten haben sich in den folgenden Jahren und Jahrzehnten einen Namen als Vermittler zwischen den Kulturen gemacht. Unter ihnen war auch der Begründer der Literaturagentur „Mohrbooks", Lothar Mohrenwitz. Der deutsche Jude kam in den 1930er Jahren nach London und arbeitete zunächst für einen englischen Agenten. Da er kaum Englisch konnte, vermittelte er englische Autoren an schweizer Verlage. Er hat u. a. die deutschsprachigen Rechte von Agatha Christie und George Orwell vertreten. Heute ist die Agentur mit Sitz in Zürich die älteste deutschsprachige Literaturagentur.

Manche der Emigranten schafften den Sprachwechsel und blieben in England. Andere wie Ernst Toller zogen weiter ins ungewisse amerikanische Exil.

London: Treffpunkt der Nationen und literarische Treffpunkte

Insbesondere seit dem Niedergang der englischen Kolonialmacht und der Unabhängigkeit der meisten ehemaligen Kolonien wurde England zur Zufluchtsstätte von Schriftstellern unterschiedlicher Kulturen. Die „dickfällige Haut der Engländer“ (Willett) mag ihren Integrationsprozeß nicht unbedingt vereinfacht haben. Auch die meisten deutschsprachigen Exilanten blieben unter sich. So resümierte Gabriele Tergit: „Bis etwa 1943 kannten die meisten keinen Briten außer dem Milchmann, dem Briefträger und dem Gemüsehändler.“ Der amerikanische Dichter Ezra Pound brachte die Situation folgendermaßen auf den Punkt: „Wenn die Arbeit es verlangt, daß jemand im Exil lebt, laßt ihn leiden oder Gefallen an seinem Exil finden. Aber es wäre gleichermaßen einfach für einen Amerikaner ein Chinese oder Hindu zu werden, als eine ‚Englishness‘ zu erreichen, die mehr ist als ein schöner Schein.“
Dennoch gibt es in London eine Reihe von Orten, an denen sich Schriftsteller unterschiedlicher Nationen durch die Jahrhunderte zusammenfinden und austauschen konnten. Zunächst ist da die urenglische Form der Kneipe, das ‚public house‘, zu nennen, das ursprünglich einen „geschützten Raum“ bieten sollte, „der Gästen offensteht und in dem für deren leibliches Wohl gesorgt wird“ (König). In Texten aus früheren Jahrhunderten finden sich daneben häufig die Bezeichnungen ‚inn‘ und ‚tavern‘. Ein berühmter Pub ist „Ye Old Cheshire Cheese“ (145 Fleet Street), der heute noch besteht und über die Jahrhunderte von Autoren wie Alexander Pope, Samuel Pepys, Voltaire, Samuel Johnson, James Boswell sowie Charles Dickens und Mark Twain frequentiert wurde.
Seit Ende des 17. Jahrhunderts bevorzugten die Literaten die neu gegründeten, exklusiven Herrenclubs (‚gentleman’s clubs‘), die der allgemeinen Öffentlichkeit unzugänglich blieben, da eine Mitgliedschaft nur durch Empfehlung eines der Mitglieder möglich wurde. Der erste Club war 1736 „White’s“. Ihm folgte u. a. ab 1824 der berühmte Versammlungsort von Schriftstellern „Athenaeum“ (107 Pall Mall, SW1). Der „Reform Club“ ist bis in die 1980er Jahre Frauen verschlossen geblieben. Pubs waren nun für lange Zeit den unteren Schichten überlassen. Literarische Cafés oder Teehäuser tauchen eher selten als Treffpunkte von Literaten auf. Ausnahmen bilden die Kaffeehäuser im 17. und 18. Jahrhundert wie „Will’s Coffee House“ und ab 1865 das „Café Royal“ (ursprünglich Glasshouse Street, heute 68 Regent Street, W1, Veranstaltungsort). Dort gab es „jede Menge Bankiers, Finanziers, Buchmacher, Beamte, Prostituierte, Taschendiebe, Millionäre, Jockeys, Boxer, Maler, Bildhauer, Dichter und Musiker. Schwarze Fassade, schwarze Säulen, schwarze Glastür – das ist eigentlich keine Farbe für ein gemütliches Café, sondern mehr für ein gutgehendes Beerdigungsinstitut“ (Glander). Gäste waren u. a. Oscar Wilde, George Bernard Shaw, Katherine Mansfield, D. H. Lawrence und George Orwell.

Seit der Eröffnung der British Library ist dieser Ort zum Treffpunkt viele Schriftsteller geworden, die sich immer wieder in Huldigungen dieses Mekkas der Bücher ergingen. Als die Bibliothek noch im British Museum untergebracht war, wurden die Stühle im Lesesaal mit den Namen derjenigen versehen, die an dem jeweiligen Tisch einmal gearbeitet hatten. Maureen Duffy läßt den Protagonisten in ihrem Roman *Capital* (1975) sogar den Bibliotheksausweis zu seinem eigentlichen Personalausweis erklären: „Er saß in der U-Bahn und fuhr zum Russell Square. Als allererstes mußte er seinen Ausweis für den Lesesaal zurückbekommen. Das war sein eigentlicher Paß.“ Es hat in London natürlich auch immer wieder literarische Zirkel gegeben, wie im 18. Jahrhundert den „Scliberus Club“ (Jonathan Swift, Alexander Pope u. a.) und den von Samuel Johnson gegründeten „Club“ im „Turk's Head“, (9 Gerrard Street, W1, Plakette, später „Literary Club“). Im 20. Jahrhundert dürften der literarische Salon um Lady Ottoline Morell und eng damit verbunden die Bloomsbury Group wohl die bekanntesten gewesen sein. Nicht zu vergessen ist der englische PEN, dem Hilde Spiel eine herausragende Rolle bei der Integration von ausländischen Schriftstellern beigemessen hat: „Aus diesem Verein, von einer wohltätig betriebsamen Romancière und dem edlen John Galsworthy als Tischgesellschaft begründet, war nicht nur ein Sammelpunkt aller bedeutenden Autoren – mit Ausnahme der ‚Bloomsberries‘ – geworden, sondern in dieser bewegten Zeit ein Hafen, in den sie nacheinander einliefen: die Deutschen, die Österreicher, die Tschechen, dann die restlichen Flüchtlinge aus Hitlers Europa. Sie wurden ans Herz genommen von einer Reihe mütterlicher Frauen und selbstloser Männer, willkommen geheißen und fortan, bis sie ihre eigenen Exilzentren bildeten, der Gemeinschaft einverleibt.“ Österreichische Emigranten trafen sich im „Austrian Centre“, es gab den „Freien Deutschen Kulturbund“, das linksliberale Diskussionsforum „Club 43“ (Broadhurst Gardens, heute das Anglo-German Cultural Forum, Belsize Synagogue, Belsize Square, NW3), die Bühne „Laterndl“ und natürlich den Exil-PEN. Letzterer verfügte aber über keine offiziellen Räume für Veranstaltungen. Private Zusammenkünfte und literarische Kreise der Emigranten waren selten. Eine Ausnahme bildeten die Abende bei Stefan Zweig: „In der Wohnung Stefan Zweigs [...] finden Zusammenkünfte statt, wie sie heute undenkbar erscheinen: Dichter lesen einander aus ihren entstehenden Manuskripten vor und hören stundenlang respektvoll zu, um dann den anderen das eigene Geschriebene zuzumuten“ (Spiel).

Daß sich das Geschriebene der in diesem Band versammelten Autoren und Autorinnen durchaus sehen lassen kann, beweist bereits ein kurzer Blick auf die namhaften Bücher, die in der Stadt und über sie geschrieben worden sind. Mit dem Band *Literarisches London* und den auf dem dazugehörigen Stadtplan markierten Adressen können Sie auf Ihre individuelle literarische Spurensuche durch die englische Metropole gehen. Die angeführten Werke und Literaturtips machen Sie vielleicht neugierig darauf, London über Zeit- und Kulturgrenzen hinweg mit den Augen der vorgestellten Literaten zu betrachten.
Entdecken Sie London literarisch!

1. Jane Austen

(1775 Steventon/Hampshire bis 1817 Winchester)

„Abwechslung durch Beschäftigungen, Unternehmungen und Bekanntschaften, die Barton nicht bieten konnte, waren in London unvermeidlich und würden Marianne [...] vielleicht dazu bewegen, ihre Selbstbezogenheit aufzugeben und sich sogar zu amüsieren, sosehr ihr der Gedanke an beides im Moment auch zuwider sein mochte." Ähnlich wie Marianne im Roman *Sense and Sensibility* (1811) verbringt Jane Austen die meiste Zeit ihres Lebens in der Provinz fernab vom turbulenten Treiben der Großstadt London. Im Gegensatz zu ihr ist die Autorin aber gerne in London, und die Geselligkeit der Hauptstadt liegt ihr – „Ich finde all diese kleinen Gesellschaften sehr angenehm." Jane Austen besucht vor allem ihren Bruder Henry und dessen Familie und trifft sich mit Verlegern. Im April 1811 wohnt sie bei Henry in Chelsea in der ■ 1a: 64 Sloane Street (SW1, zerstört) und korrigiert die Fahnen von *Sense and Sensibility*, einem Roman, der teilweise in Mayfair, in dem vornehmen Viertel um den Hanover Square (u. a. in der Berkeley Street), spielt. Zur damaligen Zeit ist es nichts Ungewöhnliches, daß sie den Druck ihres ersten Buches selbst finanziert. Jane Austen ist froh, überhaupt einen Verlag gefunden zu haben. Sie geht ins Theater und kann in den Geschäften dem vielfältigen Angebot häufig nicht widerstehen. Das alles hat allerdings seinen Preis, so schreibt sie ihrer Schwester Cassandra: „Ich muß Dir leider mitteilen, daß ich ausgesprochen extravagant geworden bin und mein ganzes Geld ausgebe; und was für Dich noch schlimmer ist, ich gab auch Deins aus." Im Laufe der Zeit übernimmt Henry die Vertretung der Interessen seiner Schwester bei den Verlagen, und sein Haus wird zu Jane Austens Londoner Geschäftsadresse. Im April 1813 stirbt Henrys Frau. Jane steht ihrem Bruder bei. Er gibt das Haus in Chelsea bald auf und zieht nach Covent Garden in die ■ 1b: 10 Henrietta Street (WC2, Hinweistafel). Jetzt wohnt er über der Tilson Bank, deren Teilhaber er ist. Im Sommer 1813 und März 1814 ist Jane zu Besuch und verkündet, daß die Wohnung immer noch schmutzig und unordentlich, aber vielversprechend sei. Kurz darauf ist Henry ein weiteres Mal umgezogen – wieder zurück in die Nähe der Sloane Street. Jane ist von August bis September 1814 kurz zu Besuch in Knightsbridge (■ 1c: 23 Hans Place, SW1, Hinweistafel, zerstört) und wohnt im Gartenzimmer: „Ich werde meine zwölf Tage hier sehr angenehm verbracht haben, ohne daß es viel zu erzählen gäbe [...] zwei oder drei sehr kleine Einladungen zum Dinner, mehrere köstliche Fahrten in der zweirädrigen Kutsche, und ruhige Teestunden mit den Tilsons sind die Summe meines Tuns." Im November 1814 hat sie wieder geschäftlich in London zu tun. Es wird über die zweite Auflage von *Mansfield Park* (1814) verhandelt. Im Herbst 1815 eilt sie an das Krankenbett ihres Bruders und pflegt den unter einem gefährlichen Fieber Leidenden gesund. Obwohl Jane Austens Romane anonym – „by a lady" – erscheinen, spricht sich die Identität der Autorin herum. Als der spätere König Georg IV. erfährt, daß sie die Autorin der von ihm geliebten Bücher ist, erhält sie eine Einladung, die königliche Bibliothek im „Carlton House" zu besichtigen. Sie bleibt bis zum 16. Dezember 1815 in London – ihrem vierzigsten Geburtstag. Jane Austen hat das Lebensziel ihrer Protagonistinnen – die Heirat mit einem Mann, den sie liebt und der sie als gleichwertig achtet – selbst nie erreicht. Sie liefert ein kritisches und satirisches Zerrbild der englischen ‚Gentry'. Mit der Darstellung menschlicher Charakterschwächen, wie z. B. die Parodie extremer Empfindsamkeit, die die sitzengelassene Marianne in *Sense and Sensibility* an den Tag legt, hat sie als Schriftstellerin einen bleibenden Platz im kulturellen Gedächtnis weit über England hinaus gefunden. In ■ K1 Westminster Abbey (Parliament Square, SW1) erinnert eine kleine Gedenktafel an Jane Austen, die an der Addison Krankheit gestorben ist.

W: *Sense and Sensibility* (1811), dt. *Verstand und Gefühl.*
🕮 Valerie Grosvenor Myer. *Jane Austen. Ein Leben.* Frankfurt 1998.

2. Samuel Beckett

(1906 Foxrock bei Dublin – 1989 Paris)

Nach dem Tod seines Vaters beginnt Samuel Beckett 1933 in England sein Leben im Exil. Er wohnt bis 1936 in einer ärmlichen Wohngegend in Chelsea: zuerst in einer Pension am ■ 2a: 48 Paultons Square (SW3), einem Gebäude aus den 1830er Jahren; später zieht er in die ■ 2b: 34 Gertrude Street (SW10), ist depressiv und in finanziellen Schwierigkeiten. Darüber hinaus bekommt er die Diskriminierungen der Engländer gegenüber den Iren zu spüren: „Die wissen immer, daß man Ire ist. Der Portier im Hotel. Er schlägt einen anderen Ton an. Der Taxifahrer sagt: ‚Noch einen Sixpence, Pat.'" Beckett sucht regelmäßig einen Psychotherapeuten auf (Tavistock Clinic, Malet Place, WC1). In dieser Zeit arbeitet er als Rezensent und Übersetzer. Eigentlich gilt sein Interesse aber mehr der Malerei. So oft wie möglich ist er in der ■ M1 National Gallery (Trafalgar Square, WC2), wo er sich sogar um eine Stelle bewirbt. Er schreibt noch keine Dramen, sondern Erzählungen, Gedichte und den in London spielenden Roman *Murphy* (1938). Der Titelheld ist ein Außenseiter und Ire, der „tatenlos und apathisch" in „einer Gasse West Bromptons ... in einem mittelgroßen Käfig mit Front nach Nordwesten und ununterbrochener Sicht auf mittelgroße Käfige mit Front nach Südosten" lebt und sich in ein Mädchen verliebt, das er aber nur heiraten kann, wenn er Geld verdient. Deshalb nimmt er eine Arbeit als Pfleger in einer Nervenheilanstalt an und kommt dort ums Leben. Diese Tragikomödie in Romanform ist auch insofern ganz untypisch für den späteren Minimalisten, als sie sehr realistisch und durch eine detailbesessene Genauigkeit gekennzeichnet ist. Viele der im Roman genannten Straßen liegen direkt in Becketts Wohnviertel. So begegnen sich Celia und Murphy das erste Mal, als sie aus der Edith Grove in die Cremorne Road einbiegt und ihn in der Einmündung der Stadium Street stehen sieht. Später wohnt sie in der Nähe des Gefängnisses von Pentonville. Murphy kehrt von seiner täglichen Jobsuche lange ergebnislos zu seiner Freundin zurück, während die Vermieterin den Eindruck gewinnt, er käme von der Arbeit nach Hause: „In Wirklichkeit machte Murphy sich schon so zeitig auf den Rückweg, daß er Stunden zu früh in der Brewery Road ankam. Vom praktischen Gesichtspunkt aus vermochte er keinen Unterschied zwischen dem Herumlungern in der Brewery Road und dem Herumlungern in der, sagen wir, Lombard Street zu erkennen. [...] Aber vom sentimentalen Gesichtspunkt aus war der Unterschied erheblich. Brewery Road war ihr Vorhof, in gewissen Stimmungen beinahe ihr Alkoven.“ Samuel Beckett zeichnet in *Murphy* ein pessimistisches Bild der Stadt: Für Murphy sind die Möglichkeiten, die das Leben in der Hauptstadt eröffnet, völlig bedeutungslos.

W: *More Pricks than Kicks* (1934), dt. *Mehr Prügel als Flügel* – *Murphy* (1938).
🕮 Klaus Birkenhauer. *Beckett*. Reinbek 1971 – James Knowlson. *Damned to Fame. The Life of Samuel Beckett*. London 1996.

3. Aphra Behn
(1640 Wye/Kent – 1689 London)

Aphra Behn ist die erste Frau, die sich mit dem Schreiben ihren Lebensunterhalt verdienen kann. Obwohl sie nicht aus vermögenden Verhältnissen kommt, schafft sie es dennoch Karriere zu machen. Behn macht sich 1664 allein auf den Weg nach London. Sie ist 24. Zur damaligen Zeit ist eine Heirat die beste Möglichkeit für eine alleinstehende Frau, um ihr Überleben zu sichern. Mit 25 würde sie bereits als alte Jungfer gelten. Behn muß sich beeilen. Sie heiratet sehr wahrscheinlich einen Kaufmann, der bald darauf stirbt. 1666 erhält Aphra Behn das Angebot, als Spionin für den englischen König Charles II. in Antwerpen zu arbeiten. Auch das ist ungewöhnlich. Frauen treten am Hof nur als Geliebte oder Hausangestellte in Erscheinung. Sie warnt den König vor einem Flottenangriff der Holländer, wird aber nicht ernst genommen. 1670 gibt sie ihr literarisches Debüt mit *The Forced Marriage* im ■ T1 „Lincoln's Inn Fields Theatre“ (Portugal Street, WC2, aus dem Lisle's Tennis Court entstanden, zerstört). Am populärsten wird ihr Stück *The Rover* (1681). Ihre Dramen werden im ■ T2 „Drury Lane Theatre“ (Catherine Street, WC2) zu einer Zeit aufgeführt, als es in London nur zwei Theater gibt. Es folgen 16 weitere Stücke in ebenso vielen Jahren. Sie zeigt in ihren Intrigenkomödien die Konsequenzen einer erzwungenen Heirat und setzt weibliche ‚Libertins‘ ins Zentrum ihrer Restaurationsdramen. Aphra Behn hat bereits einen Roman geschrieben, als →Defoe mit *Robinson Crusoe* den angeblich ersten englischen Roman liefert. Behn ist eine Feministin ‚avant la lettre‘, die sich für die Gleichstellung von Mann und Frau einsetzt. Ihre Karriere endet, als es in London nur noch ein Theater gibt und keine aktuellen Stücke mehr benötigt werden. Ihre Zeitgenossen attackieren sie besonders scharf, als es ihr finanziell und gesundheitlich nicht mehr gut geht: „Ist diese unanständige Hure, diese poetische Königin / Berühmt in Whitfriars, sie wissen wen ich meine, von Tadel frei? [...] Schon lange hat sie Ischias und ist daneben lahm, / [...] Deshalb werde ich keine scharfen Worte verwenden, / Armut, Dichtung und Pocken sind genug für einen

Menschen“. Aphra Behn war auch politisch sehr aktiv und konnte häufig in ■ C1 „Will's Coffee House“ (20 Russell Street, WC2, zerstört) angetroffen werden. Bald nach ihrem Tod gerät sie in Vergessenheit und ist doch die einzige Autorin, die in der ■ K1 Westminster Abbey begraben wurde – allerdings nicht in der ‚Poets Corner‘ an der Seite anderer berühmter Literaten, sondern im östlichen Kreuzgang.

W: *The Works of Aphra Behn*. Hrsg. Janet Todd. 7 Bde. London 1992–96 – *Oroonoko: or, The Royal Slave. A True History* (1688), dt. *Oroonoko oder die Geschichte vom königlichen Sklaven* – *The Rover* (1677), dt. *Der Pirat oder Edle im Exil.*

🕮 Angeline Goreau. *Reconstructing Aphra. A Social Biography of Aphra Behn*. New York 1980 – Maureen Duffy. *The Passionate Shepardess: Aphra Behn 1640–89*. London 1977.

4. William Blake

(1757 London – 1827 ebd.)

Bereits als Kind hat William Blake Erscheinungen und hört Geister, die ihn auf die Kunst verpflichten wollen. Viele seiner Zeitgenossen verkennen das Talent des Malers und Dichters und sehen in ihm nur den Graveur oder einen Irren, der Engel sieht. Der „letzte religiöse Dichter Englands“ ist sehr von der Bibel geprägt. Er malt eine Stadt voller biblischer und mythischer Figuren, die die Kraft der Offenbahrung haben und meistens allein gegen die Welt stehen. Blake macht eine Ausbildung zum Graveur in „Henry Par's Drawing School“ (■ 4a: 101 Strand, WC2, zerstört) – er lernt dort sein Handwerk, indem er Kopien antiker Skulpturen anfertigt – und geht später auf die neu gegründete „Royal Academy“ (erst Old dann New Somerset House). In vielerlei Hinsicht bleibt er aber ein Autodidakt: „Gott sei Dank wurde ich nie in die Schule geschickt / Wurde nicht geschlagen, um den Stil eines Dummkopfs nachzuäffen.“ Blakes Geburtshaus steht in Soho (■ 4b: 27 Broad Street, heute Broadwick Street, W1, zerstört). Zunächst hat sein Vater in der unteren Etage des Hauses ein Strumpfwarengeschäft. Später betreibt Blake dort sein Geschäft für Drucke. Kurze Zeit wohnt er in der Nähe des Leicester Square (Green Street). Seine Frau Catherine ist ihm zeitlebens eine große Hilfe und bietet ihm Schutz vor der Außenwelt. 1785–91 wohnen die Blakes in der ■ 4c: 28 Poland Street (W1, zerstört), dann ziehen sie nach Lambeth (■ 4d: 13 Hercules Buildings, Hercules Road, SE1, zerstört). Hier gibt es mehr Platz und zum ersten Mal einen Garten mit Blick auf die Themse, den Blake „den Garten der Liebe“ nennt. Lambeth wird für ihn mehr als nur ein Zuhause. Es ist auch der Schauplatz seines berühmten Gedichtes *Jerusalem*, der Ort, an den Jerusalem der Prophezeiung nach zurückkehren wird. Blake verbringt hier seine produktivste Zeit. „Es gibt ein Sandkorn in Lambeth, das Satan nicht finden kann / Seine lauernden Dämonen können es auch nicht: es ist durchsichtig und hat viele Engel.“ Er schreibt hier u.a. die bekannten Gedichte *Tyger* und *London*. 1803 zieht er in die ■ 4e: 17 South Molton Street (W1, Plakette) in zwei Zimmer im ersten Stock: im Empfangsraum hängen seine Bilder, das andere Zimmer dient gleichzeitig als Arbeitsraum, Schlafzimmer und Küche. 1821 wohnt er ein paar Straßen weiter (■ 4f: 3 Fountain Court, zerstört). Blake lebt die meiste Zeit in ein und demselben Gebiet: zwischen Strand, Holborn und Oxford Street. London hat bei ihm viele Namen. Er nennt die Stadt „Albions Stadt" und „ein menschliches schreckliches Wunder Gottes!" Er verwendet Orte in der Stadt und Straßennamen und verleiht ihnen Symbolcharakter, um seine politischen Ziele und moralischen Grundsätze zu veranschaulichen. Das mächtige englische Empire ist von großer sozialer Verantwortungslosigkeit geprägt, was bei Blake apokalyptische Vorstellungen provoziert. So schreibt er in seinem Gedicht *London* (In: *Songs of Experience*, 1794) beim Anblick der Themse: „Die feilen Straßen gehe ich, / wo fließt der feile Themsefluß, / in jedem Antlitz sehe ich / Spuren von Gram und von Verdruß." Blake liegt zusammen mit seiner Frau auf dem Friedhof in ■ F1 Bunhill Fields (38 City Road, Moorgate, EC1) begraben.

W: *Songs of Experience* (1794), dt. *Lieder der Unschuld und Erfahrung.*
📖 Peter Ackroyd. *William Blake.* München 2001.

5. James Boswell

(1740 Edinburgh – 1795 London)

1760 kommt James Boswell zum ersten Mal in die Metropole. Er möchte in die katholische Kirche eintreten und Priester oder Mönch werden. Als er die vielen schönen Frauen sieht und insbesondere der Prostituierten gewahr wird, überlegt er es sich aber doch anders: „Am Haymarket habe ich eine korpulente, fröhliche, junge Maid aufgelesen, ich nahm sie unter den Arm und führte sie zur Westminster Brücke [...] Es dort zu machen, während die Themse unter uns entlangfloß, amüsierte mich sehr." – Boswell wird auf Wunsch seines Vaters Jurist und übt diesen Beruf in Edinburgh erfolgreich aus. 1762–63 kehrt er zu einem längeren Aufenthalt nach London zurück. Diesmal bemüht er sich, ins königliche Garderegiment aufgenommen zu werden. Er wohnt in der Pall Mall im Haus eines befreundeten Arztes und notiert in seinem Tagebuch *London Journal* (1762–63): „Ich hatte ein schönes Eßzimmer und Schlafzimmer in Pall Mall, dem vornehmsten Teil der Stadt [...] und ich hatte genügend Geld, um wie ein Gentleman zu leben." 1763 kommt es zu einer folgenreichen Begegnung: Boswell trifft den von ihm sehr verehrten →Dr. Samuel Johnson im Buchladen von Tom Davies in Covent Garden (■ Bu1: 8 Russell Street, WC2, Hinweistafel, heute ist dort „Boswell's Café"). Es ist der Beginn einer langen und engen Freundschaft. Boswell ist voll des Lobes über London. Johnson gegenüber behauptet er: „Die gute Laune, die ich in London habe, läßt mich alles schneller und mit mehr Elan machen" und meint, London sei der beste Ort egal, ob man glücklich ist oder nicht. Boswell ist Zeit seines Lebens begierig nach dem kulturellen Leben in der Hauptstadt. Er kommt regelmäßig einmal im Jahr zu Besuch – 1776 wohnt er in Soho (■ 5a: 22 Gerrard Street, W1). Erst nach Johnsons Tod zieht er 1786 mit seiner Familie ganz nach London. Er wohnt zunächst in einem Haus in der Great Queen Street (Lincoln's Inn Fields, zerstört). 1791 zieht er in die ■ 5b: 122 Great Portland Street (W1, zerstört, aber Plakette am heutigen Haus). Hier arbeitet er an seinem Buch *Life of Samuel Johnson* (1791), der ersten modernen Biographie. Dieses Buch wird ihn berühmt machen: Es ist eine Lebensbeschreibung, die mit ihren vielen Anekdoten und Dialogen eine große Unmittelbarkeit schafft und heute noch ein eindrucksvolles Zeugnis des literarischen Lebens im London des 18. Jahrhunderts darstellt.

W: *London Journal* (1762–63), dt. *Londoner Tagebuch – Life of Samuel Johnson* (1791), dt. *Doktor Samuel Johnson: Leben und Meinungen.*
🕮 Peter Martin. *A Life of James Boswell.* London 2000.

6. Elizabeth Bowen (eigentlich Dorothea Cole)

(1899 Dublin – 1973 London)

Die Irin Elizabeth Bowen wächst in England auf. Sie geht mit 20 Jahren für zwei Trimester auf die Kunstschule in London. Während dieser Zeit beginnt sie auch mit dem Schreiben. Bowen zieht in das Haus ihrer Großtante in Marylebone (Queen Anne's Gate). 1923 heiratet sie Alan Cameron. Nach der Hochzeit ist sie viele Jahre nur sporadisch zu Besuch in London. Erst 1935 zieht Bowen von Oxford wieder nach London, da ihr Mann Verwaltungsdirektor des Schulfunks der BBC wird. Das Paar wohnt in der Nähe des Regent's Park, ■ 6: 2 Clarence Terrace (NW1). In diesem Haus werden der Roman *The Death of the Heart* (1938) und mehrere Kurzgeschichten spielen. In *The Death of the Heart* entwirft Bowen ein umfassendes Bild Englands vor dem Zweiten Weltkrieg. In dieser Gegend sind auch die Schauplätze ihres berühmtesten Romans *The Heat of the Day* (1949) zu finden, in dem sie rückblickend die Jahre 1940–44 und das Lebensgefühl in der Hauptstadt während dieser Zeit wieder lebendig werden läßt. Elizabeth Bowens London-Bild bleibt ihr Leben lang geprägt von den Büchern, die sie schon als Kind gelesen hat: „London hatte eine fiktive Existenz für mich. Es ragte dunkel am anderen Ende des Wassers auf. Ich dachte an die Stadt als ein Wesen, daß zugleich magische Anziehungskraft besaß und gefährlich war. Es war, von dem was ich gehört hatte, eine Stadt, in die sich niemand alleine wagte, und die man nur nach guter Vorbereitung und mit Vorbedacht betrat [...] Menschen waren allerdings erst der zweite Gedanke. Ich stellte mir das Ganze als eine Menge von Gebäuden vor, als ein irgendwie respektloses Extrem an Masse und Höhe, in dessen Zwischenräumen Nebel war." Ähnliches sagt sie auch über die Wohngegend am ■ P3 Regent's Park: „Die Anziehungskraft des Regent's Parks, der spontane Eindruck, daß dieser Ort bewohnbar war, lag darin begründet, daß er den Eindruck erweckte, direkt aus einem Buch zu sein." In vielen ihrer Werke spielen Orte oder Häuser als unheimliche Bewahrer des Vergangenen eine große Rolle. In den Kriegsjahren gehört Bowen zu der kleinen Schar, die in London ausharrt. Es wird eine der intensivsten und aufregendsten Zeiten ihres Lebens: Bowen arbeitet freiwillig als Luftschutzwärterin in Marylebone und ist für den Geheimdienst tätig. So liefert sie Berichte über das neutrale Irland an das ■ U1 Informationsministerium („Senate House", Gower Street, WC1). Surreal und gespenstisch werden in *The Heat of the Day* die Folgen des Krieges, insbesondere in der Gegend

B

des Regent's Park aufgezeigt. Mit „seinen finsteren, mißbrauchten Orten ist das ‚Bowen-Terrain' ein ‚vermintes Gebiet', ein Ort der Enteignung und des Kompromisses. Jetzt im Krieg stehen selbst die Zimmer und das Mobiliar unter Beschuß" (Lee). Im Juli 1944 wird Bowens eigenes Haus durch eine Bombe von innen völlig zerstört. In *The Heat of the Day* bringt die Autorin in der Figur der Stella Rodney einen Großteil ihrer eigenen Lebensgeschichte unter und verbindet so Persönliches mit Politischem: ihre Kriegserlebnisse, die Geheimdiensttätigkeit und eine Affäre. Nach dem Krieg lebt sie vorwiegend in Irland. Sie trennt sich nach dem Tod ihres Mannes 1952 von ihrem Haus in London und führt mehr denn je ein Nomadenleben. Elizabeth Bowen stirbt an Lungenkrebs.

W: *The House in Paris* (1935), dt. *Das Haus in Paris* – *The Death of the Heart* (1938), dt. *Der Tod des Herzens* – *The Demon Lover* (1945), dt. *Erzählungen* – *The Heat of the Day* (1949) – *London, 1940*. In: *Collected Impressions* (1950).
🕮 Hermione Lee. *Elizabeth Bowen. Porträt einer Schriftstellerin*. Frankfurt 2001.

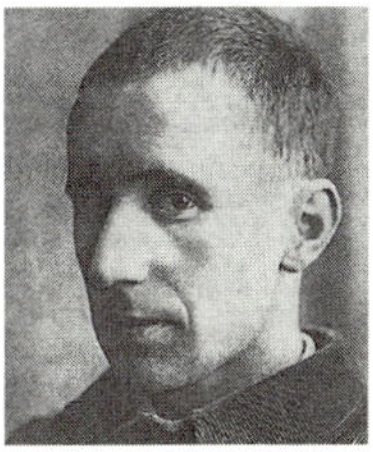

7. Bertolt Brecht

(1898 Augsburg – 1956 Berlin)

Zwar beneidet Brecht die Engländer um ihre Literatur, die „eine wirkliche Geschichte und wirkliche Kontinuität hat, weil frühzeitig ein nationales Leben vorging und das Bürgertum an die Macht kam," er selbst kann in England allerdings nicht Fuß fassen. Als Brecht bereits im Exil in Dänemark lebt, hält er sich zweimal für längere Zeit in London auf. Von Oktober bis Dezember 1934 wohnt er in einer Pension in Saint Pancras (■ 7a: 24 Calthorpe Street, WC1). Während dieser Zeit versucht er vergeblich, Filmstories zu verkaufen. In einem Brief an seine Frau Helene Weigel beklagt sich der Dramatiker: „Die Theater sind vorsinntflutlich." Daneben entstehen einige Gedichte: u. a. *Die Hölle der Enttäuscher*, *Der Kaledonische Markt* und Liebesgedichte für Margarete Steffin wie *Der Orangenkauf*. Der zweite Aufenthalt ist finanziell gesehen einträglicher, aber dennoch nicht zufriedenstellend: Von März bis Juli 1936 wohnt Brecht in West Hampstead (■ 7b: 148 Abbey Road, NW6). Alte Freunde verschaffen ihm einen Auftrag als Drehbuchmitarbeiter, er gerät aber mit seinen Auftraggebern in Streit. Daraufhin wird er zwar bezahlt, aber seine Texte werden nicht verwendet. Im Mai reist ihm seine Mitarbeiterin Margarete Steffin nach und mietet sich in der Nähe ein Zimmer. Helene Weigel und Ruth Berlau sind ebenfalls ein paar Tage zu Besuch. Ende Juli kehrt Brecht zurück nach Dänemark. Das „Berliner Ensemble" gastiert 1956 kurz nach Brechts Tod zum ersten Mal in London im ■ T3 „Palace Theatre" (Cambridge Circus, WC2). Das Gastspiel, das Brecht noch selbst vorbereitet hat, dauert drei Wochen. Es werden die Dramen *Mutter Courage*, *Der Kaukasische Kreidekreis* und *Pauken und Trompeten* aufgeführt.

A: Günter Glaeser (Hrsg.). *Briefe von Brecht*. Frankfurt 1981.
W: *Gesammelte Werke IV*. Frankfurt 1967.
🕮 Klaus Völker. *Brecht-Chronik*. München 1997.

8. Charlotte Brontë

(1816 Thornton – 1855 Haworth)

Die ersten Bücher der Brontë-Schwestern sind bereits in London erschienen, als Charlotte und Anne sich 1848 zum ersten Mal aus ihrer Heimat in Yorkshire auf den Weg zu ihrem Verleger bei „Smith, Elder & Co." in die Metropole machen. Ihren gemeinsamen Gedichtband (1846) haben sie noch selbst finanziert, und der Verkauf war nicht gerade üppig – drei Exemplare. Trotzdem forciert Charlotte ihre Bemühungen, auch weiterhin die literarischen Arbeiten der drei Schwestern zu veröffentlichen. Mit ihrem jeweils ersten Roman haben sie dann mehr Glück; insbesondere Charlottes *Jane Eyre* wird 1847 „zum literarischen Ereignis der Saison" (Waldmann). Allerdings stiften die Pseudonyme Ellis (Emily), Acton (Anne) und Currer (Charlotte) Bell, die sie gewählt haben, um Vorurteilen gegenüber schreibenden Frauen entgegenzuwirken, zunehmend Verwirrung: Es wird allgemein angenommen, nur ein Autor verberge sich hinter den verschiedenen Pseudonymen. Die Schwestern sind empört, und Charlotte nimmt zusammen mit Anne den Nachtzug nach London, um eine Richtigstellung zu erwirken. Sie steigen im „Chapter Coffee House" (Paternoster Row, zerstört) ab: „Wir wuschen uns, nahmen das Frühstück ein, setzten uns für ein paar Minuten und machten uns schließlich in eigenartiger innerer Anspannung auf den Weg" zur ■ V1: 65 Cornhill (heute Nr. 32, EC3, zerstört, heute Sitz der „Cornhill Insurance Company"; in der Eingangstür erinnern geschnitzte Szenen u. a. an eine Begegnung Thackerays mit den Brontës im Verlag). „Weder Mr. Smith noch Mr. Williams hatten eine Ahnung, daß wir kamen, und sie hatten uns niemals vorher gesehen. Sie wußten nicht, ob wir Männer waren oder Frauen, doch sie hatten uns in ihren Briefen immer als Männer angesprochen." Sie geben den erstaunten Verlegern gegenüber zwar ihre Pseudonyme preis, für die Leser werden diese aber weiterhin aufrechterhalten. Aus den ehemaligen Gouvernanten werden Berufsschriftstellerinnen. Die Schwestern Emily (1848) und Anne (1849) sterben früh. Charlotte hält sich nach dem Tod der Schwestern jeweils für ein paar Wochen im Jahr in London auf und wohnt während dieser Zeit bei der Familie ihres Verlegers George Smith in Paddington ■ 8a: 4 Westbourne Place (heute 26 Bishop's Bridge Road, W2, zerstört) und ab 1850 in der ■ 8b: 76 Gloucester Terrace (Hyde Park Gardens, W2). Sie absolviert ein touristisches Programm und besucht u. a. Kunstmuseen, den zoologischen Garten, die Oper und das House of Commons. Während eines Dinners bei →Thackeray antwortet sie auf die Frage, ob ihr London gefalle: „Ja und nein." Etwas weniger wortkarg ist sie in ihren Briefen an den Vater und ihre Freundinnen: Dort vergleicht sie die Stadt mit Babylon. 1851 ist Charlotte im Mai und Juni während der Saison in London. Sie hört mit Begeisterung die Vorlesungen von Thackeray, trifft ihre spätere Biographin Elizabeth Gaskell, und wiederholt zieht es sie an einen heute ‚versunkenen' Ort: die Weltausstellung im „Crystal Palace" (Hyde Park, ab 1854 in Sydenham, 1936 durch Brand zerstört).

„Von Außen betrachtet mutet er elegant an – Im Innern geht es zu wie auf einem großen Markt der Eitelkeiten – von allen Seiten funkeln die leuchtendsten Farben – alle nur erdenklichen Waren – von Diamanten zu Spinnrädern und Druckerpressen – kann man dort sehen – Es war sehr schön – sagenhaft – lebhaft – verwirrend." Es bleibt allerdings typisch für Charlotte Brontë, daß sie nicht viel über die Tage in London berichtet. Ganz ohne Spuren bleiben die Wochen in London jedoch nicht: Ein Kapitel ihres Romans *Villette* (1852) spielt in der Hauptstadt. In der ■ K1 Westminster Abbey erinnert eine Plakette an die Geschwister.

A: Margaret Smith (Hrsg.) *The Letters of Charlotte Brontë*. Oxford 2000.
W: *Villette* (1852)
🕮 Elizabeth Gaskell. *Das Leben der Charlotte Brontë*. München 1997 – Werner Waldmann. *Die Schwestern Brontë*. Reinbek 1990.

9. Anthony Burgess

(1917 Manchester – 1993 London)

Anthony Burgess, der in vielen seiner Werke den Dualismus von Gut und Böse behandelt und für seinen schwarzen Humor bekannt geworden ist, wohnt ab 1964 in Chiswick (■ 9: 24 Glebe Street, W4). Da das Haus ganz in der Nähe der BBC gelegen ist, kann er bei Diskussionsrunden mit Literaten schnell zur Stelle sein, wenn jemand kurzfristig ausfällt. Sein Hund ist begeistert von den vorbeirasenden U-Bahnzügen, da die Piccadilly Line in Turnham Green nicht hält. Er entwischt aus dem Haus, springt über den Zaun und rennt den Zügen hinterher: „Die Züge der Piccadilly Linie waren die trächtigen Mutterschafe der Hauptstadt. Die örtliche Polizei kannte ihn bald, und so auch mich. Ich kaufte ständig Karten für die Konzerte der Polizei." Wenn Burgess in London ist, kann er keine Romane schreiben: „Es war ein Ort, um in den Pub zu gehen, Zeitungsartikel zu schreiben und Verlagsangelegenheiten zu regeln." Über die Jahre ist er dennoch äußerst produktiv und schreibt auch viel beachtete Biographien. In seinem auch in Deutschland sehr bekannten Roman *A Clockwork Orange* (1962), einer Anti-Utopie, wartet er mit einer eigens erfundenen Sprache auf. Burgess zeigt mit schwarzem Humor das Schicksal eines gewalttätigen Jugendlichen, der mittels staatlicher Umerziehung von der schiefen Bahn geholt werden soll, dabei aber seine Individualität völlig einbüßt. Seine Entscheidung, England über viele Jahre den Rücken zu kehren, hat Burgess nicht bereut: „Die einzige Schuld, die ich empfunden habe, ist die, daß ich England nicht mehr vermisse."

A: *Little Wilson and Big God* (1987) – *You've had Your Time* (1990).
W: *A Clockwork Orange* (1962), dt. *Die Uhrwerk-Orange*.
🕮 Roger Lewis. *Anthony Burgess*. London 2003.

10. George Gordon Noël Byron (Lord Byron)

(1788 London – 1824 Mesolongion/Griechenland)

„Byron ist ein Romantiker mit dem Esprit der klassizistischen Epoche, ein Soldat und Dichter, ein Salonlöwe, der den Ruhm genießt und zugleich als Belästigung empfindet, ein Peer des Königreichs, für den der Komment seiner Kaste verbindlich ist und der der öffentlichen Moral trotzt, ein monogamer Frauenverführer mit einer Beimischung von Homosexualität, ein Genius mit dem Geschmack am Gewöhnlichen, ein Spötter, der durch seinen geistvollen Charme Gefühle erregt und sie durch seinen Sarkasmus zerstört" (Müller). Das Chamäleon Lord Byron wird in der ■ 10a: 16 Holles Street (W1, zwischen Oxford Street und Cavendish Square) geboren. Heute erinnert am Kaufhaus „John Lewis" ein Bronzemedaillon an den Geburtsort des Dichters. Das Haus wurde im Zweiten Weltkrieg zerstört. Schon 1789 zieht er mit seiner Mutter nach Schottland und kommt erst mit 13 Jahren wieder zurück: als Schüler des berühmten Internats „Harrow" (■ S1 Old Schools, Church Hill, Harrow on the Hill; der Unterrichtsraum aus dem 17. Jahrhundert kann besichtigt werden). Da er nach dem Tod seines Vaters bei Volljährigkeit Titel und Erbe erhalten wird, schickt man ihn auf diese standesgemäße Schule, die er zunächst haßt, dann aber als einen Ort der Geborgenheit empfindet. Nach dem Studium in Cambridge wohnt er 1812 im „Reddish Hotel" in der ■ 10b: 8 St James Street (WC2, zerstört, jetzt steht hier das „Byron House"). Im selben Jahr wird er nach der Veröffentlichung seiner Verserzählung *Childe Harold's Pilgrimage* (1812), dem poetischen Tagebuch seiner Reise in den Orient, schlagartig zum Tagesgespräch: „Der Verkehr [...] gerät immer wieder ins Stocken, eine lange Schlange von eleganten Kutschen drängt sich vor Byrons Wohnung im Haus Nr. 8, die feine Gesellschaft reißt sich um den gefeierten Dichter" (Müller). Byron kommentiert das Ereignis lakonisch mit den Worten: „Eines Morgens wachte ich auf und war berühmt." Sein Erfolg liegt wohl darin begründet, daß er das Lebensgefühl seiner Generation – Weltschmerz und Lebensüberdruß – zum Ausdruck bringt. Er wird zu einem Vertreter der ‚negativen' Romantik. 1813–14 wohnt er in der ■ 10c: 4 Bennet Street (SW1, zerstört). 1814 ist er einer der ersten Bewohner eines Apartments im „Albany" (■ 10d: Nr. E2, Piccadilly Ecke Albany Court Yard, W1). Byron wird zum Mittelpunkt der Gesellschaft, obwohl er in seinen Werken die Laster und die Heuchelei der oberen Kreise entlarvt. Später wird diese Gesellschaft ihn wegen der Liaison mit seiner Halbschwester Augusta sozial ächten und zur Flucht aus England bewegen. Vorher heiratet Byron aber noch Annabella Milbanke und bezieht 1815 mit ihr ein für seine Verhältnisse viel zu pompöses Haus (■ 10e: 13 Piccadilly Terrace, W1, zerstört, heute steht an der Stelle ein Haus mit der Adresse 139 Piccadilly): „In zehn Monaten kommt zehnmal der Gerichtsvollzieher ins Haus, sogar die Betten werden gepfändet" (Maurois). Der Haushalt wird schon bald wieder aufgelöst, Annabella verläßt den Übellaunigen. Die ideale Landschaft ist für

Byron zwar das schottische Hochland, aber auch London übt eine merkwürdige Faszination auf ihn aus, die er in seinem Versepos *Don Juan* zu vermitteln sucht. Byrons Titelheld – eines der vielen Wunschbilder des Autors – lernt die Stadt mit all seinen Sinnen kennen. Sie ist zugleich wundersam und monströs, ein „erquicklicher Ort, an dem sich tagtäglich jedes erdenkliche Unheil zusammenbraut, das einem jungen Heißsporn in seinem stürmischen Drang widerfahren kann." Byron ist einer der ersten Autoren, der kein ganzheitliches Bild der Stadt mehr zeigt. Er liefert nur Momentaufnahmen: „Ein weites Meer von Ziegeln, Rauch und Schiffen, / Schmutzig und trüb, wohin das Auge blickt. / Hier und da kommt ein Segel kurz in Sicht / Und ist im Wald der Masten schon verschwunden. / Zahllose Glockentürme recken sich / Auf Zehenspitzen aus des Kohlendunsts / graubrauner Kuppel, die der Kappe gleicht, / Die man dem Narren aufsetzt – das ist London!" Byron will aber nicht nur Schriftsteller sein und zieht die reale Handlung sogar dem Schreiben von Lyrik vor. Vielleicht mag dies ein Grund dafür gewesen sein, daß er den ihm zustehenden Sitz im Oberhaus beansprucht. Da er mit seinen Reden aber nichts auszurichten vermag, gibt er sein politisches Engagement bald desillusioniert auf. 1816 flieht er aus England und wird am Genfer See Teil des illustren Kreises um →Percy Byshe Shelley und →Mary Wollstonecraft Shelley. Byron ist auf dem Familienschloß bei Nottingham begraben. Erst seit 1969 erinnert ein Gedenkstein in der ■ K1 Westminster Abbey an ihn. Der Familiensitz „Newstead Abbey" ist heute als Byron-Museum zugänglich.

W: *Don Juan* (1819–24).
🕮 Hartmut Müller. *Lord Byron*. Reinbek 1981 – André Maurois. *Lord Byron*. München 1979.

11. Elias Canetti
(1905 Rustschuk/Bulgarien bis 1994 Zürich)
und Veza Canetti
(geborene Taubner-Calderon)
(1897 Wien – 1963 London)

„Eine Lebensgeschichte ist geheim, wie das Leben, von dem es spricht. Erklärte Leben sind keine gewesen", meint Canetti und verfügt, daß bis 30 Jahre nach seinem Tod keine Biographie über ihn geschrieben werden darf. Erinnernswertes an seine Zeit in England notiert er selbst im ersten Teil seiner Autobiographie und in den aus dem Nachlaß zusammengestellten Erinnerungen *Party im Blitz* (2003). Er verbringt bereits als Kind zwei Jahre in Manchester und lernt dort mit englischen Büchern das Lesen. Vor dem Zweiten Weltkrieg flüchtet der Sohn jüdischer Eltern nach London. Canetti teilt seine Jahre in England in drei Perioden ein: die Zeit in London bis zur Evakuierung von 1939 bis zum Herbst 1941, die Zeit bis 1947 in Amersham und zuletzt die Jahre nach dem Krieg in Hampstead. Insgesamt sind es mehr als vierzig Jahre. Nach der Ankunft mit seiner Frau, der Schriftstellerin Veza Canetti, sieht er sich zunächst als verlorenen Emigranten. Er ist häufig im

„Student Movement House“ der ■ U1 University of London anzutreffen und verabredet sich dort mit Freunden zum Gespräch. Oder er stöbert in den vielen Buchhandlungen in der Gegend des British Museum nach antiquarischen Büchern. Bald hat Canetti viele Freunde in Hampstead gefunden – Maler, Bildhauer und Schriftsteller. Dort erlebt er im Krieg während einer der deutschen Angriffe auch eine Party im Blitz – „Bei hellichtem Tage blickte man zum Himmel hinauf und folgte den Spuren der Flieger wie einem sportlichen Ereignis.“ Im Rückblick ist viel die Rede von Parties. Canetti nennt sie „Nichtberührungsfeste“, denn sie sind für ihn auch Manifestationen seines Nicht-zur-Kenntnis-genommen-Werdens als Autor: „Man durfte sich aber nichts draus machen, daß man selbst vielleicht niemand war, das war in England während Jahrzehnten mein Fall.“ Ein weiter Weg also bis Canetti 1981 den Nobelpreis für Literatur erhält. Canetti schreibt in London unermüdlich bei „bester seelischer“ Verfassung aber unter den „schlechtesten materiellen Bedingungen.“ Er sieht es lange Zeit als seine einzige Lebensaufgabe an, den Band *Masse und Macht* (1960) fertigzustellen, einen „Kaddisch für die massenhaft Ermordeten der jüngeren Vergangenheit und ein moralischer Appell, sich dem Befehl der Macht immerfort zu widersetzen“ (Fliedl). Es verwundert nicht, daß Canetti das englische Regierungssystem bewundert: „Meine Bewunderung für dieses Parlamentssystem in einer Welt, in der damals Führer jeder Couleur das große Wort führten, stieg ins Unermeßliche.“ 1939 kommt Canetti zunächst in Bayswater (■ 11a: 31 Hyde Park Gardens, W2) bei einer befreundeten Familie in einem Zimmer im obersten Stock unter. 1940 lebt er bei Veza Canetti in Primrose Hill (■ 11b:118 King Henry's Road, NW3, zerstört), dann in der ■ 11c: 14 Crawford Street (W1) und später in der ■ 11d: 8 Thurlow Road (NW3). Hampstead wird zum Zentrum seines Lebens: sein Lieblingscafé ■ C2 „Coffee Cup“ (Hampstead High Street, NW3) besteht auch heute noch. Neben den Freunden besucht er auch gerne den Friedhof in der ■ F2 Hampstead Church Row. Besonders gefällt ihm an diesem Friedhof die unregelmäßige Anordnung der Grabsteine aus Granit: „Es waren keine strengen Kurven, nichts, das geometrisch schien.“ In seinen Erinnerungen schreibt er: „Hampstead besteht für mich aus den Leuten, die ich dort gekannt habe, aus denen, die zu dieser Zeit als Künstler dort berühmt waren und die es heut noch überall sind und aus denen, deren Namen ich von diesen Steinen kenne.“ Wie subjektiv Canettis Erinnerungen ausfallen, wird bei der Einschätzung seiner Beziehung zu →Iris Murdoch deutlich: „Ich glaube, es gibt nichts, was mich gleichgültiger läßt, als der Geist dieser Person.“ Er gönnt ihr den literarischen Erfolg nicht, nennt sie „das Oxford-Ragout“ und spricht ihr jegliche künstlerische Leistung als Schriftstellerin ab. Die Affäre, die er 1953 in Hampstead mit ihr beginnt, bezeichnet er als belanglos – Fakt aber ist, daß sie es war, die ihn verlassen hat. Ihr Ehemann John Bayley schlägt zurück und nennt Canetti „das gottähnliche Monster aus Hampstead.“

Als Frau an Canettis Seite hat Veza ein schweres Los. Sie trägt die Last der vielen Liebschaften ihres Mannes mit Würde und behält ihre spitze Zunge. Veza toleriert seine Fehler, fördert seine Anlagen und tippt seine Werke ab. Daneben ist sie die erste, die die Romane von →Graham Greene ins Deutsche übersetzt. Eigenes produziert sie im Exil nur noch selten. Ihr autobiographischer Roman *Die Schildkröten*, den Veza in den ersten Monaten ihres Exils schreibt, schildert ihr Leben in Österreich von 1938 bis zur Flucht nach England. Der Roman liefert ein differenziertes Gesellschaftspsychogramm und entlarvt die Aufstiegssehnsüchte der Kleinbürger. Die Literatur gewinnt für sie zunehmend an Bedeutung. So schreibt ihr Mann über sie: „Sie war von ihnen [ihren Romanfiguren] belebt wie von nahen Freunden, die mit den Jahren immer wichtiger wurden." Zu ihren Lebzeiten wird kein Buch von ihr veröffentlicht.

A: *Party im Blitz. Die englischen Jahre.* München 2003.
W: *Masse und Macht* (1960) – Veza Canetti. *Der Fund. Erzählungen und Stücke* (2001) – *Die Schildkröten* (1999).

12. Thomas Carlyle

(1795 Ecclefechan/Dumfriesshire – 1881 London)

Der Historiker und Essayist Thomas Carlyle gewinnt zu seinen Lebzeiten einen großen Einfluß auf das intellektuelle Leben in London. Zudem macht er durch seine Übersetzungen den Briten deutsche Literatur und Philosophie zugänglich. Er ist in tiefer Freundschaft mit Goethe verbunden, und die beiden Männer stehen in einem regen Briefwechsel. Carlyle kommt 1824 das erste Mal nach London. Im Winter 1831/32 wohnt er in der ■ 12: 33 Ampton Street (früher Nr. 4, WC1). 1834 zieht er zusammen mit seiner Frau Jane in den damals wenig gefragten Stadtteil Chelsea (■ M2 heute 24 Cheyne Row, SW3, Museum). Nachdem er das Haus zum ersten Mal gesehen hat, schreibt er an Jane: „Das Haus liegt ruhig in einer Biegung des Flußes, in einiger Entfernung von den Hauptstraßen. Wir haben fast ebenso gute Luft und viel Ruhe wie in Schottland und einen Ausblick nach hinten ins Grüne. Da und dort schaut ein rotes hohes altes Spitzdach durch die Baumwipfel, und wir sehen nichts von London außer übertags die Türme von St Paul's Cathedral und Westminster Abbey." Der Wunsch nach Stille erfüllt sich allerdings nicht, obwohl sich Carlyle sogar ein ‚schalldichtes' Zimmer herrichten läßt. Dieses entpuppt sich nämlich als das Lauteste: „Mein berühmtes neues ‚Studierzimmer' erwies sich als völlig unbewohnbar und insgesamt als zutiefst verabscheuungswürdiges und verachtenswertes Beispiel handwerklicher Arbeit." Das Domizil der Carlyles wird zu einem beliebten Treffpunkt der Intellektuellen und ist seit Ende des 19. Jahrhunderts als Museum für die Öffentlichkeit zugänglich. →Virginia Woolf sieht es sich an und hält es nicht für einen Wohnort, sondern ein „Schlachtfeld", einen „Schauplatz von schwerer Arbeit und Mühe." Die Stimme des Hauses sei „Pumpen und Schrubben, Husten und Stöhnen", weil die Carlyles weder fließendes Wasser noch elektrisches Licht oder eine Gasheizung hatten. Woolf ist davon überzeugt, daß „die Hälfte ihrer Streitereien ihnen erspart geblieben wäre, wenn das Haus [... die] modernen Bequemlichkeiten und sanitären Anlagen gehabt hätte.“ 1837 vermerkt Carlyle, daß er seit 23 Monaten keinen Penny verdient habe. Unter seinen Freunden gilt er als ein sehr heroischer Mann – „der die Kunst (zu der sie unglücklicherweise nicht fähig sind) von nichts zu leben, beherrscht“ (Ashton). Carlyle macht sich mit seiner Studie *The French Revolution. A History* (1837) einen Namen. Bevor es zur Publikation kommt, muß er jedoch einen weiteren Schock verkraften. Das erste Manuskript, das er seinem Freund John Stuart Mill zur Lektüre gibt, verschwindet auf mysteriöse Weise in dessen Haus. Mill zahlt ihm allerdings eine Aufwandsentschädigung. Seine Schrift *On Heroes, Hero Worship and the Heroic in History* (1841) ist ein Eckpfeiler in der Entwicklung der Biographieschreibung geworden – auch wenn heute die rein moralische Funktion von Biographie und sein Diktum, nur große Persönlichkeiten seien es wert, daß ihr Leben festgehalten werde, nicht mehr gilt. Die Vorträge, aus denen die Schrift später hervorgeht, hält Carlyle in der Nähe des Portman Square. Carlyle ist es auch, der dazu anregt, die National Portrait Gallery ins Leben zu rufen. In einer schmalen Grünanlage in Cheyne Walk – zwischen der Battersea und der Albert Bridge – befindet sich ein Denkmal, das an Carlyle erinnert: es zeigt ihn in ein Buch vertieft.

W: *The French Revolution. A History* (1837), dt. *Die französische Revolution – Sartor Resartus: The Life and Opinions of Herr Teufelsdröckh* (1833/34), dt. *Sartor Resartus oder Leben und Meinungen des Herrn Teufelsdröckh – On Heroes, Hero Worship and the Heroic in History* (1841), dt. *Helden und Heldenverehrung.*

🕮 Rosemary Ashton. *Thomas and Jane Carlyle. Portrait of a Marriage.* London 2001.

13. Angela Carter

(1940 Eastbourne/Sussex – 1992 London)

Die Journalistin, Dozentin (u. a. in Japan und an der East Anglia University) und Schriftstellerin Angela Carter wächst in Balham, Südlondon, auf: „[Meine Eltern] sind in den 1920er Jahren hierhergekommen, weil mein Vater nachts arbeitete und die U-Bahnen der Northern Line noch bis spät in die Nacht fahren. Für mich hat der Ort eine gewisse Unabwendbarkeit. Wann immer ich in London gelebt habe, habe ich hier gewohnt, außer einmal für drei Wochen in Earls Court, als ich von zuhause weggelaufen bin. Niemand haut von zuhause ab und geht nach Balham, weil Balham zuhause ist.“ Die Familie wohnt in der Nähe von Wandsworth Common in einer „respektablen Arbeiterfamiliengegend“ – jede Minute fährt ein Zug hinter dem Haus vorbei. Hier ist das Abenteuer nicht zuhause, aber durch die kulturelle Vielfalt kommt trotzdem keine Langeweile auf: „In Balham kann man griechischen Schafskäse kaufen, Marmelade, [...] getrockneten Fisch, Erbsen mit schwarzen Augen, westafrikanisch bedruckte Baumwollprodukte [...] jedwede Art pakistanischer Süßigkeiten; Reggae-Schallplatten [...] und einmal war ich auf dem Markt und sah nicht eine einzige Banane die weder grün noch schwarz war.“ Carter lebt bis zu ihrem zwanzigsten Lebensjahr bei ihren Eltern. Ab Mitte der 1970er Jahre hat sie nach mehreren Auslandsaufenthalten ihren Lebensmittelpunkt wieder in London. Mit fünfzig muß sie feststellen: „Die Stadt, in der ich aufgewachsen bin, ist verschwunden." Deshalb beschließt sie, das London, an das sie sich erinnern kann, festzuhalten und schreibt ihren letzten Roman *Wise Children* (1991). Er spielt südlich der Themse in Brixton. Allerdings liefert Carter keine konventionelle realistische Darstellung. Ihre Romane sind bespickt mit Werwölfen, androgynen Göttinnen und fliegenden Zirkusartistinnen und werden häufig mit dem Begriff ‚Magischer Realismus' etikettiert. *Wise Children* ist eine komische Familiensaga, die ein Jahrhundert britischer Theatergeschichte wiederaufleben läßt. Zuletzt lebt sie mit ihrem Mann und Sohn in Clapham Common ■ 13: 107 The Chase, SW4. Sie stirbt an Krebs.

A: Alan Ross (Hrsg.). *Living in London*. London 1974, S. 80–87.
W: *The Magic Toyshop* (1967), dt. *Das Haus des Puppenmachers* – *Nights at the Circus* (1984), dt. *Nächte im Zirkus* – *Wise Children* (1991), dt. *Wie's uns gefällt*.
🕮 Linden Peach. *Angela Carter*. Basingstoke/London 1998.

14. Giacomo Casanova

(1725 Venedig – 1798 Dux/Böhmen)

Casanova hält sich ab Juni 1763 in London auf, weil er hofft, eine staatliche Lotterie ins Leben rufen zu können – in Paris war er an deren Einrichtung beteiligt. Nach neun Monaten muß er aus London flüchten. Erst viele Jahre später, 1790–92, als er auf Schloß Dux als Bibliothekar arbeitet, schreibt er seine diversen Abenteuer und Affären nieder. In seiner Autobiographie *Mémoires* (1825–29) zeichnet Casanova auch ein ausführliches Gemälde der Sitten, Denkweisen und Vorurteile in England – und dies obwohl er die englische Sprache nie beherrscht hat. Casanova wohnt in London in der ■ 14 Greek Street und mietet ein Haus in der vornehmen Straße Pall Mall. „Eine alte Frau öffnete uns die Tür und zeigte uns das Erdgeschoß und die drei Stockwerke; jedes Stockwerk hatte zwei Vorderzimmer, dazu ein Kabinett, was in London selbstverständlich ist, und zwei Zimmer nach hinten hinaus. In jeder Wohnung waren zwei Betten, eins im Zimmer, das andere im Kabinett. [...] Die Küche war reichlich mit Geschirr versehen, und in den Kellern, an die ich gar nicht gedacht hatte, konnte eine ganze Familie wohnen; dann gab es noch Abstellräume und Kammern für alles, was zum Komfort eines guten Hauses gehörte. Der Preis betrug 20 Guineen für die Woche. Ich sagte Martinelli, ich wolle das Haus augenblicklich mieten, [...]." Casanova feilscht nicht bei der Miete, da dies in London ein ziemlich hoffnungsloses Unterfangen ist. Man mag kaum glauben, daß der Inbegriff des Frauenhelden hier Verhaltensweisen an den Tag legen muß, die heute eher weniger erfolgreichen Exemplaren dieser Spezies zugeschrieben werden: Er versucht z. B. weibliche Gesellschaft anzulocken, indem er Teile des Hauses per Anzeige an eine Frau untervermietet, und er bestellt sich in der „Star Tavern" in der Nähe von Covent Garden Kurtisanen. Der Eigentümer veröffentlicht alljährlich ein Namensverzeichnis der Freudenmädchen mit einer

Beschreibung ihres Äußeren. Casanova begibt sich auf Empfehlung eines Lebemanns dorthin, um die schönsten und begehrtesten Frauen Londons zu finden. Allerdings erleidet er eine Blamage, weil er nicht wie üblich einen Namen aus dem Verzeichnis nennt, sondern einfach auf französisch eine Frau bestellt, die ihm dann aber nicht gefällt. Es folgen zehn weitere, die ebenfalls nicht seinen Ansprüchen gerecht werden, am Ende begnügt er sich damit, ein gutes Essen serviert zu bekommen. Als Casanova erfolgreich der Kurtisane Marianne Charpillon den Hof gemacht hat, wird er von ihr zum Narren gehalten. Sie läßt ihn sogar verhaften, und er entgeht weiteren Unannehmlichkeiten nur durch seine Abreise, die aufgrund seiner miserablen finanziellen Lage und eines gefälschten Wechsels eher zu einer Flucht wird. Er verschwindet so schnell, daß er weder seinen Diener noch seine Kleidung mitnehmen kann. Vorher rächt Casanova sich aber noch an La Charpillon. Er kauft einen Papageien und bringt ihm zu seinem privaten Vergnügen den Satz „La Charpillon ist eine größere Hure als ihre Mutter“ bei. Dann geht er auf den Vorschlag ein, das Tier auf den Markt zu bringen und es für teures Geld zu verkaufen. Casanovas Diener bietet den Papagei feil. La Charpillon findet die Idee geistreich, ihre Familie ist dagegen entsetzt. Casanova entgeht einer Anklage wegen Verleumdung nur, weil der Angeklagte in diesem Fall ein Papagei ist, der mit ihm nicht in Verbindung gebracht werden kann. Es erscheint sogar ein Artikel über das Ereignis in der Zeitung, der mit dem Satz endet: „Derjenige, der den Papagei abgerichtet hatte, wollte ohne Zweifel eine Rache ausüben; er hat dabei sehr guten Geschmack bewiesen: er verdient, Engländer zu sein“.

A: *Mémoires* (1825–29), dt. *Die Geschichte meines Lebens.*
🕮 J. Rives Childs. *Giacomo Casanova de Seingalt.* Reinbeck 1960.

15. François-René de Chateaubriand

(1768 Saint-Malo – 1848 Paris)

Chateaubriand unterstützt die Royalisten und muß während der Französischen Revolution ins Exil gehen. Von 1793 bis 1800 lebt er daher in London – zunächst kommt er mit Hilfe seines Vetters in einem Speicher bei einem Arzt in Holborn unter. Eine Hinweistafel in der ■ 15 Paddington Street (Paddington Street Gardens, W1) erinnert daran, daß der Dichter hier in der Nähe in einer Dachkammer seine literarische Karriere begonnen hat. Später wohnt Chateaubriand mit einem anderen französischen Schriftsteller zusammen in Fitzrovia (Rathbone Place). Er ist einer der ersten Autoren, der die Widersprüche der sich durchsetzenden bürgerlich-kapitalistischen Gesellschaft aufdeckt. In ■ P1 Kensington Gardens hat er seinen *Essai historique* entworfen. „Hier habe ich beim Wiederlesen des Tagebuchs meiner überseeischen Streifzüge die Liebesgeschichte Atalas herausgelöst.“ Außerdem hat er in London die Erzählung *René* (1802) begonnen, und das, obwohl ihm häufig das Geld für Papier fehlt. 1822–24 ist er als Gesandter in London und lebt am Portland Place. Er schreibt während dieser Zeit seine Autobiographie: „Nun, da ich als französischer Gesandter in London weilte, bereitete es mir das größte Vergnügen, meinen Wagen an der Ecke des Platzes stehenzulassen und zu Fuß durch die Gäßchen zu wandern, durch die ich früher so häufig gegangen war." Während seines ersten Aufenthalts in London ist er so oft wie möglich in der ■ K1 Westminster Abbey – „Ich konnte meine Besuche nicht allzuoft wiederholen, denn ich war genötigt, den Wärtern jener, die nicht mehr lebten, den Schilling zu geben, den ich selber zum Leben brauchte" – und hat dort einmal ein Erlebnis besonderer Art: Er vergißt vor lauter Bewunderung die fortgeschrittene Stunde und findet sich plötzlich eingeschlossen. Auch verzweifelte Rufe vermögen nichts auszurichten. Als Nachtlager sucht er sich schließlich einen Sarkophag vor dem Mausoleum des Lord Chatham: „Nach dem Beispiel Karls V. gewöhnte ich mich an mein Begräbnis."

C

A: *Mémoires d'outre tombe* (1848), dt. *Erinnerungen.*
W: *Atala* (1801), – *René* (1802).
🕮 Friedrich Sieburg. *Chateaubriand: Romantik und Politik.* Frankfurt u. a. 1988.

16. Geoffrey Chaucer

(ca. 1340 London – 1400 ebd.)

Geoffrey Chaucer gilt heute als erster großer englischer Dichter. Der Sohn eines Weinhändlers lebt als Kind in Vintry Ward (heute Thames Street), nahe der Themse. Der Vater hat Beziehungen zum Hof, und Geoffrey kann in den Dienst des Adels, später in den des englischen Hofes, treten: 1356 ist er zunächst Page einer Gräfin in ■ PL1 Westminster Palace (Parliament Square, SW1), wo er auf dem Boden der Great Hall (dem einzigen heute noch erhaltenen Originalgebäudeteil) schläft. Dann ist er u. a. im Hafen Zollaufseher für Wolle, Schafsfell und Leder und Intendant der Königlichen Schloßbauten. Als Soldat und Diplomat nimmt er am 100-jährigen Krieg gegen Frankreich teil, sieht große Teile Europas und lernt die Dichtung von Petrarca und Boccaccio kennen. Seiner Heimatstadt bleibt Chaucer jedoch stets in Liebe verbunden und schreibt: „Die Stadt London, in der ich aufwuchs, ist mir so lieb und süß, und für keinen anderen Ort auf der Welt hege ich eine innigere Liebe." Am Postamt Aldgate (■ 16: 2 Algate High Street, EC3) erinnert eine Plakette daran, daß Chaucer hier 1374–86 mit seiner Familie gelebt hat. Später wohnt er in Greenwich und schreibt an den *Canterbury Tales* (1385–92): Auf einer Pilgerfahrt nach Canterbury zu den Reliquien des Erzbischofs und Märtyrers Thomas Becket erzählen eine Reihe von Pilgern verschiedener Stände ihre Geschichten. Als Lohn sollen sie bei der Rückkehr nach London ein Essen beim Gastwirt bekommen. Die Geschichten über das Rittertum, die Liebe und den endlosen Krieg gegen Frankreich werden stets mit ironischem Ton vorgetragen. Chaucer ist der erste Dichter, der die Balladen- und Strophenform einführt. Die Pilgerfahrt beginnt südlich der Themse in Southwark: „Zu dieser Zeit geschah's an einem Tag, / Als ich im ‚Heroldsrock' zu Southwark lag, / Bereit, zu gehen mit andachtsvollem Sinn / Auf Pilgerfahrt nach Canterbury hin, / Daß abends langte dort im Gasthof an / Wohl eine Schar von neunundzwanzig Mann / Verschiednen Volks, durch Zufall nur gesellt; / Auf Pilgerfahrt war aller Sinn gestellt, / Nach Canterbury reiten wollten alle.“ Das beschriebene Gasthaus existiert nicht mehr. Heute ist hier der Talbot Yard. In der ■ K2 „Southwark Cathedral“ (Cathedral Street, SE1) sind die Pilger in einem der Fenster abgebildet. Greenwich nennt der Gastwirt in seinen Erzählungen „eine Herberge von Verrückten“ oder „ein Nest von Dieben“. Trotz seiner bedeutenden Stellung am Hof mischt Chaucer sich nur wenig in die Politik ein, kann so den Herrscherwechsel nach dem Mord an Richard II. unbeschadet überstehen und behält sogar seine Pension. In der Lobby des House of Commons hängt heute noch ein Gemälde, das den Hofdichter Chaucer zeigt, wie er Richard II. seine Gedichte vorliest. Er ist der erste Dichter, der in ■ K1 Westminster Abbey im ‚Poets‘ Corner‘ begraben wird.

W: *Canterbury Tales* (1385–92), dt. *Die Canterbury-Erzählungen.*
🕮 Richard West. *Chaucer 1340–1400. The Life and Times of the First English Poet.* London 2000.

17. Agatha Christie (eigentlich Dame Agatha Mary Clarissa Miller Christie Mallowan)

(1890 Torquay/Devon bis 1976 Wallingford/Oxfordshire)

Die „erfolgreichste Schriftstellerin aller Zeiten“ (Keitel) hatte nie Ambitionen, das Schreiben zu ihrem Beruf zu machen: „Ich wußte, daß ich nichts wirklich gut konnte.“ Selbst als sie sich und ihre Tochter aus erster Ehe allein ernähren muß, ändert sie ihre Einstellung nicht: „Nie und nimmer [...] wäre es mir in den Sinn gekommen, beim Ausfüllen eines Formulars bei der Sparte ‚Beruf‘ etwas anderes hinzuschreiben als das altehrwürdige Wort Hausfrau.“ Christie wird auf dem Lande geboren, besucht aber häufig die Großmutter im Londoner Westen. Hier erscheint bereits mit elf Jahren ein Gedicht von ihr in einer Lokalzeitung, in dem sich das Kind über die Lärmbelästigung der neuen Straßenbahn empört, die bei der Großmutter in Ealing in Betrieb genommen wird. „Die erste Trambahn sah ich fahren / in ihrer goldenroten Pracht / die Straße auf, die Straße nieder, / doch allzusehr hat es gekracht / der Schreck mir fuhr in alle Glieder.“ Obwohl ihre Karriere eine Erfolgsgeschichte ist, die ihresgleichen sucht, bleibt Christie in ihren Einstellungen sehr den traditionellen Vorstellungen verpflichtet. Daran ändern auch ihre ausgedehnten Reisen in andere Kulturkreise nichts. Sie hält an ihrem Lebensziel einer glücklichen Ehe fest. Die erste mit Archibald Christie wird geschieden, aber mit dem Archäologen Max Mallowan findet sie das ersehnte Glück. Christie schreibt ihren ersten Krimi während des Ersten Weltkrieges, als sie als Apothekenhelferin in einem Londoner Krankenhaus den Umgang mit Giften lernt. *The Mysterious Affair at Styles* (1920), in dem der exzentrisch anmutende belgische Detektiv Hercule Poirot seinen ersten Auftritt hat, liegt zwei Jahre bei dem als Erfinder des Taschenbuchs bekannt gewordenen Verleger John Lane, bevor es erscheint. Die nicht am Gewinn beteiligte Autorin erhält ganze 25 Pfund. Das Rezept für den Erfolg ihrer Krimis, der sich bald einstellt, bringt Christie so auf den Punkt: „Der ganze Witz eines guten Kriminalromans besteht darin, daß einer offensichtlich der Mörder sein muß, es aber ebenso offensichtlich aus irgendeinem Grund nicht sein kann. Obwohl er es natürlich ist." Insgesamt schreibt Christie neben Dramen über 60 Kriminalromane und mehr als 100 Kurzgeschichten, die in über hundert Sprachen übersetzt worden sind. Mit dem für die Bühne adaptierten Krimi *The Mousetrap* (1952), den sie ursprünglich als kurzes Hörspiel für die ■ V2 BBC (Broadcasting House, Portland Place, W1) schreibt, schafft sie einen weiteren Rekord. Christie prognostiziert die Laufzeit im ■ T4 „Ambassadors Theatre" (West Street, WC2) auf acht Monate. Das Stück läuft heute immer noch im West End (seit 1974 im ■ T5 „St Martin's Theatre", West Street). Agatha Christie hat an so vielen Orten in London gewohnt, daß sie zeitweise selbst den Überblick verliert: Da es nach dem Ersten Weltkrieg sehr schwer ist, eine schöne Wohnung zu ergattern, greift sie mit ihrem Mann Archie überstürzt zu, sobald ihr etwas Passables offeriert wird. So haben sie in der Panik einmal innerhalb von wenigen Tagen gleichzeitig zwei Wohnungen gemietet und ein Haus gekauft. Mit Archie wohnt sie zuerst in St John's Wood: ■ 17a: 5 Northwick Terrace (NW8). Nach der Scheidung zieht sie mit ihrer Tochter in eine Wohnung in Chelsea. Die ■ 17b: 58 Sheffield Terrace (W8) bewohnt sie mit ihrem zweiten Mann 1934–41, bis das Haus im Zweiten Weltkrieg von Bomben getroffen wird. Danach lebt sie in Hampstead (■ 17c: Lawn Road, Isokon Flats, NW3) in einem Gebäude, das von Walter Gropius entworfen worden ist. Am ■ 17d „Christie Cottage" (Cresswell Place, SW10) ist eine Plakette angebracht. Im Alter zieht Christie wieder zurück aufs Land.

A: *An Autobiography* (1977), dt. *Meine gute alte Zeit*.
W: *The Mysterious Affair at Styles* (1920), dt. *Das fehlende Glied* – *The Mousetrap* (1952), dt. *Die Mausefalle*.
🕮 B. Sova Dawn. *Agatha Christie A to Z*. New York 1996 – Monika Gripenberg. *Agatha Christie*. Reinbek 1994.

18. Joseph Conrad (Józef Teodor Konrad Korzeniowski)

(1857 Berdicev/Ukraine bis 1924 Bishopsbourne/Kent)

Der Sohn politischer Gefangener, die in der polnischen Ukraine leben, kommt 1878 als Seemann nach England und will dort in der Handelsmarine Karriere machen. London ist die erste moderne Metropole, die er sieht. Er kennt hier keine Menschenseele und fühlt sich wie ein „Forschungsreisender, der in die unermeßliche und unerforschte Wildnis vordringt" (Karl). Sein Vater, der Klassiker ins Polnische übersetzt, hat ihn früh mit der englischen Literatur in Berührung gebracht. Conrad beherrscht die Sprache bei seiner Ankunft allerdings noch nicht. Als er Mitte der 1890er Jahre beschließt, sein Glück als Schriftsteller zu finden, hat er die Weltmeere gesehen und sein Kapitänspatent in der Tasche. Conrad führt zunächst ein unstetes Leben und hat oftmals nur vorübergehende Behausungen. 1880–86 ist seine Londoner Adresse in Stoke Newington, ■ 18a: 6 Dynevor Road. In seinen Romanen und Kurzgeschichten reagiert der Autor der frühen Moderne „auf den Höhepunkt und Niedergang sowohl der Segelschiffahrt als auch des imperialen Zeitalters und stößt dabei an die Grenzen des in den tradierten Formen der viktorianischen Reise- und Abenteuerliteratur Darstellbaren" (Jürgen Kramer). England und seine Hauptstadt spielen in seinen Werken keine herausragende Rolle. Ausnahmen sind *The Secret Agent* (1907) und *The Heart of Darkness* (1902). Der erste Roman kreist um politische Intrigen und Verrat. Schauplatz ist ■ LS1 Greenwich Park und das Old Observatory (Greenwich, SE10, heute Teil des National Maritime Museums). Conrad verarbeitet eine tatsächliche Begebenheit: den Anschlag des Anarchisten Martial Bourdin auf das Observatorium, bei dem sich dieser unglücklicherweise selbst in die Luft sprengt. Dieser überlieferte Akt gegen Armut und Ungerechtigkeit wird bei Conrad allerdings von einem Agenten der Russischen Botschaft in Auftrag gegeben, um die Anarchisten in Diskredit zu bringen. Conrad ist begeistert von London als Schauplatz: „Hier ist genügend Platz für jede Art von Geschichte, Tiefe genug für jede Art von Leidenschaft, Vielfalt genug für jeden Schauplatz, Dunkelheit genug, um fünf Millionen Menschen zu begraben." Zu Beginn von *The Heart of Darkness* beschreibt er die Themse in seinem impressionistischen Stil: „Der Fluß schwitzt / Öl und Teer / die Boote driften dahin / mit dem Wechsel der Gezeiten / rote Masten / Weite." Conrad kennt dieses Terrain gut – den Fluß und die Docks: Er hat in einem Lagerhaus am Ufer der Themse gearbeitet. 1891–96 wohnt Conrad in Pimlico ■ 18b: 17 Gillingham Street (SW1, Hinweistafel) als „möblierter Herr". Nach seiner Heirat mit Jessie George 1896 lebt er in Kent.

A: *Notes on Life and Letters* (1921), dt. *Lebenserinnerungen.*
W: *Almayer's Folly* (1895), dt. *Almayers Luftschloß – The Heart of Darkness* (1902), dt. *Das Herz der Finsternis – Lord Jim* (1900), dt. *Lord Jim – Nostromo* (1904), dt. *Nostromo – The Secret Agent* (1907), dt. *Der Geheimagent.*
🕮 Frederick R. Karl. *Joseph Conrad.* Hamburg 1983 – Owen Knowles. *A Conrad Chronology.* London 1989.

19. Daniel Defoe

(1660 London – 1731 ebd.)

Daniel Defoe verbringt die meiste Zeit seines Lebens in London und lobt die Stadt als „den glorreichsten Anblick, den die ganze Welt im Augenblick zu bieten hat, oder vielleicht auch je wird bieten können, nachdem man in Europa Rom geplündert und im asiatischen Teil der Welt den Tempel in Jerusalem niedergebrannt hat." Er selbst blickt auf ein sehr abenteuerreiches und vielseitiges Leben zurück, als er im Alter von fast 60 Jahren anfängt, seinen ersten berühmt gewordenen Roman *Robinson Crusoe* (1719) zu schreiben. Zunächst arbeitet er als Kaufmann für importierten Wein, dann ist er Leiter einer Kachelfabrik, politischer Journalist und schließlich Geheimagent der Regierung. Defoe landet mehrmals im ■ G1 Gefängnis (Newgate Street, Newgate, EC1, heute steht an dieser Stelle das Old Bailey): einmal, weil sein Unternehmen bankrott geht, ein anderes Mal weil er politisch verdächtige Pamphlete verfaßt. Defoe wird in der Nähe des heutigen Barbican Centres (Fore Street, zerstört) geboren und wohnt als Kind in Jone's Rents, Swan Alley. Seine Ausbildung erhält er jedoch nördlich von London in Stoke Newington. Als Nonkonformist studiert er nicht in Oxford oder Cambridge, sondern an Charles Morton's „Dissenting Academy" in dem damaligen Londoner Vorort Newington Green. 1684 heiratet er Mary Tuffey – eine Liebesheirat – und wohnt in Freeman's Yard in der Nähe der Royal Exchange. 1693 zieht die Familie nach Kingsland (Hackney) zu den Eltern seiner Frau. 1708–30 lebt Defoe in der ■ 19a: 95 Stoke Newington Church Street (N16, Hinweistafel am heutigen Haus, zerstört) in einem großen Haus mit einem Garten, den er liebevoll pflegt. Neben *Robinson Crusoe* entstehen hier drei Werke, die in der Metropole spielen: *Moll Flanders* (1722), das fiktive Tagebuch *A Journal of the Plague Year* (1724) und *Roxana* (1724). Defoe beschreibt das Leben der Armen. Virginia Woolf sieht Defoes London vor sich, wenn sie von der Hungerford Bridge aus auf die Stadt blickt: „Der Anblick Londons von der Hungerford Bridge aus, grau, ernst, massiv, prosaisch – wenn da nicht die Schiffsmasten, die Türme und Kuppeln der Stadt wären – erinnert an ihn. Die zerlumpten Mädchen an den Straßenecken mit Veilchen in den Händen und die alten wettergegerbten Frauen, die ganz in Ruhe ihre Streichhölzer und Schnürsenkel im Schutz der Bögen feilbieten, erscheinen wie Figuren aus seinen Büchern." Seine Romane lassen den Journalisten erkennen, der mit einem Auge für das Typische und Besondere das Leben in der Stadt beschreibt und damit gleichzeitig seine Moralvorstellungen verdeutlicht. 1730 droht Defoe ein weiterer Gefängnisaufenthalt, und er flieht in die City, wo er sich in Finsbury in der ■ 19b Ropemaker Alley (heute Ropemaker Street, EC2) versteckt. Defoe liegt auf dem Friedhof ■ F1 Bunhill Fields, einer ‚alternativen Dichterecke', begraben. In *A Journal of the Plague Year* beschreibt er den Friedhof als eine große Pestgrube: „viele, die angesteckt und kurz vorm Sterben waren, rannten in ihre Decken oder Kleiderfetzen gehüllt und sprangen in den Graben."

W: *Robinson Crusoe* (1719) – *Moll Flanders* (1722), dt. *Glück und Unglück der berühmten Moll Flanders* – *A Journal of the Plague Year* (1724), dt. *Die Pest zu London* – *Roxana* (1724), dt. *Die glückliche Mätresse.*
🕮 Wolfgang Riehle. *Daniel Defoe.* Reinbek 2002.

20. Charles Dickens

(1812 Landport/Portsmouth bis 1870 Gad's Hill/Rochester)

Seine Zeitgenossen haben Charles Dickens ebenso aufmerksam gelesen wie die Bibel. Mit seinem Romanwerk geht er als repräsentativster Viktorianer in die Literaturgeschichte ein. Dickens' wichtigster Schauplatz ist und bleibt London, eine Bühne, die durch seine Charaktere lebendig wird: Seine Beschreibungen der Stadt sind Teil des kulturellen Gedächtnisses geworden. 1822 zieht die Familie Dickens nach Camden Town in die ■ 20a: 16 Bayham Street (NW1, zerstört) und später in die ■ 20b Nr. 141.

Damals ist Camden noch ein Vorort der unteren Mittelschicht. Charles ist einsam und fühlt sich von seinen Wurzeln in Chatham/Kent, abgeschnitten: „Als ich an den kleinen Hinterhof in der Bayham Street dachte, an all das, was ich verloren hatte, als ich Chatham verlor, was hätte ich dafür gegeben, wieder zur Schule gehen zu dürfen, egal wo, nur um etwas lernen zu dürfen!" Die Schulden des Vaters sind zeitweilig so groß, daß er im ■ G2 Schuldgefängnis von Marshalsea (Borough High Street, Southwark, 1811–42, zerstört, ein Hauptschauplatz von *Little Dorrit*) sitzt. Charles kann nicht mehr die Schule besuchen und bekommt stattdessen vom Vermieter eine Beschäftigung in Warrens Schuhwichsfabrik an der Strand, ■ 20c: 30 Hungerford Stairs (zerstört), vermittelt. Selbst Jahre später meidet er die Nähe der Fabrik beim heutigen Charing Cross Bahnhof, weil er den Geruch dort nicht ertragen kann. Dickens hat seine traumatischen Kindheitserlebnisse später in Romanen wie *Oliver Twist* (1837–39) und *David Copperfield* (1849–50) literarisch verarbeitet und das Thema des unschuldig verfolgten Kindes immer wieder aufgenommen. London bleibt für Dickens Zeit seines Lebens „ein Gefängnis, dunkel und bedrohlich wie der Nebel schon auf der ersten Seite von *Bleakhaus*, aber auch ein großes Theater, wie das faszinierende plebejische Straßenleben der Märkte und Höfe" (Wolfreys). Besonders fasziniert ist Charles Dickens von Covent Garden. Nachts spaziert er oft über 30 Kilometer durch die Stadt, so findet er Inspiration und schöpft neue Kraft für seine Arbeit: „Könnte ich nicht schnell und weit laufen, würde ich einfach explodieren und zugrunde gehen." Der junge Dickens will Journalist und Stenograph werden. Zunächst ist er Lehrling in einem Anwaltsbüro. Die Firma „Ellis & Blackmore" hat ihren Sitz erst am ■ 20d: 1 South Square (WC1). Dann erfolgt der Umzug in die ■ 20e: 6 Raymond Buildings (WC1). Seine erste literarische Arbeit – *Sketches by Boz* (1836–37) – schickt er an den neugegründeten *Evening Chronicle*. Die Skizzen machen ihn in Windeseile berühmt. Dickens zeigt typische Alltags- und Genrebilder, die neue Gebiete auf der Landkarte der Großstadt erschließen. Erstmalig findet die Mittelschicht Eingang in die anerkannte und viel gelesene Literatur. Dickens zeigt gewöhnliche Menschen und Ereignisse und deckt soziale Ungleichheiten auf. 1824–29 lebt er in der ■ 20f: 29 Johnson Street (zerstört), 1834–37 wohnt er zusammen mit seiner Frau als Reporter aus dem Unterhaus und politischer Journalist des *Morning Chronicle* in ■ 20g: 15 Furnival's Inn (Hinweistafel, aber zerstört; heute Sitz der „Prudential Assurance Company"). Im Eingang befindet sich eine Büste von Dickens. Hier beginnt er, *The Pickwick Papers* (1836–37) zu schreiben. Über seine Zeit dort sagt er: „Ich werde nie wieder so glücklich sein wie in diesen Zimmern im dritten Stock – niemals, auch dann nicht, wenn ich einmal in Reichtum und Ruhm schwelge." 1837 folgt der Umzug in die ■ M3: 48 Doughty Street („Dickens House", WC1), wo Dickens *Oliver Twist* schreibt. Das Haus ist heute als Museum eingerichtet. Neben verschiedenen Ausgaben seiner Werke sind dort viele Illustrationen zu sehen ebenso wie Inneneinrichtungsgegenstände und zwei seiner Spazierstöcke. 1839 zieht die Familie in die Nähe des Regent's Park, ■ 20h: 1 Devonshire Terrace (zerstört), wo der autobiographische Roman *David Copperfield* entsteht. Heute befindet sich vor dem Haus eine Pforte, auf der viele der Figuren aus Dickens' Romanen dargestellt sind. 1846 wohnt Dickens für kurze Zeit in Chelsea, ■ 20i: 1 Chester Row (SW1, zerstört), ehe er 1851 ins ■ 20j „Tavistock House" (Tavistock Square, WC1, Plakette, zerstört, heute Sitz der „British Medical Association") umzieht. Mittlerweile bevölkern zehn Kinder das Heim, und die Eheleute beginnen sich zu entfremden: „Und so fand zunächst nur ein interner Umzug im Tavistock House statt; die verschloßene Tür zwischen den Schlafzimmern beendete dabei diskret eine einundzwanzigjährige Ehe." (Schmidt) 1860 verkauft Dickens das Haus und zieht ins ländliche Gad's Hill: „London mit seinem ja nicht nur symbolischen Nebel und Schmutz drohte die angegriffene Gesundheit des Fünfzigjährigen noch mehr zu strapazieren." (ebd.) Seine Londoner Wohnung in den Räumen der Zeitschrift *All the Year Round* in der ■ 20k: 26 Wellington Street (WC2) behält er bei (im Erdgeschoß befindet sich heute das „Charles Dickens Coffee House"). In *Our Mutual Friend* (1865) beschreibt Dickens die negativen Seiten der Stadt: „London ist im schlimmsten Fall [...] eine schwarze, schrille Stadt [...] eine grobkörnige Stadt [...] eine hoffnungslose Stadt ohne einen Riß im eisernen Dach ihres Himmels, eine belagerte Stadt." Immer wieder verwendet Dickens den Nebel als Metapher für die Stadt, um die Unmöglichkeit zu veranschaulichen, London vollständig zu erfassen. Manche der Romane spielen an bestimmten, auch heute noch vorhandenen Orten. So findet ein Großteil der Handlung von *Bleakhouse* (1853) in den ■ LS2 Inns of Court und Royal Courts of Justice (Chancery Lane, WC2) statt. Dickens beschreibt die Old Hall (Lincoln's Inn), den Sitz des Kanzleigerichts, das 1733–1873 u. a. für Erbschafts- und Vormundschaftsangelegenheiten zuständig war und nie einen guten Ruf besessen hat: „Dies ist das Kanzleigericht, das seine verfallenen und zerstörten Ländereien in jeder Grafschaft hat und seine Verrückten in jedem Irrenhaus und seine Toten in jedem Kirchhof [...] ertrage lieber jedes Unrecht, daß Dir angetan wurde, als hierher zu kommen." Ferner ist der „Old Curiosity Shop", einer der ältesten Läden in London, an den Laden in Dickens' gleichnamigem Roman von 1841 angelehnt (■ LS3: 13–14 Portsmouth Street, WC2). Neben dem Dickens Museum erinnert heute auch der ■ C3 Pub „Dickens Inn" am St Katherine's Dock (E1; gegründet von einem Urenkel) an den Autor: Neben dem Pub in der ersten Etage, befindet sich in der zweiten ein Restaurant gehobener Klasse (Pickwick Room), und in der dritten Etage ist ein Zimmer zu sehen, das die Zeit und das Werk von Dickens evoziert. Dickens selbst scheint ein reger Pubgänger gewesen zu sein. Seine Lieblingspubs dürften ■ C4 „The Prospect of Whitby" (57 Wapping Wall, E1) und ■ C5 „The George Inn" (77 Borough High Street, SE1) gewesen sein. Letzterer wird in *Little Dorrit* dargestellt. Dickens liegt auf dem ■ F3 Highgate Friedhof, Swains Lane (N6), begraben.

W: *Sketches by Boz* (1836–37), dt. *Londoner Skizzen* – *Oliver Twist* (1837–39) – *David Copperfield* (1849–50) – *Bleakhouse* (1853), dt. *Bleakhaus* – *Little Dorrit* (1855–57), dt. *Klein Dorrit* – *Our Mutual Friend* (1865), dt. *Unser gemeinsamer Freund.*

🕮 Peter Ackroyd. *Dickens*. London 2002 – Ders. *Dickens: Public Life and Private Passion.* London 2002.

21. Arthur Conan Doyle, Sir

(1859 Edinburgh bis 1930 Crawborough/East Sussex)

„Ich hatte ein Leben, das nicht abwechslungsreicher und romantischer hätte sein können“, resümiert Doyle. Viele Leser assoziieren mit seinem Namen ausschließlich die Sherlock Holmes-Erzählungen: Sherlock Holmes und sein Adlatus Dr. Watson sind vielleicht die bekanntesten Figuren der englischen Literatur und mittlerweile kulturelle Archetypen. Dabei wird leicht vergessen, daß Doyle neben Krimis auch historische Romane über die Regency-Zeit geschrieben hat. Doyle studiert zunächst Medizin in Edinburgh und zeichnet wie sein Onkel und Großvater, bevor er zu schreiben beginnt. Den Tag, an dem er seinen Abschluß in der Tasche hat, hält er in einer Karikatur fest: Sie zeigt Doyle, wie er seine Urkunde in der Luft schwenkt. Der Kommentar lautet: „Zulassung zum Töten.“ So schlimm kommt es allerdings nicht. Doyle wird Augenarzt. 1891 zieht er nach London und arbeitet in Marylebone. Seine Praxis befindet sich in der ■ 21a: 2 Upper Wimpole Street (W1, Hinweistafel): „Für 120 Pfund Jahresmiete bekam ich dort ein zur Straße gelegenes Behandlungszimmer und ein Wartezimmer. Wie ich bald feststellte, waren es beides Wartezimmer, und heute weiß ich, daß es gut so war.“ Nicht ein einziger Patient hat jemals die Schwelle zur Praxis überschritten! Während er wartet, schreibt Doyle Kurzgeschichten: eine ganze Serie mit einer Hauptfigur – sie heißt Sherlock Holmes. Veröffentlicht werden die Geschichten bei der Monatszeitschrift *Strand Magazine* (■ V3: 7–12 Southampton Street, Covent Garden, WC2). Was ist Doyles Erfolgsrezept? Er erschafft mit Holmes ganz im Sinne des Wissenschaftsoptimismus der spätviktorianischen Zeit eine perfekte Denk- und Beobachtungsmaschine. Holmes ist ein „schillernder und exzentrischer Protagonist“ (Feuchert), und die Struktur der Krimis ist als Rätselspiel angelegt, das die Leser zum Mitdenken animiert und ihnen das Gefühl gibt, sie hätten auch selbst auf die Lösung kommen können. Doyle wird in der Folgezeit mit Autogrammanfragen überschüttet, allerdings sind die meisten an Sherlock Holmes gerichtet. Manchmal antwortet er, der Detektiv sei leider nicht erreichbar und unterschreibt mit dem Namen von dessen Kollegen Dr. John Watson. Nach drei Monaten gibt Doyle die Praxis auf und zieht nach South Norwood (■ 21b: 12 Tennison Road, SE25, Hinweistafel) in ein großes Haus mit sechzehn Zimmern. Nach einigen Jahren beginnt die Figur des Sherlock Holmes Doyle zu verfolgen, und so läßt er ihn in der Erzählung *The Final Problem* (1893) sterben. Die Leser sind entsetzt, 20 000 Abonnenten des *Strand Magazine* kündigen aus Protest. 1903 gibt Doyle dem Leserwillen nach und schreibt weitere Erzählungen. Die Holmes-Erzählungen sind einerseits fest in der Topographie der Stadt verankert – so nimmt Holmes sich Zimmer in der Monatgue Street in der Nähe des British Museum, und viele Geschichten spielen in der Gegend von Charing Cross und Strand –, andererseits wird die Stadt vor allem atmosphärisch evoziert mit atemlosen Kutschfahrten durch

23. George Eliot (eigentlich Mary Ann Evans)

(1819 South Farm/Arbury/Warwickshire bis 1880 London)

1852 notiert George Eliot: „Ich habe meine Rückkehr nach London wie üblich gefeiert, nämlich mit heftigen Kopfschmerzen.“ Eliot ist 1851 nach London gezogen, um ein unabhängiges Leben zu führen. Sie will als Übersetzerin aus dem Französischen und Deutschen und Rezensentin progressiver Werke über Politik, Religion und Geschichte arbeiten. Der Verleger John Chapman kann ihr bei diesem Vorhaben behilflich sein. Sie wohnt in der ■ 23a: 142 Strand (WC2, zerstört). In einer Werbung wird das Haus als ‚First Class Hotel‘ beschrieben, in dem sowohl der Verleger selbst, als auch 10–12 Gäste wohnen. Diese können hier ihren Urlaub verbringen oder Zimmmer mieten und somit die Vorteile eines Hotels mit denen eines Privathauses kombinieren. Hinter der Fassade geht das Leben nicht weniger unkonventionell zu: Chapman lebt mit seiner Frau und einer Geliebten zusammen und ist auch von George Eliot angetan. Eifersuchtsszenen folgen. Nach anfänglichen Turbulenzen bleibt Eliot dennoch bis 1853. Sie wird bald unersetzlich, weil sie sehr erfolgreich die von Chapman aufgekaufte Zeitschrift *Westminster Review* herausgibt. 1853 lernt sie Henry Lewes kennen und wird in den folgenden Jahren von Teilen der Gesellschaft geächtet, weil sie eine Beziehung mit dem verheirateten Mann eingegangen war. Bis sie mit ihm zusammenzieht, wohnt sie in Pimlico in der ■ 23b: 21 Cambridge Street (SW1). 1855–59 lebt das Paar in Richmond (■ 23c: 8 Parkshot). Hier fängt sie an, unter dem Pseudonym George Eliot zu veröffentlichen. Ihr Privatleben bleibt allerdings getrübt, weil Lewes’ Frau sich weigert, in die Scheidung einzuwilligen. 1859 zieht George Eliot mit ihrem Lebensgefährten nach ■ 23d Holly Lodge, 31 Wimbledon Park Road (SW18). Am Haus befindet sich die fünfte Plakette, die für eine Frau angebracht worden ist. In der Vorstadt in ländlicher Umgebung wähnt sich das Paar zunächst geschützt vor neugierigen Blicken und übler Nachrede. Eliot beschreibt das Haus, in dem *Adam Bede* entsteht, als „sehr gemütlich [...] ein großer Kuchen mit einer Verzierung von Stechpalmen und Lorbeeren“ und schwärmt: „Uns geht es sehr gut. Wir unternehmen Spaziergänge in luftiger Umgebung, mit weitem Horizont, haben gut durchlüftete Räume und reichlich Wasser.“ Das Paar bleibt allerdings nur bis 1860. Weitere Stationen sind 10 Harwood Square (zerstört) und ■ 23e: 16 Blandford Square (NW1, zerstört). Es sind sehr produktive Jahre, in denen Eliot *The Mill on the Floss* (1860), *Silas Marner* (1861) und *Romola* (1862–63) schreibt. 1863 kauft George Eliot ■ „The Priory“ (23f: 21 North Bank, NW8, zerstört). Dieser Ort wird bald zu einem beliebtem Treffpunkt von Literaten. In ihren realistischen Romanen untersucht George Eliot „das komplexe Netz der vielfältigen Beziehungen der sozialen Klassen und ihre Abhängigkeit von Traditionen und äußeren Bedingungen“ (Seeber). Sie bilden den Übergang vom handlungsbetonten zum psychologischen Roman. *Daniel Deronda* (1874–76) ist ihr einziger wirklicher

Stadtroman. Nach Lewes' Tod heiratet George Eliot dessen 21 Jahre jüngeren Freund, den Bankier J.W. Cross, und zieht 1880 nach Chelsea, ■ 23g: 4 Cheyne Walk (SW3, Hinweistafel). Drei Wochen nach dem Einzug in das neue Haus stirbt die an Nierenproblemen leidende Schriftstellerin. Anders als viele ihrer Dichterkollegen wird „die vermutlich intelligenteste und gebildetste Frau des 19. Jahrhunderts" (Seeber) nicht in der Westminster Abbey begraben, sondern auf dem Friedhof in ■ F3 Highgate.

A: Gordon S. Haight (Hrsg.). *Selections from George Eliot's Letters*. New Haven/London 1985.
W: *The Mill on the Floss* (1860), dt. *Die Mühle am Floss* – *Silas Marner* (1861) – *Romola* (1862–63) – *Daniel Deronda* (1874–76).
🕮 Rosemary Ashton. *George Eliot. A Life*. London 1996.

24. Thomas Stearns Eliot

(1888 St. Louis/Missouri – 1965 London)

Als der amerikanische Lyriker und Dramatiker 1933 nach South Kensington zieht, wird er dort von Katzen zu seinem *Old Possum's Book of Practical Cats* (1939) inspiriert. Andrew Loyd Webber verwendet später die Gedichte als Grundlage für das Libretto zu dem Erfolgsmusical *Cats*. Bei Eliot überwacht der Portier-Kater Morgan an einem Square in Bloomsbury den Eingang zum Verlagshaus „Faber & Faber" – Eliots eigener Wirkungsstätte ab 1925: „Wenn Sie mit Faber – oder Faber – geschäftlich zu tun haben, gebe ich Ihnen diesen Rat, der sehr viel mehr wert ist: Sie sparen sich Zeit und Sie sparen sich Arbeit, wenn Sie sich einfach mit der Katze an der Eingangstür anfreunden." Eliot kommt 1914 mit einem Stipendium der Harvard University nach England, um in Oxford an seiner Promotion in Philosophie zu arbeiten und lebt fortan in London (zunächst in Bloomsbury, ■ 24a: 28 Bedford Place, WC1). 1916–20 wohnt er in Marylebone (■ 24b Crawford Mansions, 62 Crawford Street, W1). Bald lernt er den Avantgardisten Ezra Pound kennen, der ihn fördert. Da Eliot mit dem Schreiben allein nicht seinen Lebensunterhalt verdienen kann, unterrichtet er an der „Highgate School", ist ab 1917 Banker bei ■ 24c „Lloyds" (71 Lombard Street, EC3), und ab 1925 kann er bei „Faber & Faber" (■ V4: 24 Russell Square, WC1, Plakette) als Lektor, später als Verlagsleiter Beruf und schriftstellerische Ambitionen miteinander verbinden. Das Verlagsgebäude gehört heute zur University of London. In dem Gedicht *The Wasteland* (1922), das sich dem Leser nur schwer erschließt, weil es einer imaginativen Logik folgt und sehr symbolhaltig ist, gelingt es Eliot, die Stimmung in der Stadt einzufangen. Eliot nennt das Zentrum „unwirkliche City", er beschreibt die „heillose städtische Existenz", beklagt die sinnentleerte Welt und sucht nach sinnstiftenden Kulturfragmenten. 1920–32 lebt er mit seiner Frau in der Nähe des Regent's Park in einem Block mit Apartments im Art Nouveau-Stil (■ 24d Clarence Gate Gardens, Glentworth Street; er zieht innerhalb der Straße häufig um: 9, 98, 177, 68, NW1). Dann zieht der zum katholischen Glauben Konvertierte nach Kensington zu einem Pfarrer (■ 24e: 9 Grenville Place, SW7, zerstört). Während des Zwei-

ten Weltkrieges lebt er in Bloomsbury und schläft während der Woche im Verlagsbüro.
Eliot kann sich auch als Autor poetischer Dramen einen Namen machen (z. B. *The Cocktail Party*, 1949). 1948 erhält er den Nobelpreis für Literatur und zieht nach Chelsea (■ 24f: 19 Carlyle Mansions, Cheyne Walk, SW3). Nach seiner zweiten Heirat wohnt er von 1957 bis zu seinem Tod in Kensington, ■ 24g: 37 Kensington Court Place, W8 (Hinweistafel). Er ist auf dem ■ F4 Jüdischen Friedhof, Golders Green Crematorium, beigesetzt worden.

E

W: *The Wasteland* (1922), dt. *Das wüste Land – Old Possum's Book of Practical Cats* (1939), dt. *Old Possums Katzenbuch*.
🕮 Anthony David Moody. *Thomas Stearns Eliot: Poet*. Cambridge 1999.

25. Friedrich Engels

(1820 Barmen – 1895 London)

1842 macht Friedrich Engels in der Firma seiner Eltern in Manchester ein Volontariat. Ab 1849 lebt er in England im politischen Exil, nachdem er mit Marx zusammen *Das Kommunistische Manifest* verfaßt hat. Engels arbeitet als Kommis, später als Prokurist und Associé in der Filiale der Textilfirma „Ermen & Engels". Sein Entschluß, ganz in der Firma einzusteigen, stößt auf elterliches Mißtrauen. Man glaubt ihm nicht, daß er dieser Arbeit mit Lust und Liebe sein Leben lang nachgehen würde. Sie sollen Unrecht behalten. Engels bleibt fast zwanzig Jahre. Seine wichtigste Aufgabe in dieser Zeit ist jedoch die Unterstützung seines brillianten, aber mittellosen Freundes →Karl Marx in London. So schreibt er 1857 an ihn: „Es ist mir höchst ärgerlich, daß ich hier ein Pferd halten soll, während du in London mit deiner Familie im Pech sitzest." Engels lebt in einer ‚ménage a trois' mit seiner Geliebten Mary Burns und deren Schwester Lizzie. Eigentlich hat er auch zwei Berufe, denn nach Feierabend bildet er sich weiter und verfaßt viele Artikel – nicht wenige erscheinen später unter dem Namen von Karl Marx. 1870 zieht Engels nach dem Tod seiner Partnerin Mary mit Lizzie nach London (■ 25: 122 Regent's Park Road, NW1, Hinweistafel), ganz in die Nähe von Marx. Nach Marx' Tod gibt er Teil II und III von *Das Kapital* heraus. Über London und das East End im besonderen schreibt er in *Die Lage der arbeitenden Klasse in England* (1845): „Wenn man die ‚schlechten Viertel' der Weltstadt besucht hat, dann merkt man erst, daß diese Londoner das beste Teil ihrer Menschheit aufopfern mußten, um alle die Wunder der Zivilisation zu vollbringen, von denen ihre Stadt wimmelt [...]. Die brutale Gleichgültigkeit, die gefühllose Isolierung jedes einzelnen auf seine Privatinteressen tritt um so widerwärtiger und verletzender hervor, je mehr diese einzelnen auf den kleinen Raum zusammengedrängt sind; und wenn wir auch wissen, daß diese Isolierung des einzelnen, diese bornierte Selbstsucht überall das Grundprinzip unserer heutigen Gesellschaft ist, so tritt sie doch nirgends so schamlos unverhüllt, so selbstbewußt auf als gerade hier in dem Gewühl der großen Stadt. Die Auflösung der Menschheit in Monaden, deren jede ein apartes Lebensprinzip und einen aparten Zweck hat, die Welt der Atome ist hier auf ihre höchste Spitze getrieben.“ Als er selbst in London wohnt, sieht er allerdings auch positive Entwicklungen. So ist er sonntags häufig auf Versammlungen im ■ P2 Hyde Park und lauscht – verzückt vom „bürgerlichen Geist“ der Engländer – den Reden der Streikenden: „welche andere Nation ist so bürgerlich, daß sie sich Widerstandsvereinigungen und Streiks der Polizeibeamten erlauben kann?“ Während das Grab von Marx in London heute noch besichtigt werden kann, gibt Engels die Anweisung, daß seine Leiche krematiert und die Asche dem Meer übergeben wird.

W: *Die Lage der arbeitenden Klasse in England* (1845).
🕮 Hans Peter Bleuel. *Friedrich Engels. Bürger und Revolutionär.* Bern 1981.

26. Henry Fielding

(1707 Sharpham Park/Somerset bis 1754 Lissabon)

Henry Fielding hat der Nachwelt zwei langlebige Hinterlassenschaften gemacht: seine Stücke waren der Anlaß dafür, daß die Bühnenzensur eingeführt wurde, und er hat die Vorläufer der heutigen Polizei ins Leben gerufen. – Fielding kommt in den 1720er Jahren nach London und ist als Dramatiker (u. a. mit Premieren im ■ T6 „Theatre Royal“, Haymarket, SW1) mit seiner Kritik an der Korrumpierbarkeit und Heuchelei der Walpole-Regierung so erfolgreich, daß diese 1737 die Bühnenzensur einführt und Fielding damit Schachmatt setzt. In den 1740er Jahren lebt Fielding in der City in den Inns of Court (■ 26a: 4 Pump Court, EC4) und im Middle Temple und in Barnes, ■ 26b Milbourne House (Barnes Green, SW13, Plakette). Für kurze Zeit wohnt er mit seinem Bruder zusammen in Chelsea, ■ 26c: 14–15 Lawrence Street (SW3). Er beendet sein Jurastudium und wird ab 1745 Friedensrichter für Westminster. Sein soziales Gewissen erlöscht jedoch nicht. Er beginnt Romane zu schreiben und prägt die realistische Erzählform maßgeblich. *Tom Jones* (1749) ist heute sein berühmtester Roman. Fielding wählt die Form eines Erziehungsromans und läßt seinen Titelhelden verschiedene pikareske Abenteuer bestehen, bevor seine Liebe zu einer Frau höheren Standes erhört wird und die Handlung in London ihren Höhepunkt findet. Fielding kann aus seiner Berufserfahrung mit Dieben, Prostituierten und anderen Kriminellen reichlich schöpfen. Sowohl seine Wohnung als auch das Magistratsgericht, wo Fielding einer der ersten Richter ist, befinden sich in der ■ 26d: 19–20 Bow Street (WC2). Die Verbrechen macht er der Öffentlichkeit auch in Berichten für das *Covent Garden Journal* zugänglich. Wesentlich wirkungsvoller lassen sich Verbrechen aber mit Hilfe von Polizisten bekämpfen. Zusammen mit seinem Bruder ruft er die „Bow Street Runners“ ins Leben, eine Gruppe von Männern, die sich auf die Jagd nach Dieben macht. Das Milieu der Gefängnisse und der Londoner Unterschicht schildert er besonders eindrucksvoll in seinem letzten Roman *Amelia* (1752). Hier ist Fieldings London geprägt durch Betrug und Heuchelei. Hier werden Tugenden der Landbevölkerung wie Ehrlichkeit von Verbrechern schamlos ausgenutzt.

W: *Tom Jones* (1749) – *Amelia* (1752).
🕮 Martin C. Battestin. *Henry Fielding: A Life*. London 1993.

27. Theodor Fontane

(1818 Neuruppin – 1898 Berlin)

Bereits 1844 bei seinem ersten Besuch in London ist Fontane überwältigt. Ein Freund lädt den Soldaten ein, mit ihm eine Vergnügungsfahrt zu unternehmen. Sie wohnen im „Adelaide-Hotel" am Nordufer der Themse auf der Höhe der London Bridge, ■ 27a: 7 Adelaide Place (zerstört). Zwei Wochen hat Fontane Zeit, Sehenswürdigkeiten wie den Tower, Westminster Abbey und Hampton Court zu besichtigen. Stadt und Leute hinterlassen einen bleibenden Eindruck: „Es ist das Größte, was diese Erde hat." Und mehr noch: England wird „für seine Entwicklung in persönlicher und literarischer Hinsicht von ausschlaggebender Bedeutung" (Ziegler/Erler). Es heilt ihn von der provinziellen Enge seiner Heimat und von „dem Wahn, daß Husum oder Heiligenstadt oder meiner Großmutter alter Uhrkasten die Welt sei." 1852 bleibt Fontane ein halbes Jahr in London. Da ist er bereits mit Emilie Rouanet-Kummer verheiratet, hat einen Sohn und den Beruf als Apotheker aufgegeben. Er geht vom Vater finanziell unterstützt als Korrespondent der *Preußischen Zeitung* nach London und ist gleich wieder verzückt, als er die Stadt betritt: „mir wurde die Brust weit, und das Herz schlug mir höher, als mein Cab über die schöne Waterloo-Brücke hinweg in das vollste Leben der Stadt zwischen City und Westend hinabrollte. Ich vergaß für einen Augenblick alles andere: Frau, Kind, Not, Sorge." Fontane will sich auch als Sprachlehrer verdingen, aber die Metropole ist zur ‚Flüchtlingsoase Europas' geworden und mit Deutschen überflutet. Das merkt er schnell am eigenen Leib, als er in einer ‚Flüchtlingskneipe' in Covent Garden Logis nimmt (■ 27b: 27 Long Acre, WC2, zerstört). Seine Beobachtungen hat Fontane in den Londoner Briefen niedergeschrieben (*Ein Sommer in London*, 1854). Sein Englandbild ist beim zweiten Besuch nicht mehr völlig unkritisch: „Spekulationen, Rennen und Jagd nach Geld, Hochmut, wenn es erjagt ist, und Verehrung vor dem, der es erjagt hat, der ganze Kultus des goldenen Kalbes ist die große Krankheit des englischen Volkes." Er zieht bald nach seiner Ankunft in die Nähe der Euston Station (■ 27c: 14 Burton Street, nur der erste Stock erhalten) und dann im Juni 1852 an den ■ 27d: 1 Tavistock Square (WC1, zerstört). Dort bekommt er auch endlich Anschluß an eine englische Familie, deren Tochter er unterrichtet. Fontane kann sich nach seiner Rückkehr gegenüber seinen Vorgesetzten als Kenner Englands ausweisen, finanziell ist der Aufenthalt allerdings als Fehlschlag zu verbuchen. Es gelingt ihm nicht, sich eine Existenz aufzubauen, um längerfristig bleiben zu können. 1855 wird Fontane von der preußischen Regierung beauftragt, in London eine deutsch-englische Korrespondenz einzurichten, um das Image Preußens aufzubessern. Hintergrund sind die schlechten politischen Beziehungen zu England: Deutschland hat im Krimkrieg nicht an der Seite der Franzosen, Briten und Türken gegen die Russen gekämpft, die auf dem Balkan und im Bosperus Land erobern wollten. In London soll Fontane Themen und Inhalte der englischen Presse für deutsche Leser aufbereiten und gleichzeitig eigene Berichte über die englischen Zustände nach Deutschland liefern. Dieses Mal bleibt er dreieinhalb Jahre. Doch sein Posten wird bald zur Hölle für ihn: „Um 9 beginnt die Arbeit und dauert bis 3; dann jagt der Schreiber in die Druckerei; ich ziehe mich an und lauf ihm nach; um 4 ½ steh ich unter lauter Druckerjungen mit einem großen Kleisterpinsel und verklebe die 80 Blätter, die der Schreiber faltet, höchst eigenhändig; dann fahren wir auf die Post. Ohngefähr 6 ½ Uhr komm ich zu Tisch; spätestens um 9 bin ich wieder zu Haus, studiere die Abendblätter, schreibe eine Art Leitartikel und mache einige Notizen für den andern Tag [...]. Wir dürfen es ein leidlich beschäftigtes Dasein nennen." Mit der Zeit ist Fontane völlig überarbeitet und unzufrieden mit seiner geringen finanziellen und personellen Ausstattung. Ende März 1856 wird das Unternehmen eingestellt. Doch es gelingt ihm, in London zu bleiben: er wird Presseagent des preußischen Gesandten und schreibt preußenfreundliche Artikel, die er in der englischen Presse unterbringt. Fontane zieht häufig um, bevor er sich in einem Haus in Camden niederläßt: Seine Adressen sind am Finsbury Square („Seyd's Hotel", zerstört), in Kensington, ■ 27e Campden House Road (heute 3 Hornton Street, Ecke Holland Street, W8) und ■ 27f: 23 New (heute Great) Ormond Street, WC1), ■ 27g: 38 Berners Street (W1, zerstört) und ab 1856 in Bloomsbury, ■ 27h: 92 Guilford Street (WC1, zerstört). 1857 bezieht er zusammen mit seiner nachgereisten Familie in Camden (■ 27i: 52 St Augustine Road, NW1, nicht ursprüngliches Haus) ein ganzes Haus mit Blumengarten und Bedienung. Aber das Heimweh wird immer größer. Neben seiner Arbeit als Spaltenfüller entdeckt er für sich den Reisebericht als neues literarisches Genre, dem er auch nach seiner Rückkehr nach Deutschland eine Zeitlang sein Hauptaugenmerk schenkt. Fontanes Eindrücke und Erinnerungen an England reichen bis in sein Romanwerk hinein, von *Cécile* bis zum *Stechlin*.

W: *Ein Sommer in London* (1854) – *Briefe*. In: *Werke, Schriften und Briefe* 1833–60. München 1976.

📖 Edda Ziegler u. Gotthard Erler. *Theodor Fontane Lebensraum und Phantasiewelt*. Berlin 1996 – Hans-Jürgen Schmelzer. *Der junge Fontane*. Berlin 1987.

28. Ford Madox Ford (eigentlich Joseph Leopold Ford Hermann Madox Hueffer)

(1873 Merton/Surrey bis 1939 Deauville/Frankreich)

Ford Madox Fords Vater war ein bekannter deutscher Journalist. Nach dessen Tod zieht die Familie nach London. Ford geht auf das ■ U1 University College London (UCL, Gower Street, WC1), beendet seine Ausbildung aber in den Cafés rund um das British Museum. Er hat immer wieder Probleme mit seiner Herkunft. Manchmal nennt er sich Baron Aschendorff, während des Ersten Weltkrieges behauptet er dann, er habe russische oder holländische Vorfahren, um nicht als Deutscher stigmatisiert zu werden. 1898 lernt Ford →Joseph Conrad kennen, dessen impressionistischer Stil ihn sehr beeinflußen wird. 1905 schreibt Ford eine Hommage an die Stadt London: *The Soul of London*. Sein Ziel ist es, ein „persönliches Bild des Ortes" zu schaffen und die Atmosphäre der Stadt einzufangen. London ist für ihn: „Ein wunderbarer, vom Wind geputzter, sonniger Tag, mit Fontänen, die wie Hähne auf dem Heu prismatisch im Schatten der Nelson-Statue glänzen, mit fast durchsichtigen Pflastersteinen, mit Farben an fast allen Orten – das grün der Orangenbäume in den Blumenkübeln entlang der National Gallery, das lebhafte blau, das die Blumenverkäufer benutzen, um die Narzissen in Papier einzuwickeln, das Glitzern von Stroh, das von den Hufen der Pferde herüberweht [...] Oder ist es die chaotische Menge, wie die der Gepäckwagen, zusammengedrängt nach einer großen Niederlage, die die engen Gassen der City versperren, ein offensichtlich unlösliches Gewirr grauer Gespanne, von Wagen und Bussen, die aus der Fahrbahn ausscheren, von stinkendem Morast, mit einer fahlen Kirche, die zur Turmspitze hin im mit Tränen übersäten Himmel versinkt, von an schmutzigen Fenstern im Obergeschoß erscheinenden Gesichtern, die man vom Oberdeck des Busses aus auf gleicher Höhe sieht." In den folgenden Jahren profiliert er sich nicht nur als Schriftsteller sondern insbesondere als Herausgeber der Zeitschrift *English Review*. Ford entdeckt und veröffentlicht viele Autoren. 1907–10 hat er in Notting Hill Wohnung und Arbeitsplatz vereint (■ 28: 84 Holland Park Avenue, W11, unten Geschäftszeile, kein Eingang). Ab 1909 veröffentlicht er neben Klassikern auch neue Literatur. Sein Motto lautet: „Man gebe mir das richtige Wort und den richtigen Akzent und ich werde die Welt damit bewegen." Die Wohnung platzt aus allen Nähten. „Ford verschönerte sie mit dem Schreibtisch, an dem Christina Rossetti ihre Gedichte geschrieben hatte, einem alten spanischen Kabinett, das mit Manuskripten überquoll, dem Porträt seines Großvaters als Sohn Wilhelm Tells [...], bepackten Stühlen und einem Klavier" (Hunt). Für seine spätere Freundin Violet Hunt hat die Wohnung ein sehr unorthodoxes Ambiente. Sie platzt in Fords Arbeitszimmer und bietet ihm einen ihrer Aufsätze zur Publikation an: „Das Büro war eine Maisonette-Wohnung über einer Geflügel- und Fischwarenhandlung. Der Gestank der Hühner begleitete mich auf der Treppe nach oben.“ 1909 trennt Ford sich von seiner Frau Elise und lebt bis 1919 bei Violet Hunt in Kensington (■ LT1 South Lodge, 80 Campden Hill Road, W8, Plakette). Ihr literarischer Salon wird u. a. von →Hardy, →James, →Wells und →Conrad frequentiert. „Das große Wohnzimmer vorne war mit einer William Morris-Tapete aus pink und blau farbenen Blumen tapeziert, mit Chintz bezogenen Stühlen und Vorhängen, die mit einer Pflanzenranke im Morris-Design bestickt waren. Der hintere Raum hatte Platz für zwölf Personen, und zum Dinner dort trug man stets eine schwarze Krawatte“ (Patmore).

A: *Return to Yesterday* (1931).
W: *The Soul of London: A Survey of a Modern City* (1905) – *The Good Soldier* (1915), dt. *Die allertraurigste Geschichte* – *Some Do Not* (1924), dt. *Manche tun es nicht.*
🕮 Alan Judd. *Ford Madox Ford.* London 1990 – Violet Hunt. *I Have This to Say: The Story of My Flurried Years.* New York 1982.

29. Edward Morgan Forster

(1879 London – 1970 Cambridge)

E. M. Forster porträtiert seine Geburtsstadt London zwar in einigen Romanen – wenn er dort lebt, ist er aber nur selten mit dem Schreiben von Literatur befaßt. Geboren wird E. M. Forster im Stadtteil Marylebone (■ 29a: 6 Melcombe Place, NW1, zerstört). Seine Mutter, zu der er zeitlebens ein sehr enges Verhältnis hat, zieht ihn allein auf. Forster studiert Klassische Philologie und Geschichte in Cambridge – dort freundet er sich auch mit Mitgliedern der späteren ■ LT2 Bloomsbury-Group (50 Gordon Square, WC1, Hinweistafel) an – und reist nach dem Examen durch Europa, später auch nach Indien. Seine kreativste Phase als Schriftsteller fällt in die Jahre 1903–13. Da wohnt er auf dem Land in Weybridge/Surrey und hält nicht viel vom Stadtleben: „Als ich jung war, habe ich London verabscheut. Ich lebte weit entfernt [...]. Ich habe die Stadt wegen ihres Pomp und ihrer Eitelkeit angeprangert [...] Die Zeit hat mich gezähmt, und obwohl es nicht möglich ist, so einen Ort zu lieben (man könnte ebensogut beide Bände des Telefonbuchs gleichzeitig umarmen), so kann man doch Teile lieben und für den Rest sein Interesse bekunden.“ Insbesondere sein erster Publikumserfolg *Howards End* (1910) und der wegen des homosexuellen Sujets erst posthum veröffentlichte Roman *Maurice* (1971) spielen über weite Strecken in London. In *Howards End* schreibt er über die Hauptstadt: „London ist gewiß faszinierend [...] die Erde ist erklärbar – wir gehen aus ihr hervor und müßen zu ihr zurückkehren. Wer aber kann Westminster Bridge Road oder Liverpool Street am Morgen erklären – die City atmet ein – oder die gleichen Durchgangsstraßen am Abend – die City, wie sie ihre verbrauchte Luft ausatmet? [...] Der Londoner versteht seine Stadt nur selten, bevor er selbst von seiner Verankerung hinweggefegt wird.“ Forster porträtiert zumeist die englische Mittelklasse: hier der schöne trügerische Schein – die Konventionen – und dort die aufrichtigen Gefühle. In *Maurice* ist es vor allem Bloomsbury mit seinen billigen Hotelzimmern und das British Museum, vor denen der Protagonist gerne flüchten möchte. 1904 lebt Forster mit seiner Mutter in South Kensington (■ 29b: 11 Drayton Gardens, SW10), fühlt sich als Außenseiter und glaubt, ohne Liebe, Leidenschaft und geistige Harmonie sein Leben fristen zu müssen. 1925 zieht er an den ■ 29c: 27 Brunswick Square (WC1, zerstört) und findet hier sexuelle Freiheit: „Tom (der Chauffeur) und meine Zimmer am Brunswick Square haben mich unabhängig von meiner Mutter gemacht." 1928–39 lebt er in ■ 29d: 26 Brunswick Square – heute sind dort Universitätsgebäude – und schließlich von 1940 bis 46 in Chiswick, mit Blick auf Turnham Green (■ 29e: 9 Arlington Park Mansions, Sutton Lane, W4, Plakette). Forster ist aber öfter bei seinem Freund Bob Buckingham und dessen Frau in Hammersmith bis 1948 ■ 29f: 137 Hartswood Road, W12; dann bis 1952 ■ 29g: 19 Wendell Road, W12 als in seinen eigenen vier Wänden anzutreffen. Nach 1923 wendet Forster sich mehr der Literaturkritik zu, zuletzt ist er Professor in Cambridge.

F

W: *Howards End* (1910), dt. *Wiedersehen in Howards End* – *London is a Muddle*. In: *Two Cheers for Democracy*. London 1972 – *Maurice* (1971).
📖 Nicola Beauman. *Morgan. A Biography of E. M. Forster*. London 1993.

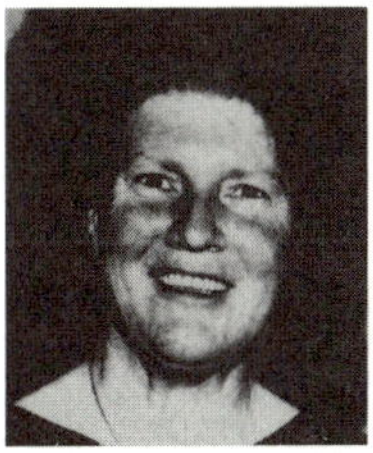

30. Janet Frame

(1924 Dunedin/Neuseeland – 2004 ebd.)

Nach 32 Tagen auf dem Meer kommt Janet Frame 1956 an der Waterloo Station in London an: „Während ich fast pflichtbewußt vor mich hinflüstere: ‚Das ist also London', sehe ich, wie die anderen Reisenden von Gruppen von Freunden und Verwandten bestürmt werden, die sie willkommen heißen. Es ist grau und regnerisch, und die schwarzen Taxis erinnern an Särge." Ein ähnliches Gefühl der Isolation wird sie vor ihrer Rückfahrt nach Neuseeland bei dem Gedanken überkommen, in einer Stadt gelebt zu haben, „in der meine einzige Familie die Stadt selbst war." Janet Frame verläßt ihre Heimat auf der Suche nach einer Identität in Europa und kann sich mit einem Literaturstipendium ausgestattet daran machen, Erfahrungen für ihre schriftstellerische Arbeit zu sammeln. Eigentlich soll London nur der Ausgangspunkt für ihre Reise durch Europa und auf die Balearen sein, aber sie kehrt zurück und bleibt bis 1965. Sie findet in Clapham Common eine Unterkunft (■ 30a: 4 Cedars Road, zerstört) in einem Gartenzimmer, und ihr irischer Vermieter wird zu einem beharrlichen Verehrer. Das Zimmer ist klein und feucht, aber eine andere Umstellung ist für sie wesentlich größer: „Ich wußte, daß ich zum ersten Mal das Ritual einer Lebensweise zu sehen bekam, die neu für mich war, wo Menschen allein in einem Zimmer eines großen Hauses mit vielen Zimmern wohnten, jeder für sich, abgesehen vom gemeinsamen Badezimmer und der Toilette und dem Wasserhahn über dem Becken auf dem Treppenabsatz." Janet Frame verdient Geld als Hausmädchen und Kellnerin im Studentenheim der Technischen Hochschule von Battersea und ist entsetzt vom rigiden Klassensystem in England. Aus der erwartungsvollen Fremden wird bald eine zurückgezogen lebende Autorin. Zwar besucht sie auch touristische Attraktionen wie den

Piccadilly Circus – den sie fälschlicherweise für einen Zirkus gehalten hatte – und das Haus von Keats in Hampstead oder geht in eines der Cafés in Soho, aber sie sieht auch die Gefahr, die diese Ausflüge bedeuten: „Ich spürte auch, daß die Ablenkungen des ‚Lebens' eine Bedrohung für meinen Wunsch und meine Zeit zu schreiben darstellen konnten. Dieses Risiko wollte ich nicht eingehen." So entsteht in ihrem autobiographischen Roman *The Envoy From the Mirror City* (1985) zunehmend der paradoxe Eindruck, daß Janet Frame London zwar liebt, aber die meiste Zeit allein ist: „Mein Gefühl der Isolation begann zu schwinden, als ich mir ins Gedächtnis rief, daß doch gerade London voller Dichter war, daß die Gedichte, die in den schmalen und dicken Bänden von Faber & Faber und in den Fachblättern und Zeitschriften erschienen, von Männern und Frauen verfaßt waren, die jetzt auf den Straßen Londons umhergingen, Buchhandlungen betraten, Bücher kauften oder einfach nur schliefen, redeten, sich liebten, aßen; ihr Alltagsleben in London lebten. Und ihre Gedichte schrieben. Sie haben es vielleicht nicht gewußt, aber sie leisteten mir Gesellschaft, allein ihr Atem hielt mich warm und vertrieb meinen Kummer." Nachdem die Diagnose einer Schizophrenie sie jahrelang negativ beeinflußt hat, erfährt sie bei einem ihrer Krankenhausaufenthalte in Maudsley (Denmark Hill, SE5), daß sie nie an dieser Krankheit gelitten hat. Janet Frame kann nun zu einer stabileren Lebensform finden. Während ihrer Zeit in London ist Frame literarisch sehr produktiv. Zwar kann sie von dem Geld als Autorin anfangs noch nicht leben – eine Weile erhält sie sogar Arbeitslosenunterstützung – aber sie findet eine Agentin, und ihre Bücher werden in London publiziert. Langsam stellt sich der literarische Erfolg ein. Sie wohnt eine Weile in Kentish Town in der Fortess Road und zieht 1959 nach Camberwell (■ 30b: 39 Grove Hill Road, SE5, erster Stock). Nach einem kurzen Zwischenspiel auf dem Land in East Suffolk lockt sie das Angebot ihres Verlegers, eine Wohnung für sie zu mieten, zurück in die Stadt nach South Kensington (Brechin Place): „Die Wohnung war für mich ein Luxus. Zum ersten Mal, seit ich in London war, hatte ich fließend heißes Wasser und eine Badewanne und ein Badezimmer und eine Küche für mich allein. Die Ausstattung war gleichfalls luxuriös, mit gestreiften Regency-Sofas und Stühlen mit runden, brötchenartigen Sitzen und dunklen, glänzenden Kommoden." Sie fühlt sich mit dem neuen Luxus aber nicht wohl. Nach dem Tod ihres Vaters kehrt Janet Frame wie die Protagonisten ihrer Romane nach Neuseeland zurück: Als gesellschaftliche Außenseiter und Reisende zwischen Großbritannien und den Kolonien erkennen sie nach einem längeren Lernprozeß, daß ihre Heimat Neuseeland ist. Ihre dreibändige Autobiographie wurde von Jane Campion unter dem Titel *Ein Engel an meiner Tafel* (1990) verfilmt.

W: *The Envoy From the Mirror City* (1985), dt. *Der Gesandte aus der Spiegelstadt – Faces in the Water* (1961), dt. *Gesichter im Wasser – The Edge of the Alphabet* (1962), dt. *Am Rande des Alphabets – Scented Gardens for the Blind* (1963).

🕮 Michael King. *An Inward Sun. The World of Janet Frame*. Auckland 2002 – Ders. *Wrestling with the Angel. A Life of Janet Frame*. Auckland 2000.

31. Sigmund Freud

(1856 Freiberg – 1939 London)

und Anna Freud

(1895 Wien – 1982 London)

F

Der Psychoanalytiker Sigmund Freud flüchtet mit seiner Familie vor den Nazis aus Wien und kommt in Hampstead unter. 1938 wohnt er erst zur Miete in der ■ 31a: 39 Elsworthy Road (NW3), dann zieht er in sein eigenes im georgianischen Stil erbautes Haus mit einem kleinen ummauerten Garten (■ M5: 20 Maresfield Gardens, NW3, heute Museum, zwei Plaketten für Sigmund und Anna Freud). Der Luxus entspreche nicht dem, was er sich leisten könne, bemerkt Freud: „Das Geheimnis ist natürlich, daß es zu zwei Dritteln der Bank gehört. Immerhin, es soll die wohlfeilste Art sein, in dieser theuren Stadt zu leben." Als →Stefan Zweig ihn besucht, fragt Freud ihn: „Habe ich je schöner gewohnt?" Er zeigt ihm seine geliebten ägyptischen Statuetten, die Maria Bonaparte für ihn gerettet hat. „‚Bin ich nicht wieder zu Hause?' und auf dem Schreibtisch lagen aufgeschlagen die großen Folioseiten seines Manuskripts, und er schrieb, dreiundachtzigjährig mit derselben runden klaren Schrift jeden Tag, gleich hell im Geiste wie in seinen besten Tagen und gleich unermüdlich" (Zweig). Auch auf →Arthur Koestler vermag der von einem Krebsleiden Gezeichnete noch einen großen Eindruck zu machen: Freud „entsprach so vollkommen meiner Vorstellung von ihm, daß ich ein Gefühl von Unwirklichkeit empfand – als sei ich im Hyde-Park auf dem Spaziergang dem Einhorn begegnet und es habe höflich gesagt: ‚Ich bin das Fabeltier Einhorn.'" Wien hat Freud nie geliebt, von London und den Engländern ist er dagegen begeistert: Ihm gefallen die Landhäuser mitten in der Stadt, und er verehrt →Shakespeare und Darwin ebenso wie →Agatha Christie. Freud übernimmt die Aufgabe des Präsidenten der „Deutschen Akademie im Exil" und beantwortet Bittbriefe notleidender Emigranten. In London beendet er die Arbeit an *Der Mann Moses und die Monotheistische Religion* (1939) und schreibt an dem Fragment gebliebenen *Abriß der Psychoanalyse* (1938). In seinem Haus empfängt er auch einige Patienten, die er auf der eigens aus Wien mitgebrachten Analytiker-Couch behandelt. Seine Asche wird auf dem Jüdischen Friedhof ■ F4 Golders Green Crematorium beigesetzt. In der Adelaide Road (NW3) erinnert seit 1970 eine Bronze-Statue an den Begründer der Psychoanalyse.

Seine Tochter Anna spezialisiert sich auf Kinderpsychologie und lebt bis zu ihrem Tod im Haus des Vaters. Nach Freuds Tod zieht ihre Lebensgefährtin Dorothy Burlingham mit ihren Kindern ein. Anna Freud sieht in der Psychoanalyse ähnlich wie in der Literatur eine Möglichkeit, das Wesen des Menschen besser zu verstehen. Im Krieg ruft sie zusammen mit Dorothy die „Hampstead War Nursery" (■ 31b: 13 Wedderburn Road, NW3) ins Leben, nimmt dort über 80 Pflegekinder auf und beobachtet die Re-Traumatisierungen der Kinder während der Bombardements der Hauptstadt. Später bildet sie selbst Therapeuten aus und leitet das Kinderkrankenhaus „Hampstead

Child Therapy Clinic" (heute „Anna Freud Centre", ■ 31c: 12, 14, und 21 Maresfield Gardens, NW3). Zu Anna Freuds Zeiten hieß Hampstead auch „Freudstead", da sich hier so viele Analytiker niederließen und therapeutische Zentren eröffneten. Eine Nachfahrin Sigmund Freuds, die heute noch in Hampstead lebt, ist die Schriftstellerin Esther Freud.

W: Abriß der Psychoanalyse (1938) – Der Mann Moses und die Monotheistische Religion (1939) –Anna Freud. *Das Ich und die Abwehrmechanismen* (1936) – *Wege und Irrwege in der Kinderentwicklung* (1968).

🕮 Georg Markus. *Sigmund Freud und das Geheimnis der Seele: Die Biographie.* Frankfurt/ Berlin 1991 – Jennifer Stone. *Sigmund Freud / Anna Freud: Eine Duographie.* Hamburg 1995.

32. Erich Fried

(1921 Wien – 1988 Baden-Baden)

„Was aus Ihnen werden wird, das muß sich erst zeigen. Einstweilen sind Sie noch kein Schriftsteller, von Dichter gar nicht zu reden, sondern ein Stückchen Scheiße." Erich Fried erhält mit diesen Worten einige Monate vor Ausbruch des Krieges seinen ersten Schreibauftrag in London: Er soll für eine Filmgesellschaft die Geschichte vom Untergang seiner Familie aufschreiben. Ein wohlhabender Deutscher will sie vermarkten. Nach Hitlers Einmarsch in Österreich ist der 17jährige Sohn jüdischer Eltern 1938 nach London geflohen. Der Vater stirbt nach Gestapo-Verhören an den Folgen der Mißhandlungen, die Mutter kann dem Sohn später nach England folgen. Fried erhält einen Vorschuß von der Filmgesellschaft, doch die Geschichte bleibt ungeschrieben. Während des Arbeitsprozesses kommt er mehr und mehr zu der Erkenntnis, daß seine Eltern in der Rückschau nicht mehr Opfer der Nazis wären, sondern zu Menschen würden, die an ihrem Untergang selbst Schuld tragen: Die Eltern waren zerstritten, und der Vater sah sein Leben als verpfuscht an. Dennoch legt Fried mit diesem Auftrag einen Grundstein zu seinem Schriftstellerdasein. Er behält die ausrangierte Schreibmaschine, die er für den Auftrag billig erworben hat. Diskriminierungen hatten bereits Frieds Jugend bestimmt, doch der Neuanfang in London erweist sich ebenfalls als beschwerlich: Er wohnt bei einer englischen Freundin seiner Mutter in Kilburn (■ 32a: 44a Brondesbury Villas, NW6), ist bettelarm und ohne Arbeitsbewilligung. Während des Krieges verdingt sich Fried als Bibliothekar des ■ 32b „Austrian Centre", 126 Westbourne Terrace (W2). Er schließt sich vorwiegend kommunistisch geprägten Exilorganisationen an. Zu wichtigen Freunden werden Hans Flesch-Brunningen und →Elias Canetti. Fried verhilft vielen Juden zur Flucht nach England: Er organisiert ihnen mit der Hilfe irischer Arbeiterfamilien, die gegen Bezahlung die Zusage geben, Juden als Dienstboten zu beschäftigen, käufliche Vor-Visa. Die finanziellen Mittel beschafft Fried, indem er in leerstehenden Häusern Bleirohre der alten Wasserleitungen herausreißt und verkauft. 1939–40 arbeitet er als Bürogehilfe für die Hilfsorganisation „German Jewish Refugees Committee" (Woburn House, Upper Woburn Place, WC1) und muß Akten zwischen dem Archiv und den verschiedenen Büros hin- und hertragen. Erwähnenswert bleibt allein die Art und Weise seines Abgangs: Fried wird fälschlicherweise eines Aktendiebstahls bezichtigt und ohrfeigt daraufhin seinen Vorgesetzten. Der Streit kann beigelegt werden, und Fried bekommt ein Jahr lang das „einzige literarische Stipendium [s]eines Lebens" – er bezieht weiterhin sein Gehalt und verpflichtet sich gleichzeitig, nie wieder einen Fuß in die Tür des Flüchtlingskomitees zu setzen. Fried wohnt zusammen mit einem Freund in einem Dachzimmer in West Hampstead (■ 32c: 67 Priory Road, NW6). 1941 führt die österreichische Exil-Bühne „Laterndl" seinen Einakter *Ring-Rund* auf. Das Gedicht *Liebende im Hyde Park* von 1943 vermittelt ein gedämpft glückliches Londoner Stimmungsbild: „Bin ich auch nur ein Soldat, hocken dir viele zu Haus, dehnt doch als Lagerstatt uns sich der Hyde Park aus. Gehen wir, mein Mädel, vorbei, wos aus dem Ginsterbusch lacht. Lass sie allein, die Zwei. Raum hat die Nacht. [...] Nun sich ins Dunkel schmiegt rings um den Park die Stadt, wird, wer hier atmend liegt, ruhig und satt." Auch nach Kriegsende bleibt Fried in London. Er ist dreimal verheiratet und hat insgesamt sechs Kinder. Fried lebt in Hampstead (■ 32d: 64b Belsize Park Gardens, NW3, Gartenapartment) danach in St John's Wood (■ 32e: 7 Hill Road, NW8) und St Pancras (■ 32f: 15 Moatland House, Ecke Cromer Street, WC1). In den 1950er Jahren sind seine Adressen ■ 32g: 34 Dartmouth Park Road und ■ 32h: 94 Fleet Road (NW3). 1960–69 ist sein Domizil in Willsden Green (■ 32i: 29 Chambers Lane, NW10). Zuletzt wohnt er in Brondesbury (■ 32j: 22 Dartmouth Road, NW2). Auf die Autorin Anne Duden vermittelt Frieds Schriftsteller-Erker gleich neben der Haustür den Eindruck eines perfekten Chaos: „Neue Mappen müßten angelegt werden für die vielen Papiere, die kreuz und quer herumliegen. [...] Viel Platz ist allerdings nicht mehr. [...] In jedem Zwischenraum, jeder Lücke zwischen, über, unter, vor und hinter anderem diese Mappen, Ordner, Pappdeckel und Papiertüten; gestapelt oder angelehnt. Von Erich [...] beschriftet mit ‚Dringend – undringlich – anschauen – neueste Gedichte – neue Gedichte sichten – mixed – old [...].'" 1952–68 arbeitet Fried als festangestellter politischer Kommentator des Ostzonen-Programms bei der ■ V2 BBC. Er macht sich auch als Übersetzer von Dylan Thomas und →William Shakespeare einen Namen. Neben Lyrikbänden erscheinen Romane, Hörspiele und Dramen. Politisch ist er sehr aktiv. Sein Name ist fest mit dem Paradigma ‚politische Lyrik' verknüpft, und in den 1970er Jahren wird er zu einer Leitfigur der außerparlamentarischen Opposition in Deutschland. Fried ist nicht nur der meist gelesene zeitgenössische Lyriker, er gilt auch als „einer der auffälligsten und engagiertesten Schriftsteller der deutschsprachigen Nachkriegsliteratur" (Kaukoreit). In seiner Lyrik erteilt Fried eine Absage an Bilder und Metaphern und versteht Übersetzungen als das Über-Setzen aus der Sprache hinweg, wie es in der traditionellen Lyrik geschieht. Neben internationalen Auszeichnungen erhält er 1987 den Georg-Büchner-Preis. Ein Jahr später erliegt Fried in Baden-Baden einem Krebsleiden und wird auf dem ■ F5 Kensal Green Friedhof (Harrow Road, NW10) begraben.

W: *Mitunter sogar Lachen* (1986) – *Mißtrauen lernen* (1989) – *Gesammelte Werke. Gedichte und Prosa*. Berlin 1998.

📖 Catherine Fried-Boswell u. Volker Kaukoreit (Hrsg.). *Erich Fried. Ein Leben in Bildern und Geschichten*. Berlin 1996.

33. William Golding, Sir

(1911 St. Columb Minor/Cornwall bis 1993 Perranarworthal/Cornwall)

William Goldings Roman *Lord of the Flies* (1954) gilt als moderner *Robinson Crusoe*-Roman und ist zu einer Standard-Schullektüre geworden. Über den Autor selbst und sein Leben erfährt der Leser in seinem Werk äußerst wenig. Dies scheint eines seiner Charakteristika zu sein. Golding studiert Englisch in Oxford. Ende der 1930er Jahre arbeitet er eine Weile als Schauspieler in Hampstead (am Fringe-Theater „The Little Theatre", zerstört) und gibt im Nachhinein zu, daß er keine Glanzrollen gespielt hat: „Es war sehr trivial – ich war sozusagen derjenige, der den Speer tragen mußte." Von seinen Versuchen als Dramatiker in dieser Zeit ist nichts Bleibendes erhalten. In *Lord of the Flies* schöpft Golding bei der Beschreibung des grausamen Sozialverhaltens einiger auf einer Insel gestrandeter Jungen aus seiner Zeit als Lehrer in Salisbury. London spielt in seinem Werk keine große Rolle. 1983 erhält er den Nobelpreis für Literatur.

🕮 John Carey (Hrsg.). *William Golding. The Man and his Books*. London 1986 – Leighton Hodson. *William Golding*. Edinburgh 1969.

34. Graham Greene

(1904 Berkhamsted/Hertfordshire bis 1991 Vevy/Schweiz)

Graham Greene ist als junger Mann sechs Monate bei einem Psychologen in London (Devonshire Terrace) in Behandlung und nennt diese Zeit die glücklichste seines Lebens. Hier ist er zum ersten Mal unabhängig und kann machen, was er will: Er frühstückt im Bett, macht Spaziergänge in den ■ P1 Kensington Gardens und geht nachmittags zu seiner Sitzung. Ab 1927 ist Greene bei der *Times* als Redakteur beschäftigt (■ V5: 162 Queen Victoria Street, The City, zerstört) und wohnt in Battersea bei einer alten Dame zur Untermiete. „Gegen Ende des Monats verschwanden regelmäßig Möbelstücke aus meinem Zimmer und tauchten eine Woche später wieder auf. Sie hatte sie ins Pfandhaus gegeben, um kurzfristig einen finanziellen Engpaß zu meistern." Die *Times* ist seiner Meinung nach der beste Ort für einen jungen Autor: „Bei einer Arbeitszeit von vier Uhr bis ungefähr Mitternacht hat ein Autor genügend Zeit, um morgens, wenn er ausgeschlafen und frisch ist, zu schreiben – soll das Büro ihn während der Stunden bezahlen, wenn er müde ist." Später arbeitet er als Lektor für Filme und beim *Spectator* (■V6: 56 Doughty Street, WC1). Von 1935 bis 1940 wohnt Greene in Clapham (■ 34a: 14 Clapham Common North Side) in einem Queen Anne-Haus. Er beschreibt das Haus und dessen Zerstörung durch die Deutschen in *The End of the Affair* (1951), einem Roman, in dem er seine Affäre mit einer verheirateten Adligen literarisch verarbeitet. Das Haus wurde nach dem Krieg wieder aufgebaut und ist jetzt in Apartments aufgeteilt. 1947–48 wohnt er in Westminster (■ 34b: 5 St James's Street). Ein weiterer Roman, der sich mit London während des Zweiten Weltkrieges beschäftigt, ist *The Ministry of Fear* (1943). 1966 zieht Graham Greene nach Antibes.

A: *A Sort of Life* (1971), dt. *Eine Art Leben.*
W: *It's a Battlefield* (1934), dt. *Schlachtfeld des Lebens – The Ministry of Fear* (1943), dt. *Zentrum des Schreckens – The End of the Affair* (1951), dt. *Das Ende einer Affäre.*
📖 Michael Shelden. *Graham Greene: Eine Biographie.* Göttingen 1995.

35. Sebastian Haffner (eigentlich Raimund Pretzel)

(1907 Berlin – 1999 ebd.)

Der promovierte Jurist quittiert 1936 den deutschen Staatsdienst und wird in England zu einem gewichtigen politischen Journalisten. Haffner charakterisiert sich selbst als „eine Art historisch schreibender Journalist, wobei ich mir nicht habe träumen lassen, daß das mein Leben sein würde. Ich wäre viel lieber ein Romane schreibender hoher Ministerialbeamter gewesen." Aber die Zeiten waren nicht dafür gemacht. Haffner steht dem Hitler-Regime kritisch gegenüber und liebt eine jüdische Frau, die er in Deutschland nicht heiraten darf. Die Emigration wird zum einzigen Ausweg. Wie viele andere kann Haffner nicht nach Amerika gehen, weil er weder Geld noch einen Bürgen hat. England ist für ihn keine schlechte Alternative: „England war ein sympathisches, zivilisiertes Land, hatte eine gute Literatur, gute Zeitungen, gute Universitäten. Vielleicht würde sich da irgend etwas anknüpfen lassen." Er gibt vor, als Redakteur der Feuilletonbeilage einer Modezeitschrift für eine Reportage über privates Mäzenatentum in England zu recherchieren: „Wenn ich gesagt hätte, ich möchte hierher, um zu heiraten, weil ich in Deutschland die Frau, die ich heiraten will, nicht heiraten kann, hätten mich die Engländer für verrückt erklärt." Das Paar heiratet, gründet eine Familie, und lebt zunächst bei Bekannten in Cambridge. Haffner muß seine Ambitionen als Romanschriftsteller aufgeben. Aber er schreibt nach wie vor: als erstes über seine Erfahrungen in Hitler-Deutschland. Das 1939 halbfertig beiseite gelegte Manuskript wird erst nach seinem Tod veröffentlicht, dennoch bildet *Die Geschichte eines Deutschen* den Ausgangspunkt für seine weitere Entwicklung. Es „rettete seinem Verfasser das Leben, verschaffte ihm zunächst Asyl, später eine neue Heimat, gab ihm einen neuen Beruf, kurz: Es machte den jungen deutschen Flüchtling namens Raimund Pretzel zu – Sebastian Haffner" (Krug). Haffner will den Engländern die Situation in Deutschland verständlich machen und etwas schreiben, „was für den Krieg nützlich und wichtig ist." Dafür scheint ihm eine politische Analyse bald geeigneter: Der Band *Germany: Jekyll and Hyde* wird zu seiner Visitenkarte. Zweimal muß Haffner für kurze Zeit in ein Internierungslager. Sein Verleger kann aber bald eine Freilassung erwirken. Am 24. August 1940, kurz bevor die ersten deutschen Luftangriffe auf die Stadt beginnen, kommt Sebastian Haffner nach London. Er steigt in einer Pension in Bloomsbury ab. Danach wohnen die Haffners bis 1946 in Richmond (■ 35a: 39 Queens Road) und zuletzt in einem Haus in Wimbledon (■ 35b: 5 Lower Downs Road,

H

SW20). Während des Krieges schreibt Haffner erst für die deutsche Exilwochenzeitschrift *Die Zeitung* (die im Haus des ■ V7 *Observer*, 107 Fleet Street, EC4, erscheint), aber zu seiner Enttäuschung trägt das Blatt nicht dazu bei, die deutschen Kräfte im Exil zu einem Komitee zu bündeln. Ab 1942 versucht Haffner als leitender Mitarbeiter beim *Observer* „als Engländer maskiert auf die englische Politik einzuwirken." Er nennt es „ein Himmelsgeschenk". Im Rückblick erklärt Haffner seinen Wagemut, nach England zu gehen für irrsinnig, weil er damals weder die Sprache beherrschte noch eine unbefristete Aufenthaltsgenehmigung hatte. 1954 kehrt er nach Berlin zurück. Die *Geschichte eines Deutschen* ist trotz der späten Publikation sofort zu einem Bestseller geworden.

W: *Geschichte eines Deutschen* (2000) – *Germany: Jekyll & Hyde* (1940).
🕮 Uwe Soukup. *Ich bin nun mal Deutscher.* Berlin 2001 – Jutta Krug (Hrsg.). *Als Engländer maskiert. Ein Gespräch mit Jutta Krug über das Exil.* Stuttgart/München 2002.

36. Henriette Hardenberg (eigentlich Margarete Rosenberg)

(1894 Berlin – 1993 London)

Die Lyrikerin Henriette Hardenberg flieht 1937 mit ihrem Lebensgefährten und späteren zweiten Mann Kurt Frankenschwerth aus Deutschland ins englische Exil. In Deutschland hat die expressionistische Dichterin ihren ersten Lyrikband veröffentlicht und gerade eine mehrere Jahrzehnte fortdauernde Arbeit als Privatsekretärin eines amerikanischen Kunstprofessors begonnen. Während des Krieges ist sie in einem Fotogeschäft am Oxford Circus beschäftigt und übersetzt u. a. Erzählungen von →Charles Dickens ins Deutsche. England bleibt für Hardenberg Heimatersatz. Sie nennt sich, selbst nachdem sie englische Staatsbürgerin geworden ist, eine „ungewiß Wohnende unter Fremden", denen sie sich aber gleichzeitig „zugehörig" fühlt. Das Gedicht *Regents Park* beschreibt einen glücklichen Moment, den zwei Liebende im Park verleben: „In der Abendstunde, wenn der Druck der Arbeit sich löst, / Und die ganze Erde leichterer Atem bewegt, / Heben auch die Blumen im Park ihre Glieder / in den kühleren Himmel. / Nicht so leuchtend wie unter der Sonne, / Aber verlockender stehen sie in verschwimmenden Farben, / Und ihr Duft streift schmeichelnd / Die wandelnden Paare in den Alleen." Die Gedichte im Exil sind nicht mehr expressionistisch-surrealistisch, die Sprache ist einfacher und mehr auf die Hardenberg umgebende Wirklichkeit bezogen. Während des Krieges lebt Henriette Hardenberg in Streatham Hill (■ 36a Pullman Court, Apartment 125, SW2) und 1946 in Maida Vale (■ 36b: 274 Elgin Avenue, W9). Nach einigen in Kent verbrachten Jahren kauft das Ehepaar 1957 ein Haus in Golders Green (■ 36c: 50 Wentworth Road, NW11). Hier lebt Henriette Hardenberg bis zu ihrem Tod umgeben von vielen orthodoxen Juden. Sie ist auf dem Jüdischen Friedhof ■ F4 Golders Green Crematorium krematiert. Eine Gedenktafel erinnert dort an die Lyrikerin.

W: *Dichtungen* (1988) – *Südliches Herz* (1994).
🕮 Hartmut Vollmer „Einführung" In: *Dichtungen.* Hartmut Vollmer (Hrsg.). Zürich 1988.

37. Thomas Hardy

(1840 Upper Bockhampton/Dorset bis 1928 Max Gate/Dorchester)

Thomas Hardy hat sich eine Hin- und Rückfahrkarte gekauft, als er 1862 aus Dorchester nach London kommt. Nach sechs Monaten wirft er die unbenutzte Fahrkarte weg. Der gelernte Architekt findet bei Arthur Blomfield eine Anstellung. Vom Büro aus mit Blick auf die Themse (■ 37a: 8 Adelphi Terrace, WC2; erste Etage, 1938 wurde das Gebäude neu errichtet) kann Hardy beobachten, wie die Brücken Embankment und Charing Cross gebaut werden. Bis 1867 wohnt er in Kilburn (■ 37b: 16 Westbourne Park Villas, W2, Hinweistafel) und kommt als einer der ersten in den Genuß des gerade eingerichteten U-Bahn-Systems: „Ich habe die U-Bahn ausprobiert. Es ist alles ausgezeichnet geregelt." Seine Freizeit verbringt er mit Lesen und Gedichte schreiben. 1874–76 wohnt er wieder in der Hauptstadt und heiratet in Paddington seine erste Frau Emma Lavinia Gifford. Mittlerweile hat er als Autor erste Erfolge. In *Far from the Madding Crowd* (1874) schreibt er über London: „Ich habe gehört, daß ihr in das kaltherzige London ziehen wollt. Unser großer Fehler besteht darin, daß wir alle gleich sind [...] Wir drücken uns so eng aneinander, daß jeder kleine Trieb sofort abstirbt, und der junge Baum die gleiche Form erhält wie die alten." 1878–81 leben die Hardys in einem Viertel mit viktorianischen Villen in Tooting (■ 37c: 1 Arundel Terrace; heute 172 Trinity Road, SW17, Hinweistafel). Hardy schreibt dort den historischen Roman *The Trumpet-Major* (1880) sowie den Sensations- und Intrigenroman *A Laodicean* (1881), muß allerdings mehrere Monate das Bett hüten, um ein Hämoriden-Leiden auszukurieren. Nach 1881 kommt Hardy während der Saison regelmäßig als Besucher nach London. Die Stadt erscheint ihm zunehmend wie ein großes Hotel und ohne Beziehung zu der Umgebung in Middlesex. Der tiefe Pessimismus, der große Teile seines Werkes kennzeichnet, kommt auch in manchen Äußerungen über die Hauptstadt zum Ausdruck. London sei „ein Monster, dessen Körper vier Millionen Köpfe hat und acht Millionen Augen." Wenn er die Präzision und den mechanischen Ablauf des Stadtlebens kritisiert, erinnern seine Worte an Darwins Prinzip der natürlichen Auslese: „Wenn man wie ein Akrobat, der auf mehreren schwingenden Trapezen seine Kunststücke vollführt, zu einer bestimmten Zeit an einem bestimmten Ort ist, ist alles im Fluß, aber wenn man nicht zeitig dort ist ...". Hardy verläßt London aus gesundheitlichen Gründen und wendet sich in seinen ‚Wessex-Romanen' dem bäuerlichen Leben in der Provinz zu. Nach der heftigen Kritik an seinem Roman *Jude the Obscure* (1895) wendet Hardy sich der ohnehin von ihm bevorzugten Lyrik zu. Seine Beerdigung erinnert an einen der tragischen Konflikte aus seinen Werken. Hardy will bei seiner Familie in Stinsford begraben werden, sein Agent hingegen setzt sich dafür ein, daß der bedeutende Schriftsteller in der ■ K1 Westminster Abbey seine letzte Ruhe findet: Schließlich wird sein Herz bei der Familie und der Leichnam im

'Poets' Corner' bestattet. In der Tate Gallery sind einige Porträts zu sehen.

A: Thomas Hardy.*The Life and Work of Thomas Hardy*. Michael Millgate (Hrsg.). London 1989.
W: *Far from the Madding Crowd* (1874), dt. *Am grünen Rand der Welt – The Hand of Ethelberta* (1876) – *The Trumpet-Major* (1880), dt. *John Loveday, der Stabstrompeter – A Laodicean* (1881) – *The Well-Beloved* (1897).
🕮 Michael Millgate. *Thomas Hardy: A Biography*. Oxford 1992.

38. Nathaniel Hawthorne

(1804 Salem/Massachusetts – 1864 Plymouth/New Hampshire)

Der amerikanische Schriftsteller und Autor von *The Scarlet Letter* (1850) Nathaniel Hawthorne ist von 1853 bis 1858 amerikanischer Konsul in Liverpool. Seine Eindrücke hält er in einem Tagebuch fest. In dieser Zeit ist er mehrmals in London: 1855 reist er mit seiner Familie an und wohnt am ■ 38a: 24 Hanover Square (W1): „Es ist lange her, daß ich so ein kindisches Gefühl hatte. Alles, was ich gehört hatte über die Größe Londons, ließ die Stadt so erscheinen, als ob ich in einem grenzenlosen Ozean schwimmen würde, wenn ich mich nur einen Schritt von dem einzigen Ort entfernen würde, den ich kannte." 1856 wohnt er in Blackheath (■ 38b: 4 Pond Road, SE3, Plakette). 1857 verbringt er zwei Monate in der Stadt (■ 38c: 24 Great Russell Street, WC1, zerstört). Sein Notizbuch, das er im Hinblick auf eine mögliche Publikation (1869) schreibt, ist kein normaler Reiseführer, sondern zeigt seine persönlichen Eindrücke und Entdeckungen. Er erinnert sein amerikanisches Lesepublikum daran, daß es zwar vielerlei kulturelle Unterschiede zwischen Amerikanern und Engländern gibt, letztere aber doch Teil des amerikanischen Erbes sind. Der Buckingham Palace hinterläßt keinen bleibenden Eindruck bei ihm. Anders ergeht es ihm bei einem Besuch der ■ U2 Inns of Court, dem Sitz vieler Anwälte in Holborn: „Ich durchschritt einen Torbogen und stand gleich darauf in einem weiten, mit Kies bestreuten Geviert, das von schlichten, ernst und abweisend wirkenden Bauten aus dunklem Ziegelstein eingefaßt war. [...] In ganz England hätte man keinen stilleren Winkel finden können, und es mutete mich sonderbar an, von Holborn mit seinem lauten Treiben so unversehens hierhergeraten zu sein und diese Abgeschiedenheit dann ebenso plötzlich wieder zu verlassen, sobald ich den äußeren Hof durch den Torbogen verließ." Hawthorne hat in England keine Zeit, Romane zu schreiben: „Ich bezweifle sehr, daß ich mehr machen werde als zu beobachten und journalistisch zu arbeiten." Erst nach seiner Rückkehr in die USA hat er dazu wieder Gelegenheit.

W: Thomas Woodson, Bill Ellis (Hrsg.). *The English Notebooks 1853–56*. Ohio 1977. – Dies. *The English Notebooks 1856–60*. Ohio 1997.
🕮 Arlin Turner. *Nathaniel Hawthorne: A Biography*. Oxford 1980.

39. Heinrich Heine

(1797 Düsseldorf – 1856 Paris)

Heine kommt Mitte April 1827 nach London. Aus Hamburg ist er kurz vor der Publikation seiner *Reisebilder II* geflüchtet. Da er darin Napoleon verherrlicht hat, fürchtet er seine Verhaftung. Seinen Verleger weist er an, „erst eine Stunde nach der Abfahrt des Dampfbootes [...] das erwähnte Buch dem Publikum zu übergeben." Zunächst ist Heine begeistert von London und sieht all seine Erwartungen übertroffen. Als er die Stadt am 8. August wieder verläßt, ist er weniger euphorisch: „Das Leben dort ist zu groß und zu teuer. Ich hatte mich bis an den Hals in Abenteuer versenkt, hatte durch Malheur und Dummheit über dreihundert Guineen eingebüßt und bin froh, daß ich wieder heraus bin." Anders als viele seiner Zeitgenossen sieht Heine in England nicht das Musterbeispiel einer funktionierenden konstitutionellen Monarchie und eine prosperierende Industriegesellschaft. Er spricht von „Stock-Engländern", die er für „leidige Automaten, für Maschinen" hält, „deren inwendige Triebfeder der Egoismus" ist. Aufgeschrieben hat er seine Eindrücke im selben Jahr auf der Insel Norderney. Ob London ihn literarisch inspiriert hat, mag bezweifelt werden, denn er warnt in einem seiner Artikel davor, Poeten in diese Stadt zu schicken: „Dieser bare Ernst aller Dinge, diese kolossale Einförmigkeit, diese maschinenhafte Bewegung, diese Verdrießlichkeit der Freude selbst, dieses übertriebene London erdrückt die Phantasie und zerreißt das Herz. Und wolltet ihr gar einen deutschen Poeten hinschicken, einen Träumer, der vor jeder einzelnen Erscheinung stehenbleibt [...] dann geht es ihm erst recht schlimm, und er wird von allen Seiten fortgeschoben oder gar mit einem milden ‚God damn!' niedergestoßen." Heine wohnt in der ■ 39: 32 Craven Street (Strand, WC2, Hinweistafel), kennt nur wenige Menschen und kann kaum ein Wort Englisch – „Keiner versteht mich. Keiner kann Deutsch sprechen." Obendrein ist er gesundheitlich angeschlagen und in finanziell unsicherer Lage. Heine kehrt als überzeugter Anglophobe nach Deutschland zurück.

W: *Englische Fragmente.* In: *Reisebilder* (1826–31).
🕮 Jan-Christoph Hauschild. *Heinrich Heine*. München 2002.

40. Max Herrmann-Neiße

(1886 Neiße – 1941 London)

Der Lyriker, Romancier und Dramatiker Max Herrmann-Neiße hat sich in Deutschland bereits einen Namen als einer der bedeutendsten Vertreter der expressionistischen Literatur der 1920er Jahre gemacht, als er 1933 aus freien Stücken emigriert. Er verläßt die geliebte Heimat zusammen mit seiner Frau Leni Gebek und bezieht damit Stellung gegen die „Mörder- und Verbrecherbande", die in Deutschland herrscht. Auch im Londoner Exil bleibt er der deutschen Sprache treu. Es folgt eine schwere Zeit: In der Heimat „sprachen Wasser, Menschen, Gärten, Gassen / mit einer Sprache, die mein Herz verstand. / Jetzt welk ich hier verbittert und verlassen / in gastlichem, doch grausam fremdem Land." London nennt er sein „Sankt Helena". Er ist häufig im ■ P2 Hyde Park und ■ P3 Regent's Park, weil er die Natur liebt. Manchmal trifft er auf →Kerr oder →Zweig, letzterer ist voller Bewunderung für ihn: „Immer wenn ich ihn so sah, den kleinen, verhutzelten Mann, in seiner großen Einsamkeit, hatte ich ein Gefühl der Ehrfurcht und sogar des Stolzes, daß da einer war unter uns allen, der rein blieb und unbekümmert dem dichterischen Dienst hingegeben inmitten einer katastrophalen Welt. Auf den Staßen donnerten die Busse, nachts sprangen die Blinklichter und die Blitzlichter der Abwehrgeschütze auf, und die Sirenen heulten durch die Lüfte; alles das erschütterte, entsetzte seine zarte, empfindsame Seele bis zur Verzweiflung, aber nichts konnte den Drang zur dichterischen Aussage in ihm dämmen." Die Herrmann-Neißes wohnen zunächst bei ihrem Freund und Gönner Alphonse Sondheimer in der ■ 40a: 83 Duke Street (W1) und ab 1936 in der ■ 40b: 133 George Street (Bryanston Court, W1). Max Herrmann-Neiße ist einer der wenigen deutschen Autoren, der seine Exilerfahrungen direkt in seinen Werken verarbeitet. „Nie schrieb ich [...] eine Zeile, die nicht durch Erleben bedingt war, meine Absicht war immer, die Menschen in den gleichen Erlebnisstrom zu bannen." So verfaßt er neben dem Roman *Die Bernert-Paula* (1933/34), der sich mit der Heimat befaßt, Gedichte, die das Bild der Fremde aufnehmen: „Fremd ist die Stadt und leer / Ich gehe ohne Sinn / in ihrem Nichts umher, / dem ich verfallen bin [...] Das Laute ist nur laut / und lärmt an mir vorbei / Haus ist an Haus gebaut / zu öder Wüstenei." Herrmann-Neißes Gedichte haben eine klare Sprache, Realismus findet sich vermischt mit „Verträumtheit und jähem Einfall, von Klage, Anklage und spielerischem Sichtreibenlassen" (Lorenz). In London sichern seine Frau und der gemeinsame Freund das ökonomische Überleben. Auch die emotionale Abhängigkeit von Leni ist groß: „Wir wollen näher aneinanderrücken, / Und laß mir auch im Schlafe deine Hand! / Nur so vertrag ich der Verbannung Tücken / Und bin geborgen in dem fremden Land." Leni verläßt ihn jedoch. Herrmann-Neiße kann dies nicht verwinden. Er stirbt 1941 an einem Herzschlag und liegt auf dem ■ F6 St Marylebone Cemetry (East End Road, East Finchley) begraben.

W: *Die Bernert-Paula* (1933/34) – *Um uns die Fremde: Gedichte* (1936) – *Letzte Gedichte* (1941) – *Mir bleibt mein Lied* (1942).

🕮 Rosemarie Lorenz. *Max Herrmann-Neiße*. Stuttgart 1966 – Richard Dove. *Journey of No Return*. London 2000.

41. Aldous Huxley

(1894 Godalming/Surrey – 1963 Los Angeles/USA)

Aldous Huxley wird in eine Literatenfamilie hineingeboren und besucht Eton College (Windsor) sowie die Universität Oxford. Seinen Abschluß in Englisch macht er mit Auszeichnung. Vor dem Ersten Weltkrieg ist er oft zu Gast im literarischen Salon von Lady Ottoline Morrell (um 1910 finden Ott's Donnerstag Abende am ■ LT3a: 44 Bedford Square, WC1, statt; später wohnt sie in der ■ LT3b: 10 Gower Street, WC1, Hinweistafel) und lernt dort auch seine Frau Maria Nys kennen. 1917–19 lebt Huxley mit seinem Vater und der Stiefmutter in Hampstead (■ 41a: 16 Bracknell Gardens, NW3, Plakette). Er macht Schreibarbeiten im Air Board, dem Vorläufer des Luftfahrtministeriums. Wegen eines Augenleidens muß er die Arbeit bald aufgeben, was ihn nicht bekümmert, da er bei 60 Stunden Wochenarbeitszeit überhaupt nicht mehr zum Schreiben kommt. Auch als Lehrer in Eton kann er wegen seines Leidens nur kurze Zeit arbeiten. Nach seiner Heirat zieht er in eine eigene Wohnung. 1919–20 wohnen die Huxleys in Hampstead (■ 41b: 18 Hampstead Hill Gardens, NW3). Hier schreibt Huxley Kriegsgedichte und die Kurzgeschichtensammlung *Limbo* (1920). Er arbeitet nun als Buch- und Theaterkritiker. In den Jahren nach 1920 reist er durch Europa. Seine ersten Romane *Crome Yellow* (1921), *Antic Hay* (1923), *Those Barren Leaves* (1925) und *Point Counter Point* (1928) spielen entweder in London oder beschäftigen sich mit den Literaten der 1920er Jahre. Die meisten der dargestellten Figuren sind Freunde, die Huxley bei Lady Ottoline Morrell kennengelernt hat, wie →D. H. Lawrence und →Katherine Mansfield. Der Gedankenaustausch steht im Mittelpunkt der Ideen- oder Konversationsromane. Die Figuren werden nur typenhaft und satirisch überspitzt dargestellt, ein Umstand der Huxleys Beliebtheit bei den Porträtierten nicht gerade zuträglich gewesen ist. Das Leben besteht in den Romanen nur aus Trivialitäten, Oberflächlichkeit und der Furcht vor Vereinsamung. So beschreibt Huxley die Gefahren, aber auch die Freuden des Lebens in London. Sein Credo: man solle sich nicht im Dschungel des Alltags verlieren, um die Sterne am Himmel über London noch sehen zu können. Seinen berühmtesten Roman *Brave New World* (1932) schreibt Huxley nicht in England. 1934–37 leben die Huxleys wieder in London, im traditionsreichen ■ 41c „Albany"(Apartment E2, W1, Piccadilly, Ecke Albany Court Yard). Hier erhalten nur echte Gentlemen, die mit Geld und Geschäften nichts zu tun haben, eine Wohnerlaubnis. Haustiere, Kinder und Musikinstrumente sind nicht erlaubt, Ehefrauen werden erst seit den 1920er Jahren zugelassen. Huxley gefällt es nicht sonderlich. Angeblich darf er seine Schreibmaschine nur mit Genehmigung der Hausverwaltung benutzen, und erst nachdem er versichert hat, lediglich Gedichte tippen zu wollen. Nach einer Reise in die USA 1937 siedelt Huxley ganz dorthin über.

W: *Limbo* (1920) – *Crome Yellow* (1921), dt. *Eine Gesellschaft auf dem Lande* – *Antic Hay* (1923), dt. *Narrenreigen* – *Those Barren Leaves* (1925), dt. *Parallelen der Liebe* – *Point Counter Point* (1928), dt. *Kontrapunkt des Lebens.*

🕮 Theo Schumacher. *Aldous Huxley*. Reinbek 1987.

H

42. Henry James
(1843 New York City –1916 London)

Für den gebürtigen Amerikaner Henry James wird London im Laufe seines Lebens zum Zentrum der Welt. Bereits als Kind liest er wißbegierig über die Stadt in den Romanen von →Dickens und →Thackeray. Als er 1855 London endlich zu Gesicht bekommt, betrachtet er die Stadt mit den Augen eines Touristen. Erst in den 1880er Jahren beginnt James, sich als Einheimischer zu fühlen. 1915 erhält er die englische Staatsbürgerschaft. – 1869 übernachtet er in „Morley's Hotel" am Trafalgar Square (zerstört). Die Stadt schüchtert ihn ein: „Mir schien, ich würde lieber ohne Essen bleiben, ja lieber verhungern, als mich in die infernalische Stadt aufzumachen, wo es das natürliche Schicksal des unbedeutenden Fremden sein würde, auf Piccadilly zu Tode getrampelt und als Leichnam in die Themse geworfen zu werden." In einem Brief kann er der Stadt bereits positive Aspekte abgewinnen, obwohl ihn ihre Größe immer noch erdrückt: „Die Stadt sitzt auf dir, brütet auf dir, tritt auf dich ein mit den Füßen seiner unzähligen Zweibeiner und Vierbeiner. Es ist alles andere als eine fröhliche, reizende Stadt. Dennoch ist es eine großartige Stadt. Sie gibt dir hier im West End und in der City einen überwältigenden Eindruck von Reichtum und Wohlstand." 1876 entscheidet sich Henry James, ganz in London zu leben. Was fasziniert ihn an der Stadt? Vielleicht die Tatsache, daß eine hierarchische Gesellschaft wie die englische mehr Abwechslung bietet: „Amerikaner haben weniger Geld und weniger Freizeit. Sie haben keinen Hyde Park, in dem sie zweimal am Tag spazieren können, keine Saison, um ihren Wohlstand und ihre Frauen zu zeigen. Sie besitzen nicht die Symbole der Macht, wie die Docks und die Schiffe auf der Themse." Daneben nennt James auch Persönliches, so ist er überwältigt vom Warenangebot: „Insbesondere kam es mir wünschenswert, ja unverzichtbar vor, die meisten Artikel in den meisten Läden zu kaufen. Mein Blick ruht mit einer gewissen Zärtlichkeit auf den Orten, wo ich widerstand, und denen, wo ich erlag." Der wichtigste Grund für seine Faszination wird wohl der Stoff gewesen sein, den er in London für seine Arbeit als Schriftsteller findet: „London ist alles in allem die bestmöglichste Form des Lebens. Ich sehe sie als Künstler und als Junggeselle; als jemand, der leidenschaftlich gerne beobachtet und dessen Arbeit darin besteht, das menschliche Leben zu studieren. Sie ist die größte Aggregation menschlichen Lebens – das vollständigste Kompendium der Welt. Die menschliche Rasse ist hier besser repräsentiert als irgendwo anders auf der Welt, und wenn du dein London kennst, dann weißt du eine ganze Menge." Zwar spielt nur ein Roman, *The Princess Casamassima* (1886), direkt in der Stadt, aber daneben schreibt James Essays und Kurzgeschichten über London. Ähnlich wie der Protagonist des Romans, Hyacinth, verbindet James eine Art Haß-Liebe mit der Stadt. James ist in erster Linie daran interessiert, wie die Stadt auf ihn und seine Figuren wirkt, was sie in ihnen auslöst, und wie er sie durch ihr Verhalten in der Stadt charakterisieren kann. Was er sieht ist sekundär: „Leben heißt nicht handeln, sondern sein, fühlen und sich schließlich Dingen bewußt werden.“ Allgemeingültige Darstellungen sucht man bei ihm vergebens. Deshalb gibt er auch seinen Plan auf, die Eigenheiten der Stadtviertel darstellen zu wollen: „Es gereicht mir zur Freude, diese Merkmale erfahren zu haben [...], aber ich muß auf die Darlegung meiner Kunde verzichten.“ James zeichnet London vorzugsweise in den Farben silber und grau, und verweist immer wieder auf Licht und Klima, um Atmosphäre zu schaffen. Er zeigt die Mittelschicht und die Aristokratie. Oftmals vergleicht er die Londoner Gesellschaft mit dem verrotteten Zustand der französischen Aristokratie vor der Revolution. Aber er macht immer wieder auch Amerikaner, die London erleben, zu Protagonisten und betont dabei den Gegensatz zwischen alter europäischer Kultur und amerikanischem Mangel an Bildung. So fehlt Milly beim Besuch der ■ LS4 National Gallery in *The Wings of the Dove* (1909) jegliches Kunstverständnis: „Ziellos folgten ihre Augen der Ziellosigkeit anderer Besucher, und besonders richteten sie sich – mit unterschiedlichen Ergebnissen – auf den erstaunlichen Strom ihrer Landsleute. Es verwunderte sie, daß es in diesem großen Museum Anfang August von solchen Pilgern wimmelte und auch, daß sie allesamt schon aus der Ferne mühelos zu erkennen waren. Auch wurde ihr bald klar, daß sie stets aufs neue eine Erleuchtung für sie bereit hatten – die Erleuchtung, daß auch sie im Dunkeln tappten. Schließlich fand sie sich mit ihrer Lage ab, und es war wie eine Befreiung: Sie war heute in die National Gallery gekommen, um den Kopistinnen bei der Arbeit zuzusehen und die Baedeker zu zählen. Vielleicht war man ja, wenn man eine angegriffene Gesundheit hatte, dazu berechtigt, einfach in einem öffentlichen Gebäude zu sitzen und die Amerikaner zu zählen.“ Das West End wird zum Zentrum von James’ Literatur. Hier wohnt er auch die meiste Zeit. 1876–85 nimmt James sich eine Wohnung (■ 42a: 3 Bolton Street, W1, zerstört) mit Blick auf den Green Park. Über diese Zeit schreibt er im Tagebuch: „Ich habe hier viel durchlebt, viel empfunden, viel nachgedacht, viel gelernt, viel geschrieben. Diese schäbige, kleine möblierte Wohnung müßte mir heilig sein. Ich kam als völlig Fremder nach London, und heute kenne ich schon fast zu viele Leute.“ Eine wichtige Freundin wird für ihn →Edith Wharton, die ihn auch finanziell unterstützt, und häufig in England besucht. 1886 zieht James nach Kensington (■ 42b: 34 De Vere Gardens, W8, Hinweistafel). Ein gewisser Luxus hält Einzug: Er hat nun sogar einen Butler. Anfangs bemüht er sich besonders darum, Eintritt in die Londoner Gesellschaft zu erlangen; später meidet er die Stadt während der Saison von Mai bis August. 1898 verlegt er seinen Hauptwohnsitz nach Rye in Sussex („Lamb House“, heute Museum). 1900 nimmt er sich ein Zimmer im ■ C7 „Reform Club“ (104 Pall Mall, Westminster, SW1). Da dort keine Frauen empfangen werden dürfen, mietet James außerdem zwei Räume bei seiner Sekretärin in der ■ 42c: 10 Lawrence Street (SW3) mit Blick auf die Themse und separatem Eingang. 1913 bis zu seinem Tod wohnt James in den ■ 42d „Carlyle Mansions“, Apartment 21, Cheyne Walk (SW3). Gegen Ende seines Lebens kommt er zu dem Schluß, daß London die einzige Stadt ist, die seinem Talent und seinen Schwächen angemessen war. Anders als seine Figuren hat er in London Erfüllung gefunden, weil er die Stadt und die Gesellschaft so akzeptiert wie sie ist und viele Freunde gewonnen hat. In der ■ K3 „Chelsea Old Church“ (Mallord Street, SW3) hängt an der südlichen Wand eine Gedenktafel für den Schriftsteller.

A: *The Middle Years* (1917).
W: *The Princess Casamassima* (1886), dt. *Prinzessin Casamassima* – *English Hours* (1905), dt. *In England um glücklich zu sein* – *The Wings of the Dove* (1909), dt. *Die Schwingen der Taube*.
🕮 Fred Kaplan. *Henry James: The Imagination of Genius*. London u. a. 1992 – John Kimmey. *Henry James and London*. Frankfurt 1991.

43. Samuel Johnson

(1709 Lichfield – 1784 London)

Sein Freund und späterer Biograph, James Boswell, beschreibt Samuel Johnson so: „Mr. Johnson ist ein Mann von höchst erschreckendem Aussehen. Er hat einen massigen Körper, entzündete Augen und leidet an Lähmung und Skrofulose. Seine Kleidung ist ungepflegt, und seine Art zu sprechen läßt jedes Feingefühl vermissen. Und doch flößen sein Wissen und seine Wortgewalt größte Hochachtung ein und machen einem seine Gesellschaft höchst angenehm.“ Samuel Johnson gibt 1737 seinen Beruf als Lehrer auf und kommt nach London, um sich mit literarischen Arbeiten einen Namen zu machen. Sein Ziel erreicht er, aber nicht ganz so wie geplant: Statt Literat wird er Autor des *Dictionary of the English Language* (1755). Er schreibt das erste Lexikon, das neben unterschiedlichen Wortbedeutungen auch Beispiele für deren jeweiligen Gebrauch in der Literatur liefert. Fast zehn Jahre dauert diese Arbeit, die er mit Hilfe von sechs Assistenten im obersten Stock des Hauses bewältigt, das er 1749–58 mit seiner Frau bewohnt (■ 43a/M12: 17 Gough Square, EC4, Hinweistafel, heute Museum). Wenngleich er kurz nach seiner Ankunft in der Verssatire *London* (1738) ein düsteres Bild der korrupten und verdorbenen Stadt zeichnet, fühlt er sich hier später mit zunehmendem Wohlstand sehr wohl. So stammt von ihm auch der Ausspruch: „Wer der Stadt London überdrüssig ist, hat vom Leben genug.“ Johnson lebt zumeist in der Nähe der Fleet Street (1765–76 ■ 43b Johnson’s Court, Fleet Street, EC4, Plakette und 1760–65 ■ 43c: 1 Inner Temple Lane, Erdgeschoß). Neben dem Johnson Museum kann sein Sommerhaus in Hampstead besichtigt werden (■ 43d „Kennwood House“, Hampstead Lane, NW3, wiederaufgebaut). Seine anderen Wohnorte existieren nicht mehr. – Wie sehr London zum Zentrum seines Lebens wird, beweist eine weitere Bemerkung: „Ein Mann kann mehr auf der Fahrt mit der Kutsche aus Hampstead lernen, als andere, die die Grand Tour durch Europa machen.“ Er ist in der ■ K1 Westminster Abbey begraben, in der ■ K4 St Paul’s Cathedral, (Ludgate Hill, EC4) erinnert ein Standbild von John Bacon an ihn.

W: *London* (1738) – *A Dictionary of the English Language* (1755), 2 Bde. – *The Lives of the Most Eminent English Poets* (1781), 4 Bde.
🕮 James Boswell. *Das Leben Samuel Johnsons und das Tagebuch einer Reise nach den Hebriden* (1791), Neuausg. 1985.

44. Sarah Kane

(1971 Essex – 1999 London)

Nach dem Studium der Theaterwissenschaft in Bristol und Birmingham arbeitet Sarah Kane in London am ■ T7 „Bush Theatre“ (Shepards Bush Green, Goldhawk Road, W12) als Dramaturgin. Ihr Theaterdebüt als Dramatikerin löst einen Skandal aus: *Blasted* wird 1995 am ■ T8 „Royal Court Theatre“ (Sloane Square, SW1, „Theatre Upstairs“) uraufgeführt. Während die Presse es in Stücke reißt, ist Kane vielmehr darüber schockiert, daß „die Medien sich mehr über die Darstellung von Gewalt als über die alltägliche Gewalt selbst aufregen“. Kane zieht in diesem Stück einen Vergleich zwischen einer Vergewaltigung in einem englischen Hotel und der Zerstörungswut im Bürgerkrieg in Bosnien. Am ■ T9 „Gate Theatre“ (11 Pembridge Road, W11) inszeniert sie 1996 *Phaedra's Love*, ihre moderne Adaption eines griechischen Stoffes nach Seneca über „eine sexuell korrupte königliche Familie“ (Sierz). Sarah Kane überschreitet immer wieder aufs Neue die Grenzen des Naturalismus und betont, daß sie neben physischer und psychischer Gewalt auch „das menschliche Ringen um Liebe und Verständnis in einer zerstörerischen, kranken Welt“ auf der Bühne zeigen will. Ihr Theater verstört, weil es dem Publikum mehr ein Erleben als ein Verstehen abverlangt. Kane bewundert neben →Samuel Beckett und Edward Bond auch Georg Büchner. In Deutschland finden ihre Stücke ein offeneres Publikum als in ihrer Heimat. Inszenierungen der Stücke *Zerbombt* und *Gier* von Thomas Ostermeier in Berlin und *Gesäubert* von Peter Zadek in Hamburg haben hierzulande zu einem verstärkten Interesse an neuer britischer Dramatik geführt.

Sarah Kane hat über sich und ihr Leben nie viel preisgegeben. Sie wohnt zuletzt mit einer Katze in einem Apartment in dem multikulturellen Stadtteil Brixton. Da ihre Agentin auch nach ihrem Tod unliebsame Besucher vor Ort befürchtet, wird die Adresse nicht weitergegeben. – Sarah Kane will Vorurteilen gegenüber ihren Stücken entgegenwirken. Deshalb wird *Crave* (1998) sogar zunächst unter dem Pseudonym Marie Kalvedon gezeigt – über die im Programmheft mehr zu erfahren ist als je über Kane selbst. Kane wird zunehmend depressiv, erleidet Nervenzusammenbrüche und ist in psychologischer Behandlung. Im Sommer 1998 wacht sie eine zeitlang jeden Morgen um 4.48 Uhr auf und hat psychisch klare Momente. Ihr letztes Stück, das die Landschaft einer suizitären Psychose zeigt, bleibt Fragment und endet mit den Worten: „Wem ich nie begegne, das bin ich, sie mit dem Gesicht eingenäht in den Saum meines Bewußtseins.“ 1999 begeht Sarah Kane Selbstmord. *4.48 Psychosis* wird erst posthum am ■ T8 „Royal Court Theatre“ aufgeführt.

W: *Blasted* (1995), dt. *Zerbombt* – *Phaedra's Love* (1996), dt. *Phädras Liebe* – *Cleansed* (1998), dt. *Gesäubert* – *Crave* (1998), dt. *Gier* – *4.48 Psychosis* (1999).

🕮 Aleks Sierz. *In Yer-Face Theatre*. London 2000, S. 90–121.

K

45. John Keats

(1795 London – 1821 Rom)

John Keats wird in der City geboren. Im damaligen Haus in der ■ 45: 85 Moorgate (Kreuzung London Wall, EC2, zerstört, Hinweistafel; heute „The John Keats Pub") befand sich der Mietstall seines Vaters. Keats geht auf die fortschrittliche Internatsschule „John Clarke's School" in Enfield (heute steht hier im Norden Londons die Enfield Town Station) und wohnt dort bei der Großmutter, die ihn aufzieht. Er schließt eine Ausbildung zum Apotheker ab, aber seine Liebe zur Literatur ist größer. Keats macht das Schreiben zu seinem Beruf und lebt von einer kleinen Erbschaft. Der romantische Dichter schreibt sehr formbewußte, aber nicht künstlich wirkende Gedichte, die oftmals den Gegensatz von Ideal und Wirklichkeit thematisieren. Bei Keats findet man keine Stadtbeschreibungen – sein Terrain ist die Welt der Imagination und Gefühle, die Dinge und Personen in ihm auslösen. Die letzten Jahre seines kurzen Lebens verbringt Keats in Hampstead. Zunächst wohnt er mit seinen Brüdern und der Schwester in Well Walk (neben dem Restaurant „The Wells", in der heutigen Nr. 32) und pflegt seinen an Tuberkulose erkrankten Bruder bis zu dessen Tod. Sein Freund Charles Armitage Brown bietet ihm später an, zu ihm in sein Haus „Wentworth Place" zu ziehen (heute ■ M6 „Keats House", Keats Grove, NW3; ursprünglich waren es zwei Häuser). Keats wohnt dort ab 1818 und lernt hier seine große Liebe Fanny Brawne kennen, deren Familie in das Nachbarhaus zieht. Als Keats bald darauf selbst an Tuberkulose erkrankt, liegt er häufig im Wohnzimmer und sieht in den Garten. Er schreibt an seine Schwester: „Wie viel bequemer ist es hier doch als in dem langweiligen Zimmer oben, wo man bald müde wird vom Muster der Bettvorhänge." Der Blick in den Garten ist auch heute noch inspirierend. Angeblich hat Keats unter einem Pflaumenbaum die berühmt gewordene *Ode to a Nightingale* gedichtet, in der der Vogel ein Entgrenzungserlebnis evoziert. In der ■ F2 Hampstead Parish Church befindet sich eine Büste des Dichters, und in ■ K1 Westminster Abbey erinnert ein Gedenkstein an ihn.

W: *Ode to a Nightingale* In: *Lamia, Isabella, The Eve of St Agnes, and Other Poems* (1820), dt. *Ode an eine Nachtigal* In: *Gedichte*.

🕮 Stephen Coote. *John Keats: A Life*. London 1996.

46. Alfred Kerr

(1867 Breslau bis 1948 Hamburg) und

Judith Kneale (geb. Kerr)

(1923 Berlin)

Der große deutsche Theaterkritiker ist 68 Jahre alt, als er in London ankommt. Vorausgegangen ist im Februar 1933 die Flucht aus Berlin, weil ihm dort als Jude der Paß abgenommen werden sollte. Er wird ausgebürgert, und die Nationalsozialisten setzen ein Preisgeld auf seinen Kopf aus. Die Kerrs reisen über Prag, Zürich und Paris nach London. 1935 steigt Alfred Kerr mit seiner Frau Julia und den Kindern Michael und Judith im Hotel „Foyer Suisse" (■ 46a: 12 Upper Bedford Place, WC1, zerstört, heute Bedford Way) ab. Seine Tochter schreibt später in ihren Erinnerungen: „Papas Zimmer hatten immer gleich ausgesehen. Auf dem Tisch stand immer die inzwischen ziemlich klapprige Schreibmaschine, immer lagen seine Bücher dort. Immer hatte es eine Wand gegeben, an die er Fotografien heftete, Postkarten, alles, was ihn interessierte. Das hing dicht beieinander, so daß selbst die bunteste Tapete nicht dagegen ankam." Als das Hotel im Krieg von Bomben beschädigt wird, ist Kerr fast stolz darauf, daß er so wenigstens auch einen kleinen Anteil am generellen Leid hat: „Mir selber bleibt es fast eine Genugtuung, daß ich gebombt bin, daß ich einen Bruchteil des allgemeinen Leidens trug. Eine Pflicht des Anstands." Er zieht mit dem Hotel nach Putney (■ 46b Lytton Hall, Lytton Grove, SW15, zerstört; später wohnt er im ■ 46c Westpoint Hochhaus, 49 Putney Hill). Kerr gelingt es im Londoner Exil nicht, an seinen Erfolg in Deutschland anzuknüpfen. Er, der u. a. →George Bernhard Shaw auf der deutschen Bühne zum Durchbruch verholfen hat, muß jetzt mitansehen wie dieser Mussolini und Hitler huldigt, und bekommt damit einen Schlag ins Gesicht versetzt. Kerr schreibt im Exil zumeist für die Schublade: Gedichte, Reiseberichte und immer wieder politische Schriften, mit denen er vor der Gefahr der Nationalsozialisten warnen will. 2004 ist seine Novelle *Der Dichter und die Meerschweinchen* über das Elend im Exil posthum erschienen. Wie viele deutschsprachige Emigranten kann auch er nur wenig bewegen, da die Briten die Erzählungen über brutale Gewalttaten in Deutschland für übertrieben halten und den Nationalsozialismus zunächst als Bollwerk gegen den gefürchteten Kommunismus sehen. Er leidet sehr darunter, keinen aktiveren Beitrag zur Beendigung von Hitlers Herrschaft leisten zu können und fühlt sich leer: „Nicht das Abenteuer war das Schlimmste, sondern das Abenteuerlose jetzt. Die Stauung. Ein menschliches Wachsfigurenkabinett in London im Hotel." Ein Filmskript über Napoleon, das Kerr im Auftrag des Regisseurs Alexander Korda geschrieben hat, bleibt unverfilmt. Neben Artikeln für Exilzeitungen bietet die ■ V2 BBC eine Veröffentlichungsmöglichkeit. Kerr lebt in London in extremer Armut, ist aber sehr dankbar für seine Aufnahme. Er baut den ■ LT4 Deutschen PEN Club (101a Wigmore Street, W1, zerstört) mit auf und bleibt bis zu seinem Tod dessen Präsident. Nach dem Krieg entscheidet sich Kerr nicht für eine Rückkehr in die Heimat. Er stirbt auf seiner ersten Reise ins Nachkriegsdeutschland, die er im Auftrag der britischen Besatzungsmacht zur Unterstützung des kulturellen Wiederaufbaus in Deutschland unternimmt: Nach einem Herzinfarkt setzt er seinem Leben in Hamburg ein Ende. Für Kerrs Tochter Judith Kneale ist England zur Heimat geworden. Sie arbeitet als Redakteurin der ■ V2 BBC und wird später unter ihrem Mädchennamen eine erfolgreiche Kinder- und Jugendbuchautorin und Malerin. In einer Trilogie hat sie die Flucht der Familie aus Berlin sowie ihr Leben im Zweiten Weltkrieg in London und die Jahre danach festgehalten. Da die Eltern es sich eigentlich nicht leisten können, ihre Tochter bei sich im Hotel (im Roman heißt es „Hotel Continental") wohnen zu lassen, kommt sie zeitweilig bei einer befreundeten amerikanischen Familie in Notting Hill unter. Der kleinen Anna, dem alter ego von Judith Kneale, bleibt nichts anderes übrig, als voller Hoffnung in die Zukunft zu blicken: „Hier stand sie, am Jahrestag ihrer Flucht, ohne einen Pfennig, aber über alle Widerstände triumphierend. Vielleicht war sie eines Tages reich und berühmt, und alle würden sich erinnern [...]".

A: *Ich kam nach England* (1979).
W: *New York und London: Stätten des Geschicks* (1923) – *Melodie: Gedichte* (1938) – *Der Dichter und die Meerschweinchen.* Frankfurt 2004. – Judith Kneale. *When Hitler Stole the Pink Rabbit* (1971), dt. *Als Hitler das rosa Kaninchen stahl* – *The Other Way Round* (1975), dt. *Warten bis der Frieden kommt* – *A Small Person Far Away* (1978), dt. *Eine Art Familientreffen.*
📖 Richard Dove. *Journey of No Return.* London 2000.

47. Arthur Koestler

(1905 Budapest/Ungarn – 1983 London)

1940 schafft Koestler es, aus einem französischen Internierungslager nach London zu gelangen und sitzt erst einmal sechs Wochen im Gefängnis: „Wenn ich je einen Baedeker über die Gefängnisse Europas schreiben sollte, würde „Pentonville" (■ 47a Caledonian Road/Wheelwright Street, N7) drei Sterne erhalten." Hier fühlt Koestler sich zum ersten Mal sicher, auch wenn draußen Bombardements zu hören sind. Nach seiner Entlassung tritt er freiwillig in den Dienst der britischen Armee. Da sein Roman *Scum of the Earth* (1941) aber noch nicht abgeschlossen ist, erwirkt sein Verlag ■ V8 „Jonathan Cape" (30 Bedford Square, WC1) eine Verschiebung seiner Einberufung. Koestler ist daraufhin nicht mehr davon überzeugt, daß England den Krieg gewinnen wird. Außerdem hält er Vorträge für den „Left Book Club" über die militärische und politische Situation in Spanien, von wo er über den Bürgerkrieg berichtet hat. Er lebt außerhalb Londons in Shepperton-on-Thames: Als „getarnter Kommunist in Shepperton, Middlesex, zu sein, mit einem pensionierten Marineoffizier als Nachbarn, dessen Töchter zum Tennis und Tee im Garten herüberkamen, erschien so grotesk und fehl am Platz wie der bekannte Yankee am Hofe des Königs Artus."
1947–1953 lebt er außerhalb Englands. Er publiziert nur noch auf Englisch, und beschreibt in seiner mehrteiligen Autobiographie auch seine Zeit in London. Koestler beschäftigt sich in seinen Romanen mit dem „Kampf um die Verwirklichung einer gesellschaftlichen Utopie" (Egyptien). Von 1965 bis 1983 lebt Koestler mit seiner dritten Frau an einem der ältesten Plätze Londons in South Kensington (■ 47b: 8 Montpelier Square, SW7). Er nimmt sich gemeinsam mit ihr das Leben und vermacht sein Vermögen der Universität Edinburgh zur Einrichtung eines Lehrstuhls für Parapsychologie. England ist für den viel Gereisten dennoch das Land, in dem er sich zeitlebens am Wohlsten fühlt. Es ist eine Art „Davos für innerlich wunde Veteranen des totalitären Zeitalters. Seine Atmosphäre enthält pro Kubikmeter eines überfüllten Autobusses oder einer wartenden

Menschenschlage weniger Bazillen der Aggression und Brutalität als irgendein anderes Land, in dem ich gelebt habe."

A: *Scum of the Earth* (1941), dt. *Abschaum der Erde*.
🕮 George Mikes. *Arthur Koestler. The Story of a Friendship*. London 1983.

48. Sophie von La Roche (geborene Gutermann)

(1731 Kaufbeuren – 1807 Offenbach)

Sophie von La Roche kommt im Sommer 1786 nach England. Mit ihrem ersten Roman avanciert sie zur berühmtesten deutschen Schriftstellerin der zweiten Hälfte des 18. Jahrhunderts. Die Ehefrau eines Verwaltungsbeamten und Staatsmannes schreibt die *Geschichte des Fräuleins von Sternheim* (1771) bereits vor ihrem England-Aufenthalt, läßt den Roman aber teilweise dort spielen und bevölkert ihn mit vielen englischen Figuren. La Roche hat eine Passion für dieses Land. Sie ist begeistert von →Samuel Richardsons Romanen und nimmt diese als Vorbild für die ihrigen. Als ihre Kinder aus dem Haus sind, unternimmt La Roche ausgiebige Auslandsreisen. In England hält sie sich auf Einladung einer Freundin sieben Wochen auf. Sie steigt erst im ■ 48 „German Hotel" (Suffolk Street, zerstört) ab und nimmt sich danach Zimmer in der Portland Street. Sie folgt darin dem allgemeinen Rat an Touristen, private Zimmer zu bevorzugen, da diese zur damaligen Zeit billiger waren als Gasthäuser. La Roche trifft die königliche Familie und die Autorin Fanny Burney, die wie sie selbst ‚weibliche' Bildungsromane verfaßt hat. Daneben schreibt sie täglich ihre Aufzeichnungen in ein Tagebuch, aus dem später der Band *Tagebuch einer Reise durch Holland und England* (1788) entsteht. Sie besichtigt bekannte touristische Attraktionen wie die ■ K4 St Paul's Cathedral: „Auf den ersten Blick wünscht man sich nur, daß das Parlament eine Anzahl der angrenzenden Häuser kaufen und abreißen lassen möge, damit das bezaubernde, ehrwürdige Gebäude in all seiner Würde zu sehen wäre." In der Kathedrale schlägt eine ‚wundersame' Vorführung fehl: Der Führer möchte ihr beweisen, daß an diesem Ort Echos zu hören sind. Als jedoch auf deutsch gesprochen wird, bleibt das Echo aus, weil der Junge im Versteck, aus dem er die Echos produziert, die Sprache nicht versteht. Sophie von La Roche besucht aber nicht nur berühmte Sehenswürdigkeiten, sondern geht auch an weniger respektable Orte, wo sie mit dem Elend konfrontiert wird. Sie zeigt Mitgefühl für die Mißstände in der Nervenheilanstalt (Bedlam, Moorfields, zerstört) und in einem Findlingshaus. Immer wieder ist sie begeistert davon, daß „in England die Glücksgüter mit mehr Gleichheit verteilt sind; gleichsam als ob in einem Staate, wo der republikanische Geist über die Gewalt der Monarchie herrscht, der Boden gleicher gehalten würde, damit die Glücksgöttin mit ihrer Kugel unaufgehalten durch alle Enden und Straßen rollen könnte."

W: *Tagebuch einer Reise durch Holland und England* (1788).
🕮 Werner Milch. *Sophie La Roche. Die Großmutter der Brentanos*. Frankfurt 1935.

L

49. David Herbert Lawrence

(1885 Eastwood/Nottinghamshire bis 1930 Vence/Frankreich)

D.H. Lawrence bekennt gegen Ende seines Lebens, daß er sich einmal in London wohlgefühlt habe: „Vor zwanzig Jahren war London für mich aufregend, aufregend, aufregend, das große und wilde Zentrum aller Abenteuer." Aber diese Faszination ist nicht von Dauer. Lawrence arbeitet von 1908 bis 1912 als Lehrer in Südlondon (Croydon; „Davidson School", Davidson Road) und wohnt in der ■ 49a: 12 Colworth Road. →Ford Madox Ford veröffentlicht die ersten Gedichte von Lawrence und fördert ihn. Er zählt bald zu den Vertretern der klassischen Moderne: Obgleich formal noch dem Realismus verbunden, beschreibt er ein neues Menschen- und Wirklichkeitsbild, das von festen moralischen und sozialen Bezugssystemen losgelöst ist. Körperlichkeit und seelische Befindlichkeiten rücken in den Vordergrund. Lawrence verbindet „die Frage nach der wahren Liebe mit dem Problem der entfremdenden Einflüsse der modernen Industriegesellschaft" (Aldington). 1915 zieht er zusammen mit seiner deutschen Frau Frieda von Richthofen nach Hampstead (■ 49b: 1 Byron Villas, Vale of Health, NW3, Hinweistafel). Er lebt hier nur knapp fünf Monate. Diese Zeit wird überschattet von der verheerenden Pressekritik an seinem Roman *The Rainbow* (1915). Es wird sogar ein Verfahren im ■ G1 Old Bailey gegen ihn eingeleitet und die gesamte Auflage wegen des „obszönen Inhalts" (Aldington) aus dem Verkehr gezogen. Lawrence reagiert zunächst gelassen: „Es kann mich nicht sonderlich aufregen [...] Nur wünsche ich allen, der ganzen Bande mit Stumpf und Stiel, die ewige Verdammnis an den Hals." Dennoch bekommt er immer mehr das Gefühl, „fremd und verfemt im eigenen Land" zu sein. London wird für ihn in den folgenden Jahren ein Ort, den er lieber verläßt, als an ihn zurückzukehren: „Um wegzukommen aus diesem Land, zapple ich mich ab wie eine Fliege auf Sirupspapier", – die Lawrences haben zunächst Schwierigkeiten, eine Ausreiseerlaubnis zu erhalten. Eine typische Rückkehr beschreibt Lawrence so (1917 z.B. wohnt er mittellos bei Freunden am ■ 49c: 44 Mecklenburgh Square, WC1 – die Plakette am Haus erinnert allerdings nur an Hilda Doolittle – 1925 wohnt er in der ■ 49d: 73 Gower Street, WC1): „Während der ersten halben Stunde in London überkommt einen, wenn man ein paar Jahre im Ausland war, wahrhaftig das Elend. Dieses seltsame, dieses graue und unheimliche, ja fast tödliche Gefühl der Langeweile ist überwältigend. [...] Mein Leben wird genauso langweilig, wie es London ist." Die Außenwahrnehmung ist bekanntlich oftmals eine andere. So schreibt →Edith Sitwell über die Lawrences: „Das Ehepaar kann nie einen langweiligen Moment gehabt haben, weil jeder, der sie traf, sich entweder in Herrn oder Frau Lawrence verliebte." 1923 fühlt Lawrence sich in London (■ 49e: 110 Heath Street, Hampstead, NW3, zerstört) lebendig begraben: „Hier bin ich in London – düster – gelbe Luft – schlimme Erkältung – Bett – altes Haus – Morris-Tapete – Gäste – englische Stimmen – Tee in alten Tassen – und der arme

D. H. L. völlig elend, und als läge er im Grab.“ Er stirbt fern der ‚Heimat‘ in Frankreich an Tuberkulose.

W: *The Trespasser* (1912), dt. *Auf verbotenen Wegen* – *Sons and Lovers* (1913), dt. *Söhne und Liebhaber* – *The Rainbow* (1915), dt. *Der Regenbogen* – *Women in Love* (1920), dt. *Liebende Frauen* – *Letters* (1978), dt. *Briefe* – *Dull London*. In: *Selected Essays*. London 1981.
🕮 Richard Aldington. *D. H. Lawrence*. Reinbek 1961 – Anthony Burgess. *D. H. Lawrence. Ein Leben in Leidenschaft*. Hamburg 1990.

50. Georg Christoph Lichtenberg

(1742 Ober-Ramstadt/Darmstadt bis 1799 Göttingen)

Georg Christoph Lichtenberg ist vieles in einem – Mathematiker, Astronom und ein Physiker, der sich für Philosophie begeistert, und als Satiriker sowie als Begründer des deutschen Aphorismus bekannt wird. Er hält sich zweimal in England auf. 1770 reist er als Hofmeister reicher englischer Studenten aus Göttingen für ein paar Wochen nach London. Er übernachtet bei den Eltern eines der Studenten und wird sogar dem König vorgestellt. George III. zeigt sich sehr interessiert an Lichtenbergs wissenschaftlicher Arbeit und bittet ihn, wiederzukommen. 1774 ist es soweit. Lichtenberg ist mittlerweile Professor in Göttingen – nicht zuletzt auch aufgrund seiner Verbindungen nach England war er dem Universitätskurator aufgefallen. Er bleibt fünfzehn Monate. Georg III. überläßt ihm die königlichen Apartments in Kew (■ 50 „Kew Palace“, Brentford, auch „Dutch House“ genannt): „Ich sitze noch immer in dem neblichen Kew, bewohne ein königliches Haus allein, schlafe zwischen königlichen Bettüchern, trinke königlichen Rheinwein und kaue, wenigstens 2mal die Woche, mein königliches Roastbeef.“ Der König ist häufig zu Besuch, und die beiden diskutieren stundenlang über Astronomie. Auch sonst läßt Lichtenberg es sich gut gehen: „Wenn das Wetter schön ist, so habe ich herrliche Tage. Ich gehe alsdann nach dem Observatorio bei Richmond, oder wenn es nicht ganz heiter ist, so spaziere ich in den Gärten.“ Nur wenn das Wetter schlecht ist, überkommen ihn trübe Gedanken. „Ich sehe zuweilen stundenlang in mein Kaminfeuer, suche Gesichter in den Kohlen und ihre Gestalten und denke an Göttingen.“ Oder er sieht in seinen Geldbeutel: Wenn möglich, bringt ihn dann eine Kutsche in die Stadt. Dort begeistert ihn das Theater und ganz besonders die Schauspielkunst des berühmten Schauspielers und Theaterleiters David Garrick (1717–79) in den Stücken von →Shakespeare. Lichtenberg entwickelt einen großen Enthusiasmus für diesen Dramatiker und ebnet später den Weg für Schlegels Übersetzung der Stücke ins Deutsche. Negativ erwähnt er in seinen Briefen, die sich durch eine scharfe Beobachtungsgabe auszeichnen, daß man alle zehn Schritte angefallen und um Almosen ‚gebeten‘ werde. Sein Gesamturteil fällt dennoch positiv aus: „London ist der Ort für mich. Die Stadt gefällt mir nicht so sehr, weil es hier so viel Unterhaltung und Abwechselung gibt [...], sondern weil man mit so viel Höflichkeit und Achtung behandelt wird.“ Lichtenberg schöpft reichlich aus seiner Zeit in England: sowohl als Aphoristiker als auch als Naturwissenschaftler. Der Klassiker der deutschen Briefliteratur hat allerdings neben seinen Briefen keine ausführlichen Aufzeichnungen aus England hinterlassen. Das ist typisch für sein Gesamtwerk, das sehr skizzenhaft bleibt. Neben den Briefen entsteht ein zu seinen Lebzeiten sehr bekannt gewordenes Fragment über die Kupferstiche von William Hogarth (1697–1764), der Bildsatiren über das Elend auf den Straßen in London herstellte. Es ist wohl keine Übertreibung, wenn man die Englandaufenthalte Lichtenbergs als die glücklichste Zeit seines Lebens bezeichnet. Der Aphoristiker selbst resümiert: „Ich bin eigentlich nach England gegangen, um deutsch schreiben zu lernen."

W: Albert Leitzmann (Hrsg.) *Lichtenbergs Briefe an Johann Friedrich Blumenbach.* Leipzig 1921 – Wolfgang Promies (Hrsg.) *Aphorismen, Schriften, Briefe.* München 1974 – *Ausführliche Erklärung der Hogarthischen Kupferstiche* (1794/99).

🕮 Hans Ludwig Gumbert (Hrsg.). *Lichtenberg in England. Dokumente einer Begegnung* (2 Bde.). Wiesbaden 1977.

51. Katherine Mansfield (eigentlich Kathleen Mansfield Beauchamp)

(1888 Wellington/Neuseeland bis 1923 Fontainbleau/Frankreich)

„Sie war eine außerordentliche Frau, witzig und couragiert, dazu eine Abenteurerin mit der Sprache eines Fischweibes in Wapping. Aber Middleton Murry aß ihr die Seele aus dem Leib." Wie aus diesem Kurzporträt der Malerin Dora Carrington deutlich wird, war die Neuseeländerin Katherine Mansfield eine unkonventionelle Frau. – Sie kommt 1903 zusammen mit ihren zwei Schwestern nach London, um auf das ■ S3 „Queen's College" (45 Harley Street, W1) zu gehen. Diese älteste englische Hochschuleinrichtung für Frauen wurde bereits 1848 gegründet. Die Ausbildung dauert drei Jahre, und hier lernt Katherine ihre lebenslange, treue Gefährtin Ida Baker kennen. Die Schwestern wohnen in den Dachstuben der ■ 51a: 41 Harley Street. In den Kurzgeschichten *Juliet* und *The Education of Audrey* greift Mansfield diese Zeit später wieder auf. Neben dem Schreiben gehört Katherines eigentliche Passion dem Cello-Spiel, aber der Vater ist strikt gegen eine Karriere seiner Tochter als Musikerin. Nach dem Abschluß muß sie nach Neuseeland zurückkehren, sie schafft es aber 1908, die Eltern davon zu überzeugen, daß London der richtige Platz für sie ist. Sie wohnt in der Pension „Beauchamp Lodge" (Warwick Crescent, W2, zerstört) und bei einer befreundeten Familie aus Neuseeland. Als sie schwanger wird, reist die Mutter an und verfrachtet ihre Tochter in das unverfänglichere Bad Wörishofen. Wieder in London quartiert Katherine sich bei ihrem Kurzzeitehemann George Bowden ein, weil das „Strand Palace Hotel" (■ 51b: 372 Strand, WC2) auf Dauer doch zu teuer wird. 1911 zieht sie in die ■ 51c: 186 Grays Inn Road (Churston Mansions, WC1), wo sie sich wohl fühlt: „Hier bin ich zu Hause – meine Zimmer geben mir ihre Geheimnisse preis und ihre entlegensten Schatten. Ich wandere in ihnen herum, lächelnd, in einen silbernen Schal gehüllt und mit Sandalen an den Füßen. Ich liege auf dem Fußboden und rauche und lausche." Sie wohnt zusammen mit Ida Baker. 1912 lernt sie John Middleton Murry, den Herausgeber verschiedener Literaturzeitschriften, kennen. Zwei Monate nach ihrem ersten Treffen bietet sie ihm an, als Untermieter bei ihr einzuziehen. Er nimmt an. Am nächsten Morgen erwartete ihn ein gedeckter Frühstückstisch mit Brot, Butter, Honig und einem Ei in einem Eierbecher. Zwischen Becher und Ei steckte ein Zettel: „Dies ist Dein Ei. Du mußt es kochen. K.M.". In der folgenden Zeit gibt sie mit Murry zusammen verschiedene Zeitschriften heraus. Es folgen Jahre, in denen sie nicht zuletzt auch aufgrund der schlechten finanziellen Lage, ständig die Wohnung wechselt. So schreibt Katherine 1917 an Murry: „Erinnerst Du Dich noch so lebhaft wie ich an ALL die Häuser, ALL die Zimmer, die wir gemietet und aus denen wir wieder ausgezogen sind. [...] Fürs erste haben sie mich zerbrochen, und ich muß von einer Woche auf die andere leben und darf mich nicht gebunden fühlen." 1913–17 wohnen sie u. a. in der Nähe von Barons Court, am Elgin Crescent, in der ■ 51d: 5 Acacia Road (St John's Wood, NW8) – mit eigenem Arbeitszimmer für Katherine – und zu viert mit zwei Malerinnen in der ‚Arche' in Bloomsbury (■ 51e: 3 Gower Street, WC1, im Erdgeschoß). 1917 zieht Katherine allein in die ■ 51f: 141a Church Street (NW8). Nach der Heirat mit Murry 1918 wohnt sie bei ihm in Chelsea (■ 51g: 47 Redcliffe Road, SW10). Weiteres Domizil ist 1918–20 die ■ 51h: 17 East Heath Road (2 Portland Villas, NW3, Hinweistafel) in Hampstead. Katherine nennt ihr letztes Heim in London ‚Elephant', weil das Haus einen grauen Anstrich hat. In einem Brief an Ida Baker schreibt sie: „Ich wollte nicht, was die arme Mittelklasse will – und so ist alles in grau. Alle Türen müssen grau sein, und die Fußleisten, die Fensterläden [...]." In ihren letzten Lebensjahren ist Katherine immer deutlicher von Tuberkulose gezeichnet und verbringt viel Zeit auf dem Kontinent. 1922 ist sie das letzte Mal in London zu Besuch und wohnt bei der Malerin Dorothy Brett in Hampstead (■ 51i: 6 Pond Street, NW3, zerstört). Katherine Mansfield ist u. a. mit Frieda und →D. H. Lawrence befreundet. Mit →Virginia Woolf verbindet sie eine von Rivalität geprägte Freundschaft. Trotz ihres kurzen Lebens hat sie einen maßgeblichen Beitrag zur Weiterentwicklung der modernen Kurzgeschichte geleistet. Mansfield übt subtile, ironische Gesellschaftskritik, inneres Erleben und scheinbar Unwichtiges rücken bei ihr ins Zentrum. In der Kurzgeschichte *Bliss* (1918) mokiert sie sich über die Londoner Künstlerkreise: Eine illustre Abendgesellschaft ergeht sich in geistreichen Gesprächen. So verkündet ein Theaterleiter: „Was ich möchte ist, den jungen Leuten eine Chance zu geben. Ich glaube, London wimmelt nur so von erstklassigen ungeschriebenen Theaterstücken." Er lobt *Liebe mit falschen Zähnen*, ein fiktives Drama, dessen Originalität angezweifelt werden darf. Es handelt von einem Mann, der beschließt Selbstmord zu begehen: „Und als er sich gerade durchgerungen hat, es entweder zu tun oder zu lassen – Vorhang. Gar keine so üble Idee."

W: *Bliss* (1921), dt. *Seeligkeit* In: *Für Sechs Pence Erziehung und andere Geschichten – The Garden Party and Other Stories* (1922), dt. *Das Gartenfest und andere Erzählungen.*

📖 Ida Schöffling. *Katherine Mansfield. Leben und Werk in Texten und Bildern.* Frankfurt 1996 – Pietro Citati. *Katherine Mansfield. Ein kurzes Leben.* Hamburg 1998.

M

52. Christopher Marlowe

(1564 Canterbury – 1593 Deptford/London)

Eine Schlägerei ist das erste, was nachweislich über Christopher Marlowes Aufenthalt in London überliefert ist. Sie findet 1589 in der ■ 52 Hog Lane (heute Worship Street, EC2) statt und endet tödlich für einen der Beteiligten. Marlowe verbringt daraufhin einige Tage im Gefängnis ■ G1 Newgate. – Der Sohn eines Schuhmachers kann mit einem Stipendium in Cambridge studieren. Da er seinen Abschluß nur erhält, wenn er das Priestergelübde ablegt, muß er einen anderen Weg finden, um ans Ziel zu gelangen: Marlowe läßt sich vom ‚Außenminister' Sir Francis Walsingham als Spion anheuern. Um den drohenden Angriff der Spanischen Armada zu verhindern, bittet man ihn um Mithilfe, ebenso bei der Suche nach Belastungsmaterial gegen die schottische Königin Mary. Marlowe wird für seine Dienste nicht nur finanziell reichlich belohnt, sondern erhält auch seinen Master-Abschluß. Wahrscheinlich kommt Marlowe schon 1587 nach London und wohnt bis zu seinem Tod im East End, in der Gegend von Norton Folgate. 1591 lebt er mit dem Dramatiker Thomas Kyd zusammen. Binnen kurzer Zeit avanciert Marlowe zum Begründer des neuzeitlichen englischen Dramas. Er gilt als einer der ersten in England, der mit Meisterschaft große Charaktere und Leidenschaften in Blankversdramen darstellt. In seinen Stücken greift er sowohl auf alte klassische Texte der Griechen und Römer zurück als auch auf die Tradition des Moralitäten-Spiels, in dem der Schicksalsglaube eine große Rolle spielt. Marlowe ist politisch radikaler als sein Zeitgenosse →Shakespeare, so erachtet er bei der Qualifikation für das Amt des Herrschers eine königliche Abstammung nicht für notwenig. Mit seinem Drama über König Edward II. (1592) schreibt er das erste englische Stück, das Homosexualität offen thematisiert. Wegen seiner wenig religiösen Einstellungen gerät Marlowe immer wieder in Schwierigkeiten. So sind auch die Umstände, die zu seinem Tod führen, nicht vollständig geklärt. Bei einer Einladung in eine Taverne in Deptford wird Marlowe tödlich am Kopf verletzt. Er ist im Kirchhof der ■ K5 „St Nicholas' Church" (Creek Road, SE8) begraben.

W: *Tamburlaine the Great* (ca. 1587/88), dt. *Tamerlan der Große – The Jew of Malta* (ca. 1589), dt. *Der Jude von Malta – Dr Faustus* (ca. 1592), dt. *Die tragische Historie vom Doktor Faustus – Edward the Second* (ca. 1592), dt. *Edward II.*

🕮 Hugh Ross Williamson. *Kind Kit: An Informal Biography*. London 1972.

53. Karl Marx

(1818 Trier – 1883 London)

„Wie Darwin das Gesetz der Entwicklung der organischen Natur, so entdeckte Marx das Entwicklungsgesetz der menschlichen Geschichte." Diese Grabworte spricht sein treuester Freund und Verehrer, →Friedrich Engels, und ist damit einer der Wenigen, die früh Marx' Bedeutung erkennen. Karl Marx geht nicht freiwillig ins englische Exil, sondern kehrt Deutschland den Rücken, als er dort als Journalist nicht mehr arbeiten kann. Man sieht in ihm ein subversives Element und weist ihn aus Köln aus. 1849, kurz nach seiner Ankunft, schreibt Marx an Engels: „In London werden wir Geschäfte machen." Mit dieser Verheißung kann er seinen lebenslangen finanziellen Förderer zwar nach England locken, aber der erhoffte Erfolg bleibt aus. Der vernünftige Umgang mit Geld ist zeitlebens schwierig für ihn – die Finanznot zieht sich wie ein roter Faden durch das Leben der Familie Marx. Zunächst steigt Karl mit seiner Frau Jenny und den Kindern im (■ 53a „German Hotel", 1 Leicester Street, W1, zerstört) ab. Ein paar Monate später ziehen sie nach Soho in die ■ 53b: 64 Dean Street (W1, zerstört). Ende 1850 wohnen sie ein paar Häuser weiter (Nr. 28, Hinweistafel). Das Haus beherbergt heute ein Gourmet-Restaurant. Noch Jahre später graust es Marx, wenn er nur die Gegend betritt. Er muß an die Gläubiger und Polizeispitzel denken, die die Familie hier gleichermaßen belagerten. Auch sonst ist von Luxus keine Spur. Ein Geheimagent erstattet den preußischen Behörden auf diffamierende Weise Bericht über das Leben der Familie Marx: „Die Möbel und Einrichtungsgegenstände in der Zweizimmerwohnung – zerbrochen, zerfetzt und zerlumpt. Überall klebte fingerdicker Staub." Auf dem Tisch im Wohnzimmer liegen „Manuskripte, Bücher, Zeitungen, dann die Spielereien der Kinder; das Fetzenwerk des Nähzeugs der Frau, [...]" Im Lesesaal der ■ LT5a British Museum Library (Great Russell Street, WC1) kann Marx von 9 bis 19 Uhr die Sorgen vergessen und seiner Lieblingsbeschäftigung – dem „Wühlen in Büchern" – nachgehen. Die Familie lebt von der Hand in den Mund, und Engels schickt einen Scheck nach dem anderen. Zweimal versucht Marx eine bezahlte Anstellung zu bekommen: als Vermarkter einer Firnislackerfindung und als Angestellter bei der Eisenbahn. Letzteres scheitert an seiner absolut unleserlichen Schrift. Statt dessen arbeitet er bis 1852 für den Bund der Kommunisten und schreibt u. a. als Europakorrespondent Artikel für die *New York Daily Tribune*. Später ist Marx verstärkt praktisch-politisch tätig. Er ist der führende Kopf der am 28. September 1864 auf einem internationalen Arbeitermeeting in London (St Martin's Hall) gegründeten I. Internationale (Internationale Arbeiterassoziation) – u. a. verfaßt er den programmatischen Gründungsaufruf, die „Inaguraladresse", die Statuten und andere wichtige Beschlüsse. In dieser Zeit hat er besonders enge Verbindung zu Deutschland, unter seinem Einfluß wird die Sozialdemokratische Arbeiterpartei 1869 gegründet. – Lange Jahre schreibt er in London an seinem Monumentalwerk *Das Kapital*: „Ich glaube nicht, daß unter solchem Geldmangel je über ‚das Geld' geschrieben worden ist." Die Fertigstellung des Kompendiums, in dem Marx die Gebrechen des Kapitalismus aufzeigt, verzögert sich um viele Jahre. 1867 erscheint der erste Teil. Marx nennt es in dieser Zeit nur noch die „ökonomische Scheiße", wenn er über seine Arbeit am Buch spricht. Mit Engels' Hilfe wird der status quo mehr schlecht als recht gehalten. Marx ist zeitweilig so arm, daß er mit seinem Sekretär das Bett teilt und um Geld bitten muß, damit er für seinen Sohn einen Sarg kaufen kann. Der Umzug in eine bessere Gegend erfolgt jeweils nach einer Erbschaft: 1856 zieht die Familie in ein vierstöckiges Haus nach Kentish Town (■ 53c: 9 Grafton Terrace, NW5). Zu dieser Zeit ist der Baustil in der Nähe von Hampstead Heath noch „eine wilde Mischung der launigsten Einfälle – Zinnen und Türmchen in trautem Verein mit Bogenfenstern und Rokokobalkonen“, (Wheen) und die gesamte Gegend erweckt den Eindruck, noch etwas unfertig zu sein. Marx findet das Haus „sehr schön“. Jenny ist euphorischer: „Es ist eine wahrhaft prinzliche Wohnung, verglichen mit unseren früheren Löchern.“ 1864 erfolgt nach dem Tod von Marx' Mutter ein weiterer sozialer Aufstieg. Die Familie zieht in die ■ 53d: Maitland Park Road (1 Modena Villas, NW3, zerstört). 1875 kommt die geschrumpfte Familie – Karl, Jenny und zwei der Töchter – auf derselben Straße in dem Haus Nr. 44: 101–8 Maitland Park Road, zerstört, aber Hinweistafel) unter. Die Tochter Eleanor wird sich einen Namen als Literaturübersetzerin machen. – Heute scheint es kaum vorstellbar, aber in den 34 Jahren, die Marx als eine Art gesellig lebender Einzelgänger in London verbringt, bleibt er in der englischen Öffentlichkeit weitestgehend unbekannt: Tagsüber ist er im Lesesaal der British Museum Library und abends in der Gesellschaft deutscher Emigranten. Nur 1871 gerät er wegen seines Engagements für die Internationale Arbeiterassoziation („Communist Club“ von 1874–77 im ■ 53e: „Blue Posts“, 81 Newman Street, W1, zerstört; und ab 1882 im Erdgeschoß der ■ 53f: 49 Tottenham Street) in die Schlagzeilen und wird von der englischen Presse verleumdet. „Das tut einem wahrhaft wohl nach der langweiligen zwanzigjährigen Sumpfidylle,“ kommentiert Marx. Zu seinen Lebzeiten wird außer des Katechismus der Arbeiterbewegung – dem Band *Das Kommunistische Manifest* – nichts von ihm ins Englische übersetzt. Sein letztes Urteil über die Wahlheimat lautet: „Zum Teufel mit den Briten!“ Marx muß zu der Überzeugung kommen, daß das Proletariat hier immer mehr verbürgerlicht und die Bourgeoisie bestehen bleiben wird. Marx liegt auf dem ■ F3 Highgate-Friedhof begraben. Das Grab ist 1974 durch eine Bombe stark beschädigt worden. Die „Marx Memorial Library“ (■ Bu2: 37a Clerkenwell Green) mit einem umfangreichen Bestand sozialistischer Publikationen befindet sich in Clerkenwell.

W: *Das Kapital.* 1. Bd. 1867; 2. und 3. Bd. Friedrich Engles (Hrsg.) 1885 bzw. 1894.
🕮 Francis Wheen. *Karl Marx.* München 2001.

54. William Somerset Maugham

(1874 Paris – 1965 Nizza)

Einen großen Teil seines Lebens verbringt Maugham außerhalb Englands. Er wächst in Frankreich auf und lernt nach dem Tod seiner Eltern bei einem englischen Geistlichen Englisch, der ihn zu diesem Zweck die Polizeiberichte aus dem *Standard* vorlesen läßt. Maugham studiert Medizin, ohne jemals als Arzt zu praktizieren: „Der Beruf eines Mediziners interessierte mich gar nicht, aber das Studium gab mir die Möglichkeit in London zu leben, und jene Lebenserfahrung gewinnen zu können, nach der ich so sehr strebte.“ 1892–95 wohnt er in Westminster (■ 54a: 11 Vincent Square, SW1) und schreibt hier *Liza of Lambeth* (1897), als er am ■ 54b: „St Thomas's Hospital“ (Lambeth Palace Road) ausgebildet wird. Seine Erfahrungen als Assistent in der Poliklinik des Krankenhauses fließen in den Roman ein. Maugham gibt auch später zu, er schreibe seine naturalistischen Romane in der Tradition von Guy de Maupassant „immer nur nach lebenden Modellen“. *Liza of Lambeth* spielt im Elendsviertel Lambeth in der Vere Street und kreist um die tragische Liebesgeschichte zwischen der großherzigen Liza und ihrem neuen Nachbarn, dem verheirateten Jim Blakeston. Das viktorianische London wird hier eindrucksvoller evoziert, als es mit einem verblichenen Photo möglich wäre. Ab 1907 beginnt auch Maughams Erfolg als Dramatiker, z. B. mit *Lady Frederick* am ■ T8 „Royal Court Theatre“, einem Stück, das die viktorianischen Kerninstitutionen Religion, Politik und Ehe satirisch aufs Korn nimmt. Es folgen Melodramen, Problemstücke und Komödien. Theater liebt Maugham am meisten, „wenn die Sitze noch mit den Staubschutzüberzügen bezogen sind [...] und nur die Probenbeleuchtung die dekorationslose Bühne erhellt.“ In seinem Ruhm badet er ungern: „Meine Erholung beginnt, wenn ich von irgendwo fortgehen kann, um allein, zu Hause, ein Buch zu lesen.“ 1911–19 lebt Maugham in Mayfair (■ 54c: 6 Chesterfield Street, W1, Hinweistafel). Weitere Adressen sind die ■ 54d: 23 Mount Street (W1) und der ■ 54e: 43 Bryanston Square (W1; heute Teil der Botschaft Malaysias) in Marylebone.

A: *The Summing Up* (1938), dt. *Rückblick auf mein Leben.*
W: *Liza of Lambeth* (1897), dt. *Lisa von Lambeth – Of Human Bondage* (1915), dt. *Des Menschen Hörigkeit – Lady Frederick* (1907).
📖 Ted Morgan. *Maugham: A Biography*. New York 1980.

M

55. Alan Alexander Milne

(1882 London – 1956 Hartfield/Sussex)

A. A. Milne wächst in Kilburn auf (Mortimer Crescent, früher Mortimer Road, NW6). Das Haus, „Henley House“ genannt, beherbergt neben der Familie auch die Schule seines Vaters. Milne selbst geht allerdings auf die ■ S2 „Westminster School“ (Little Dean's Yard, SW1) und studiert dann Mathematik. 1906 erfüllt sich für ihn ein großer Traum. Er wird Redaktionsassistent der satirischen Zeitschrift *Punch* und veröffentlicht dort auch eigene Beiträge. Nach dem Ersten Weltkrieg verfaßt er hauptsächlich Theaterstücke (u. a. *Toad of Toad Hall*, 1930). Bis 1906 lebt Milne in Chelsea (■ 55a: 11 Wellington Square, SW3). Seine Anfänge als Autor beschreibt er rückblickend mit den Worten: „Wenn ich nicht gegessen habe, habe ich geschrieben.“ Nachdem er unendlich viele Beiträge vergeblich an Zeitschriften gesendet hat, wird seine Parodie auf Conan Doyles Sherlock Holmes-Figur in *Vanity Fair* gedruckt – ohne daß er davon erfährt. So liest er den Artikel in der Zeitschrift, bricht in Schweiß aus und merkt dann erst, daß er seine eigenen Worte liest. Von 1919 bis 1942 wohnt Milne mit seiner Frau in der ■ 55b: 13 Mallord Street (SW3, Plakette). Sein Sohn Christopher Robin wird 1920 geboren. Die Idee zu so weltweit erfolgreichen Kinderbüchern wie *Winnie the Pooh* (1926) und *The House at Pooh Corner* (1928) stammt von seiner Frau. Milne erweckt die Spielzeuge aus dem Kinderzimmer wie den Bären Pooh und die Kuscheltiere Piglet und Eeyore zum Leben. Christopher Robin geht häufig mit seinem Kindermädchen Alice zum Buckingham Palace, woran in dem Kindergedicht *Buckingham Palace* erinnert wird: „Es ist Wachablösung am Buckingham Palace – Christopher Robin ging dorthin mit Alice. Alice heiratet einen Guard. ‚Das Leben eines Soldaten ist sehr hart', sagt Alice. [...] Wir hielten Ausschau nach dem König, aber er kam nich'. ‚Nun kümmert sich Gott um ihn, sicherlich', sagt Alice."

A: *Autobiography*. New York 1939.
W: *Toad of Toad Hall* (1930) – *Winnie the Pooh* (1926), dt. *Pu der Bär* – *The House at Pooh Corner* (1928), dt. *Wiedersehen mit Pu*.
🕮 Harriet Castor. *A. A. Milne*. London 2000.

56. John Milton

(1608 London – 1674 ebd.)

In London gab es lange keine Erinnerungsstätte an John Milton, den bedeutenden Dichter. Heute erinnert ein Buntglasfenster in der ■ Bu3 Guildhall Library (Aldermanbury, EC2) an ihn. In der ■ K6 „St Margaret's Church" (Parliament Square, SW1) befindet sich ein Gedenkfenster, in dem seine Lebensgeschichte bildlich dargestellt ist: der Besuch Galileos ebenso wie der blinde Milton, der seiner Tochter *Paradise Lost* (1667/74) diktiert. In dieser Kirche hat John Milton 1656 seine zweite Frau geheiratet, die ein Jahr später stirbt. Leider ist keine seiner Wohnadressen mehr erhalten. – Milton wird in der City geboren (■ 56a Bread Street, EC4) und besucht dort die ■ S4 „St Paul's School" (St Paul's Churchyard, City, zerstört). 1640–45 lebt er in Aldersgate Street (EC1) zwischen Beech Street und der London Wall. Er greift aufseiten der Puritaner in den politischen Kampf gegen die Monarchie ein. Nachdem er 1649 unter Cromwell im Staatsrat Sekretär für diplomatische Korrespondenz geworden ist, zieht er in ein Apartment in Westminster (Scotland Yard), von wo aus er auch Geschäftliches regelt. In seiner Schrift *Areopagitica* (1644) spricht er sich für das Recht auf Meinungs- und Pressefreiheit aus. Er rechtfertigt die republikanische Revolution und die Hinrichtung Charles I. Es gehört zu seinen Aufgaben, nach der Enthauptung des Königs dessen Tod zu verkünden (Whitehall, Banqueting House, Westminster). Später wohnt er in Westminster mit Blick auf den St James' Park und Holborn. Milton lebt und schreibt den Großteil von *Paradise Lost* – in dem er die Entstehung des Bösen aus der Todsünde des Stolzes schildert – in einem Haus in der Jewen Street. Ab 1661 lebt er bis zu seinem Tod in Bunhill Fields (■ 56b Bunhill Row, EC1, früher 125 Artillery Row), beendet hier *Paradise Lost* und schreibt *Paradise Regained* (1671).

W: *Paradise Lost* (1667/74), dt. *Das verlorene Paradies* – *Paradise Regained* (1671), dt. *Das wiedergewonnene Paradies*.
🕮 B. K. Lewalski. *The Life of John Milton*. Oxford 2000.

57. Thomas More, Sir

(1478 London – 1535 ebd.)

Thomas More kommt in der City zur Welt (Milk Street, nicht erhalten). Nach dem Studium in Oxford macht er in den ■ U2 Inns of Court, der Berufsinnung und höchsten Ausbildungsinstanz in England, eine Ausbildung zum Juristen und Richter. 1504 wird er Abgeordneter im Parlament. 1517 tritt er in den Dienst von Heinrich VIII., der ihn zu seinem Lordkanzler ernennen wird. Mit der Familie lebt More von 1523 bis 1534 in Chelsea (zwischen ■57 Milman's Street und Old Church Street, SW 10 zerstört). Hier schreibt er in seinem Hauptwerk *Utopia* (1516) über eine ideale Staatsverfassung für eine Gesellschaft, die sich durch Askese, Disziplin, Gemeinschaft und Frömmigkeit auszeichnet. Ein berühmtes Porträt von Hans Holbein d. J. (1526/27) zeigt Thomas More in seiner privaten Umgebung: „Thomas More als katholischer Patriarch in einem hohen, auffallend lichten Raum, der dennoch Behaglichkeit ausstrahlt. [...] Bücher beherrschen die Szene und eine Wanduhr an jener Stelle, an der man im Hause eines Thomas More ein Kruzifix erwarten würde." More sitzt ab 1534 im ■ G3 Tower (Tower Hill, EC3) und wird auf dem Tower Hill als Hochverräter geköpft, weil er den „Act of Supremacy" nicht anerkennt, mit dem Heinrich VIII. sich dem Willen des Papstes widersetzt, seine Scheidung legalisiert und sich selbst zum Oberhaupt der englischen Kirche ernennt. Heinrich der VIII. läßt sein Haupt aufspießen und stellt es auf der London Bridge zur Schau, wie dies bei einem Verräter üblich ist. More liegt im Tower, in der Kapelle „St Peter ad Vincula", begraben. Er wird zum Märtyrer erklärt. Seit 1935 verehrt ihn die katholische Kirche als Heiligen. In der ■ K1 Westminster Abbey befindet sich eine kleine Statue von ihm in der Kapelle der englischen Märtyrer. In der ■ K7 „Chelsea Old Church" (Cheyne Walk, SW3) wurde die „More Chapel" nach ihm benannt. Er ging hier zum Gottesdienst und war Mitglied im Chor. Zwischen der Kirche und Cheyne Walk steht ebenfalls eine Statue, die an den Humanisten erinnert.

W: *Utopia* (1516).

🕮 Peter Ackroyd. *The Life of Thomas More*. London 1998.

58. Karl Philipp Moritz

(1756 Hameln – 1793 Berlin)

Leben und Werk von Karl Philipp Moritz sind in vielerlei Hinsicht ungewöhnlich: Der Sohn bürgerlicher Eltern arbeitet sich nach einer Hutmacherlehre langsam hoch – immer angetrieben von seiner Passion für die Literatur – und wird schließlich Professor der Theorie der schönen Künste in Berlin. Mit Recht gilt Moritz als „umtriebiger Allround-Autor". – So verwundert es auch nicht, daß er bereits in jungen Jahren Englisch spricht und schon vor seinem England-Aufenthalt verschiedene Schriften zur englischen Sprache verfaßt hat. 1782 geht er nach England und sieht sich nicht nur London an, sondern bereist

M

auch ausgiebig die angrenzenden Städte. Und was noch spektakulärer ist: Er bewegt sich meist zu Fuß fort. In London wohnt er in der ■ 58 George Street (W1) bei einer Schneiderwitwe: „Ich bewohne nun ein großes Zimmer unten an der Erde vorn heraus, das [...] sehr gut möbliert ist. Die Stühle sind mit Leder überzogen und die Tische von Mahagoniholz; daneben habe ich noch eine große Kammer.“ Er besichtigt die typischen touristischen Attraktionen, wie das British Museum, die Westminster Abbey und ■ K4 „St Paul's Cathedral“. Beim Anblick der Stadt vom Dach der Kathedrale ist er überwältigt: „Doch es ist vergeblich, eine solche Aussicht mit Worten auch nur im mindesten zu beschreiben, und nur einen Schatten dieses Eindrucks dadurch zu geben; wer eine Welt im Kleinen mit einem Blick überschauen will, der komme hierher und sehe!“ Was er sieht und erlebt, schreibt Moritz an seinen Kollegen Direktor Friedrich Gedike. Hieraus entsteht 1783 der Band *Reisen eines Deutschen in England im Jahr 1782*. Moritz liefert durchaus verläßliche Informationen über Land und Leute, wobei er vielfach das Gesehene mit den deutschen Verhältnissen vergleicht – in gewisser Weise kann der Band als seine erste autobiographische Schrift gesehen werden. Für einen Reisebericht mutet das Dargestellte sehr subjektiv an. Der Band ist also auch eine ‚Erfahrungsseelenreise‘, die bereits den psychologischen Schriftsteller erkennen läßt. Ein solches subjektives Glückserlebnis hat Moritz, sobald er der Stadt den Rücken kehrt: „O Richmond! Richmond! Nie werde ich den Abend vergessen, wo du von deinen Hügeln so sanft auf mich herablächelst, und mich allen Kummer vergessen ließest, da ich an dem blumigen Ufer der Themse voll Entzückung auf und nieder ging.“ Beim Anblick der Natur relativiert sich sein positiver Eindruck von der Hauptstadt: „Tage und Stunden fingen mich an zu gereuen, die ich in London zugebracht hatte [...] daß ich nicht schon längst jenen großen Kerker verlassen hatte [...].“ In den ‚Kerker‘ muß er jedoch noch einmal zurückkehren. Vor seiner Abreise haust er am Hafen in St Catharins – „dem abscheulichsten Loch in der ganzen Stadt“ – und ist verärgert, daß er die verbleibende Zeit in London nicht nutzen kann. Er muß sich bereit halten, um an Bord gehen zu können, sobald der Wind umschlägt.

W: *Reisen eines Deutschen in England im Jahr 1782* (1783).
🕮 Karl Friedrich Klischnig. *Mein Freund Anton Reiser*. Berlin 1993.

59. William Morris

(1834 Walthamstow/Essex – 1896 London)

In dem Haus, in dem sich heute die ■ M7 „William Morris Gallery“ („Water House“, Lloyd Park, Forest Road, Walthamstow, E17) befindet, hat Morris einen Teil seiner Kindheit (1848–56) verbracht. Heute ist er bekannter als Designer von Tapeten und Stoffen, denn als Poet. Von Oxford kommend zieht er 1856 zusammen mit dem Maler Edward Burne-Jones an den ■ 59a: 17 Red Lion Square (WC1, Hinweistafel). 1861 eröffnet er im Haus Nr. 8 „Morris & Co.“, eine Firma, die Innendekorationen herstellt. Morris will so sein Einkommen stabilisieren.

Einen Einblick in seine Arbeit gewähren heute noch mehrere Räume im ■ M8 „Victoria & Albert Museum“ (Cromwell Road, SW7), so die SäleGreen Dining Room oder Morris Room; im Raum 119 befinden sich ein Tapetenmuster und Kacheln von Morris. Die William Morris Gallery gibt eine Einführung in sein Leben und seine Arbeit. Nach der Hochzeit zieht Morris 1860 nach Kent in ein eigens für ihn erbautes Haus (■ 59b „Red House“, Red House Lane, Bexley Heath). Ab 1865 wohnt er mit seiner Frau Jane und den beiden Töchtern in Bloomsbury (■ 59c: 26 Queen Square, WC1, zerstört; im Erdgeschoß befanden sich das Büro und der Ausstellungsraum). Hier schreibt er vor allem Lyrik. In *The Earthly Paradise* (1868/70) hat Morris eine utopische Vision von London: „Vergiß die sechs mit Rauch verhangenen Grafschaften. Vergiß den schnaubenden Dampf und Kolbenhub. Vergiß die Ausbreitung der grauenhaften Stadt. Denk lieber an den Packesel auf dem Hügel; Und träum von London, klein, und weiß und sauber.“ Er unterrichtet zeitweise am ■ 59d „Working Man's College“ (45 Great Ormond Street, WC1). 1878 kauft er ein Haus in Hammersmith (■ 59e: 26 Upper Mall, W6, heute im Besitz der „William Morris Society“) und nennt es in Anlehnung an das von ihm und dem präraffaelitischen Maler und Dichter Dante Gabriel Rossetti gemeinsam gemietete Landhaus „Kelmscott Manor“ (bei Lechlade/Oxfordshire) „Kelmscott House“. Morris ist begeistert von der Lage des Hauses: „Es hat mit Sicherheit die schönste Lage in London.“ →Shaw nennt es das „Morris-Paradies“: „Was in Morris' Haus auffiel, war die außerordentliche Abwesenheit alles Vulgären und Häßlichen. [...] Man wurde dadurch darauf gestoßen, wieviel sich eben davon in gewöhnlichen Häusern findet.“ Ab 1883 wendet er sich zunehmend dem Sozialismus zu. 1890 gründet Morris einen sozialistischen Verlag, die ■ V9 „Kelmscott Press“ (16 dann 14 Upper Mall, W6) – eine Liebhaber-Edition seiner eigenen ebenso wie alter Werke. Epping Forest, der Garten und Wald aus seiner Kindheit, bleibt für Morris zeitlebens Motor und Motivationsquelle seiner Arbeit, mit der er ein irdisches Paradies erschaffen möchte. In seinem Werk wirft er einen Blick zurück auf die Welt des Mittelalters: Kunst und Arbeit waren damals in Harmonie miteinander vereint, und sollten dies Morris zufolge trotz zunehmender Mechanisierung grundsätzlich sein.

W: *The Earthly Paradise* (4 Bde. 1868/70), dt. *Kunde von nirgendwo oder ein Zeitalter der Ruhe*.
📖 Jack Lindsay. *William Morris. His Life and Work*. London 1975.

•

60. Iris Murdoch, Dame

(1919 Dublin – 1999 Oxford)

„Jetzt lebe ich in einer phantastischen Welt, die mit Telefonstimmen belebt ist und merkwürdigen Persönlichkeiten wie „Lords Commissioners of His Majesty's Treasury“, die aus einem Buch entsprungen sein müssen [...] alles, was ich zur Zeit tue, fühlt sich an wie ein Bühnenspiel.“ 1942 tritt Iris Murdoch, die in Oxford klassische Philologie studiert hat, ihre erste Stelle im Finanzministerium in der Hauptstadt an. Ihr Arbeitsplatz befindet sich im 3. Stock der New Public Offices an der Ecke der Great George Street und Whitehall mit Blick auf die Nordseite von Westminster Abbey. Die Faszination der Verwaltungstätigkeit ist allerdings nicht von langer Dauer, schon 1944 macht die Arbeit sie depressiv. Iris Murdoch findet eine Wohnung ganz in der Nähe des Buckingham Palace. Sie kann die Glocken von Big Ben hören (■ 60a: 5 Seaforth Place, SW1), und unter dem Haus fahren die U-Bahnen der District und Circle Line. Über die Wohnung sagt sie, es sei „ein Studio-Appartement [...] von unbeschreiblichem Charme [...] mit einer unwiderstehlichen Persönlichkeit [...] und 6 m^2 Fensterfläche, die bei Luftangriffen und in der Dunkelheit geschützt werden muß.“ Es ist eine kleine Kuriosität aus einer anderen Welt, die einem ihrer Schauerromane zu entstammen scheint. Nach dem Krieg studiert Murdoch Philosophie und lebt außerhalb Londons. Lange Jahre ist sie Dozentin in Oxford, wo sie mit ihrem Mann, dem Literaturkritiker John Bayley, wohnt. Ab 1964 hat sie wieder eine kleine Wohnung in London (■ 60b: 59 Harcourt Terrace, SW10). Dort unterrichtet sie bis 1967 Philosophie am ■ U3 „Royal College of Art“ (Kensington Road, SW7). 1970 bezieht sie eine Wohnung in South Kensington (■ 60c: 62 Cornwall Gardens, SW7). Zwei Jahre später kauft sie ein Apartment im obersten Stock der Nr. 29 Cornwall Gardens mit Blick auf das Albert Memorial. An London fasziniert Iris Murdoch die Anonymität und die Möglichkeit, sich hier inkognito so geben zu können, wie sie es möchte. Besonders gerne geht sie in die Londoner Pubs. In den Kriegsjahren sieht man sie häufig im „The Swiss“ (Old Compton Street, nicht erhalten) und „The Lord Nelson“ (King's Road, nicht erhalten) – immer „auf der Suche nach den ultimativen Menschen, und Wissen und Erfahrung und Freiheit.“ – Einige ihrer Romane spielen in London. Ihr erster, *Under the Net* (1954), ist ein pikaresker Künstlerroman, der das Wohnen auf eine besondere Weise in den Mittelpunkt stellt. Ein erfolgloser Schriftsteller lebt mit einem beckettschen Diener zusammen als Schmarotzer bei seiner ehemaligen Freundin, und sein Leben gerät völlig aus den Fugen, als er vor die Tür gesetzt wird und bei seinen Bekannten in ganz London auf die Suche nach einer ebenso günstigen Bleibe gehen muß: „London hat einige Teile, die notwendig, und andere, die zufällig sind. Alles westlich von Earls Court ist zufällig, abgesehen von ein paar Stellen am Fluß. Ich hasse Zufälligkeiten. Alles in meinem Leben soll einen hinreichenden Grund haben.“ Er muß, wie die meisten der Figuren von Iris Murdoch, lernen, daß der Zufall eine bedeutende Komponente im Leben ist. Murdoch spielt in ihren Romanen abstrakte philosophische Begrifflichkeiten anhand von fiktiven menschlichen Akteuren und Handlungen durch. In dem Film *Iris* hat Richard Eyre Iris Murdoch porträtiert, ohne jedoch das geistige Leben der an Alzheimer gestorbenen Schriftstellerin eingehend zu beleuchten.

W: *Under the Net* (1954), dt. *Unter dem Netz* – *A Word Child* (1975).
🕮 Peter J. Conradi. *Iris Murdoch. Ein Leben*. Wien 2002 – John Bayley. *Elegie für Iris*. München 2002.

61. Robert Neumann

(1897 Wien – 1975 München)

„Niemand ist er, eine leere Hülle, ein Denkgespenst, Niemehr Nichts wird er dichten, Niemehr Nichts wird Niemand mehr von ihm drucken, Niemehr Nie wird er jene deutsche Landschaft wiedersehen in diesem Leben, o Schulden, o Verzweiflungen, o Elend, mit ihm ist's aus." So beschreibt der jüdische Emigrant Marcus in Robert Neumanns *By the Waters of Babylon* (1939) sein Leben in London. Der Journalist und Autor wird sich zunächst ähnlich gefühlt haben. In seiner österreichischen Heimat ist er bereits ein viel gelesener Schriftsteller, als er nach dem Scheitern des Wiener Arbeiteraufstandes 1934 nach London emigriert. Seine Englischkenntnisse sind anfangs nur spärlich. Dennoch ist er einer der wenigen deutschsprachigen Autoren, die später erfolgreich auf englisch publizieren. Neumann wohnt zunächst in einer kleinen Pension in Paddington, die von einer deutschen Stummfilm-Schauspielerin geleitet wird und lernt dort u. a. Lilli Palmer kennen. Jeden Abend treffen sich die Gäste zu einer warmen Mahlzeit, bei der nur deutsch gesprochen wird. Es folgen viele weitere Pensionen, so wie er es in *By the Waters of Babylon* beschreibt: „O anderer Raum, o Badraum, Bett, o Schreibtisch, o Telefon! [...] wechselnd so wie Menschengesichter wechseln und einander doch höllisch gleichen." Neumann lernt die deutsche Journalistin Franziska Becker kennen, die er 1941 in zweiter Ehe heiratet. 1937 beginnt er mit seinem Roman *By the Waters of Babylon*. In Episoden werden die Lebensgeschichten von zehn Juden aus verschiedenen Erdteilen erzählt, die alle auf dem Weg nach Palästina sind. Einer von ihnen ist der deutsche Schriftsteller Marcus, der nach London emigriert. *The Inquest* (1944) spielt ebenfalls in London. Während des Krieges ist Neumann wie →Kurt Schwitters im Internierungslager auf der Isle of Man. Als er freikommt, zieht er nach Hampstead in die Finchley Road (NW3): „Dieses enge Apartment in der Emigranten-Straße [...] wo jeder so aussah wie der zweite Cousin, dessen Namen man gerade vergessen hatte." Seine Frau muß für den Lebensunterhalt sorgen – „Ich kochte zu jener Zeit, ich kochte." Und er trifft sich mit seinen Kollegen →Alfred Kerr und Rudolf Olden zu Redaktionskonferenzen des *Pariser Tageblatts* im ■ 61 „Mount Royal Hotel" (Bryanston Street, W1, heute „Thistle Marble Arch Hotel"). Dort wohnt er auch zwischenzeitlich: „Es gab dort – ich weiß nicht mehr, wieviel hundert höchst komfortabel möblierte Apartments, jedes bestand aus spiegelblanker kleiner Küche, marmornem Badezimmer und einem prunkvollen Living-Room, von dem es durch einen hypermodernen Vorhang in einen Alkoven mit einem sardanapalisch weichen, überdimensionalen Bette ging." 1943 wird er Lektor für internationale Autoren im größten britischen Verlag „Hutchinson". Eine weitere wichtige Rolle spielt er beim PEN, denn er ist der De-facto-Präsident des österreichischen PEN-Klubs im Exil, der in einem kleinen und schmuddeligen Büro in der ■ LT6: 59/61 New Oxford Street (Albion House, WC1) unterkommt.

Nach dem Krieg zieht Neumann erst nach Cranbrook (Kent) und 1975 in die Schweiz.

A: *Ein leichtes Leben. Bericht über mich selbst und Zeitgenossen.* München 1963.
W: *By the Waters of Babylon* (1939), dt. *An den Wassern von Babylon – The Inquest* (1944), dt. *Treibgut.*
🕮 Richard Dove. *Journey of No Return.* London 2000.

62. George Orwell (eigentlich Eric Arthur Blair)

(1903 Motihari/Bengalen – 1950 London)

Orwell bittet seine zweite Ehefrau, Sonia Brownell, kurz vor seinem Tod, zu verhindern, daß eine Biographie über ihn geschrieben wird. Seiner Ansicht nach gibt es im Leben eines Schriftstellers nichts, „was für eine Beurteilung seines Schaffens ausschlaggebend wäre." Daß er Schriftsteller werden will, weiß Orwell schon als Fünf- oder Sechsjähriger. Mit dreißig gibt er sein Debüt (*Down and Out in Paris and London*, 1933) und legt sich fortan das Pseudonym George Orwell zu. Einige seiner Biographen – die sich trotz des Verbots nicht von ihrer Arbeit abhalten lassen – behaupten, Orwell habe sich so ein zweites Ich geschaffen, um sein Talent als Künstler und Moralist verwirklichen zu können. Orwell selbst nennt als Grund eine rein praktische Erwägung: „Seine Bücher stünden dann nämlich in der Mitte der Belletristikabteilung, d.h. in Augenhöhe." George Orwell wird in Indien als Sohn eines Kolonialoffiziers geboren, kehrt aber mit seiner Mutter bald nach England zurück. Orwell genießt in Eton eine hervorragende Schulausbildung und geht anschließend zur Kolonialpolizei nach Birma. Sein zunehmender Haß auf den Imperialismus der Engländer veranlaßt ihn jedoch nach fünf Jahren zur Rückkehr. Zunächst als Tellerwäscher in Paris und dann als Tramp in London will Orwell nun das Leben der ‚Unterdrückten' aus der Nähe kennenlernen: Unter schwierigen finanziellen Verhältnissen schlägt er sich durchs Leben. Er hält sich zumeist im Londoner Osten auf, freundet sich mit anderen Stadtstreichern an und schläft in einfachen Pensionen oder unter der Embankment-Brücke. Seine Erfahrungen schreibt Orwell in *Down and Out in Paris and London* auf. Er muß sich jedoch den Vorwurf gefallen lassen, „er habe in den Slums immer nur eine Gastrolle gespielt" (Lewis). Orwell sieht sich gerne in der Rolle des Außenseiters, der glücklich ist, „unter den Ärmsten der Armen, auf dem Grund der abendländischen Welt" zu leben und findet so zu seinem literarischen Thema: die Armut und die Darstellung der von ihr bewirkten seelischen Verkrüppelung. In den folgenden Jahren verdingt sich Orwell als Lehrer, von 1934 bis 1935 als Buchhändler, und nebenbei schreibt er als Journalist und Rezensent. Die Buchhandlung „Booklovers' Corner" (■ 62a: 77 Parliament Hill, NW3, zerstört, aber Plakette South End Road), in der Orwell arbeitet und über der er 1935 auch wohnt, dient heute als Pizzeria. Es befindet sich eine Büste des Autors an der Wand über dem Geschäft. 1935–36 wohnt er in der ■ 62b: 50 Lawford Road (NW5, Hinweistafel). 1936 heiratet Orwell Eileen O'Shaughnessy. Seine finanzielle Lage hat sich allerdings immer noch nicht verbessert, denn er kann sich nicht einmal einen Ehering leisten: „höchstens einen von Woolworth". Bald darauf zieht er als Freiwilliger in den Spanischen Bürgerkrieg. Im Zweiten Weltkrieg ist er Mitarbeiter in der Asien-Abteilung der ■ V2 BBC und sendet Kriegspropaganda in den Fernen Osten. Viele Schauplätze seines utopischen Romans *Nineteen Eighty-Four* (1949) sind an Gebäude in London angelehnt. So verwandelt Orwell das „Senate House" der ■ U1 University of London in das Wahrheitsministerium, und Trafalgar Square wird zum Victory Square, auf dem seine Hauptfigur Winston sich zu einem verbotenen Stelldichein mit seiner Geliebten treffen will. Während des Zweiten Weltkriegs leben die Orwells eine zeitlang im Apartment über der Garage von →H. G. Wells (■ 62c: 13 Hanover Terrace, NW1) und 1941–44 in St John's Wood (zunächst in der ■ 62d Abbey Road, 111 Langford Court). Das Haus, in dem sie von 1942 bis 44 wohnen (■ 62e: 10a Mortimer Crescent, NW6, zerstört), wird von einer Bombe beschädigt. Orwell hat Mühe, das Manuskript *Animal Farm* (1945) aus den Trümmern zu bergen. 1945 lebt er in Islington (■ 62f: 27b Canonbury Square, N1, Hinweistafel). In Notting Hill (■ 62g: 22 Portobello Road, W11, Hinweistafel) hat er ebenfalls zeitweilig (1927/28) gewohnt. Die Kneipe ■ C8 „Crown and Two Chairmen" in Soho (31 Dean Street, W1) frequentiert er oft in Begleitung von →Graham Greene und →Arthur Koestler. 1945 adoptieren die Orwells einen Sohn. Kurz darauf stirbt Eileen. Von ihrem Tod erfährt Orwell in Deutschland, von wo aus er als Kriegskorrespondent für den *Observer* berichtet. Zu weltweitem Ruhm verhilft Orwell sein gegen die Diktatur gerichteter Roman *Animal Farm* sowie der Roman *Nineteen Eighty-Four*, der vor Entwicklungen zur vollständigen Überwachung des Individuums in einem totalitären Staat warnt. Der an Tuberkulose leidende Schriftsteller erliegt 1950 seinem Leiden in einem Londoner Krankenhaus. Kurz vor seinem Tod heiratet er die Redaktionsassistentin der Zeitschrift *Horizon*, in der einige der besten seiner siebenhundert Essays erschienen sind. Er liegt auf dem ■ F5 Kensal Green Cemetry begraben.

O

W: *Down and Out in Paris and London* (1933), dt. *Erledigt in Paris und London* – *Keep the Aspidistra Flying* (1936), dt. *Die Wonnen der Aspidistra* – *Nineteen Eighty-Four* (1949), dt. *1984*.

🕮 Lutz Büthe. *Auf den Spuren George Orwells. Eine soziale Biographie*. Hamburg 1984 – Peter Lewis. *George Orwell: Biographie*. Frankfurt u. a. 1982.

63. John Osborne

(1929 London – 1994 Clunton/Shropshire)

„Freundlich aber brutal, sensibel aber grausam – Osborne hat sich sein Leben lang in Opposition zu den Vorurteilen zu definieren versucht, die die Menschen ihm und der Welt gegenüber hatten. Aus diesen Gegensätzen entsteht in der Tat eine faszinierende und durch und durch theatralische Gestalt" (Gilleman). – John Osborne arbeitet zunächst als Journalist, dann als Schauspieler. Als er arbeitslos wird, beginnt er Stücke zu schreiben. Später ist er Teilhaber einer Filmproduktionsgesellschaft, für die er auch Drehbücher verfaßt. Geboren wird John Osborne in South Kensington (■ 63a: 2 Crookham Road, SW6). Eine weitere Adresse in der Jugend ist in Chelsea (■ 63b: 45 Glebe Place, SW3). Vor ihm hat der Schriftsteller John Galsworthy in diesem Haus gelebt. 1956 wird John Osborne nach der Premiere von *Look Back in Anger* am ■ T8 „Royal Court Theatre“ schlagartig bekannt und berühmt. Das Stück geht in die Theatergeschichte ein, weil Osborne erstmals Ausschnitte aus der Wirklichkeit auf der Bühne darstellt, die sich jenseits der ‚drawing room‘ Komödie bewegen und die Probleme junger, nicht wohlhabender Menschen aufzeigen. Osborne schreibt das Stück in nur siebzehn Tagen. Zu dieser Zeit wohnt er auf einem Boot („M/Y Egret“, Cubitt's Yacht Basin). Nachdem er das Manuskript eingesendet hat, besucht ihn der Regisseur George Devine dort persönlich, weil er es begeistert gelesen hat. Osborne zählt bald zu den wohlhabensten lebenden Dramatikern. Dem weltweiten Erfolg seiner ersten Stücke – darunter auch ein Drama über den Reformator Luther *(Luther, 1961)* – ist es zu verdanken, daß sich das „Royal Court Theatre“ als Bühne etablieren kann, die zeitgenössische Stücke fördert. Resigniert sagt Osborne einmal, sein erstes Stück und die ihm damit aufgedrückte Personifizierung des ‚angry young man‘ habe ihn festgenagelt, wie einen Schmetterling im Glaskäfig. Er bevorzugt bald schon das Leben auf dem Land. Wenn er sich in London aufhält, wohnt er in Chelsea im noblen ■ 63c „Cadogan Hotel“ (75 Sloane Street, SW1). Später verblaßt sein Ruhm, und seine Stücke werden heute öfter in Seminaren besprochen als im Theater gespielt.

A: *A Better Class of Person* (1981) – *Almost a Gentleman* (1991).
W: *Look Back in Anger* (1956), dt. *Blick zurück im Zorn* – *Luther* (1961).
🕮 Luc Gilleman. *John Osborne. Vituperative Artist.* New York/London 2002.

64. Samuel Pepys

(1633 London – 1703 ebd.)

Samuel Pepys lebt, arbeitet und betet mitten im Börsen- und Bankenviertel Londons. Geboren wird er in der Nähe der Fleet Street (■ 64a Salisbury Court, EC4, zerstört; Plakette am Reuters Gebäude, wo einmal das Haus von Pepys Eltern stand). Hier stirbt er auch und wird in der ■ K8 „St Olave's Church“ (Hart Street, offizielle Gedenktafel) nahe dem Tower Hill begraben. Die Nachwelt erfährt erst lange nach seinem Tod von der Existenz der einzigartigen – da unzensierten – Chronik der Stuart-Restauration: seinen Tagebüchern (1660–69). Pepys „ist der Prototyp des Bürgers im Aufstieg, keine herausragende Persönlichkeit, weder Avantgardist noch Reaktionär, ein mittlerer Vertreter der Mittelklasse, Echo der öffentlichen Meinung, Barometer der Stimmungen an der Börse wie bei Hofe, verläßlicher Protokollant und Registrator“ (Winkler) – und ein Glückskind. Trotz niederer Herkunft kann Pepys auf die ■ S4 „St Paul's School“ gehen, in Cambridge studieren und mit Hilfe seines Cousins, dem späteren Grafen Sandwich, eine beispiellose Karriere machen. Pepys wird zum maßgeblichen Mann in der Marineverwaltung, ist mehrmals Parlamentsabgeordneter und Berater Charles' II. Er kümmert sich um alles, was die Marine, die größte Industrie im ganzen Reich, belastet: neben Lohnzahlungen für die Matrosen sind dies auch „die üblichen Kabalen und Intrigen in einer eben erst entstehenden Bürokratie". Zunächst wohnt er mit seiner jungen Frau in Whitehall – damals nur eine Ansammlung von Häusern mit ca. 2000 Zimmern – in den Räumen seines Cousins. 1658–60 hat er in Axe Yard (in der Nähe der Westminster Abbey, zerstört, heute stehen dort Regierungsgebäude) seine erste eigene Bleibe und beginnt dort, sein Tagebuch zu schreiben. 1660 zieht Pepys in einen großen Gebäudekomplex östlich von der Monument-Säule (■ 64b Seething Lane, EC3, Hinweistafel, zerstört). Heute erinnert in der Grünanlage eine Büste an den Standort des Hauses. Hier ist auch sein Büro, das „Navy Office", untergebracht. Anfangs ist Pepys nicht übermäßig viel auf der Arbeit. Er flaniert lieber durch London und zeigt sich gerne von seiner musischen Seite. So geht er häufig in den „St James Park" und spielt auf dem Flageolett, einer besonders hohen Flöte. Buch geführt wird ausgiebig über Mahlzeiten – so verspeist er schon frühmorgens kalte Truthahnpastete und eine Gans – und über amouröse Abenteuer. Daneben berichtet Pepys vor allen Dingen über zwei Ereignisse, die das Stadtbild radikal verändern werden: die Pest 1665, in der ein Sechstel der Bevölkerung stirbt, und ein Jahr später das ‚Große Feuer'. „Am Abend nach Hause zum Essen und höre dort zu meiner großen Beunruhigung, daß die Pest jetzt in die City gekommen ist [...]" Vier Monate später spaziert er durch die City: „Ich ging zum Tower; aber mein Gott, wie leer die Straßen sind und öde [...]" Wenige Tage vor dem Ausbruch des Großen Feuers, dem über 13.000 Häuser und 87 Kirchen zum Opfer fallen werden, schreibt Pepys stolz in sein Tagebuch: „Sehr zufrieden heute über das Vorhaben, die Rücken aller meiner Bücher in meinen neuen Schränken einheitlich vergolden zu lassen." Als er das Feuer aus der Ferne sieht, erkennt er zunächst nicht das Ausmaß der Katastrophe und geht wieder zurück ins Bett. Das Feuer wütet in der City vom Tower im Osten bis zur Fetter Lane im Westen. Bald ist auch Pepys von der Tragweite des Unglücks überzeugt und macht sich daran zu retten, was zu retten ist. „Etwa um vier Uhr früh schickte Lady Batten mir ein Fuhrwerk, um mein ganzes Geld und Silbergeschirr und meine besten Sachen zu Sir W. Rider in Bethnal Green zu bringen. Das tat ich und fuhr selbst im Schlafrock auf dem Wagen mit; und mein Gott, wie die Straßen und Landstraßen voller Leute sind, die laufen und fahren und sich zu jedem Preis Fuhrwerke beschaffen, um Sachen wegzubringen." 1673–74 lebt der Witwer in Crutched Friars (Verlängerung der Hart Street, EC3, zerstört). 1674–79 wohnt er zwischen Whitehall und Westminster in einem Apartment mit Blick auf die Themse („Derby House", zerstört). Ab 1679 quartiert er sich bei seinem Freund William Hewer ein (■ 64c York Buildings, 12 Buckingham Street, WC2, Plakette; die ursprüngliche Treppe existiert dort noch), muß allerdings 1684 zeitweilig in die Nr. 14 umziehen, weil in der Nähe ein Wasserturm aus Holz Feuer fängt und das Haus beschädigt (Plakette an Nr. 14 mit dem Hinweis, daß Pepys hier früher in einem Haus gewohnt hat). Hier trifft er sich mit Mitgliedern der „Royal Society" in seiner Bibliothek. Nach-

P

dem Pepys die Marine verlassen hat, lebt er von 1700 bis zu seinem Tod in Clapham (■ 64d: 29 Clapham Common North Side, zerstört). Der Pub ■ C9 „Samuel Pepys“ (Brooks Wharf, 48 Upper Thames Street, Ecke Stew Lane, EC4) ist dem Autor gewidmet. Jeden Tag wird ein anderes Zitat aus dem Tagebuch angeschlagen. In ■ M9 „Prince Henry's Room“ (17 Fleet Street, EC4) befindet sich eine Dauerausstellung über Pepys.

A: *The Diary* (1825/1893), dt. *Die geheimen Tagebücher*.
🕮 Claire Tomalin. *Samuel Pepys. The Unequalled Self. A Biography*. London 2002.

65. Sylvia Plath

(1932 Boston – 1963 London)

„Ich habe keine Angst davor, daß Gedichte nur relativ wenig Menschen erreichen. Denn tatsächlich reichen sie erstaunlich weit – bis ins Unbekannte [...] und wenn sie Glück haben, reichen sie weiter als ein Leben“, schreibt Sylvia Plath einmal – und sie sollte Recht behalten. Auch heute noch erfreuen sich ihr Werk ebenso wie Biographien über sie anhaltender Beliebtheit. – Es ist 1956. Die Amerikanerin Sylvia Plath ist vor einem halben Jahr mit einem Fullbright-Stipendium nach Cambridge gekommen. Dort lernt sie den Lyriker Ted Hughes kennen. In einem Gedicht schreibt er über das erste Treffen in seiner Londoner Wohnung: „Hier in der Rugby Street Nr. 18, inmitten von Schmutz und viktorianischer Abgestumpftheit wartete ich auf Dich. Für mich war das Haus wie eine große Bühne – vier Stockwerke, in die man aus dem Zuschauerraum hineinsehen konnte. Auf allen Etagen, drinnen wie draußen, wurden Beziehungen durchgespielt, alle Akte und Szenen hindurch.“ Auch die Beziehung der beiden sollte turbulent werden. Nach dem ersten Blitzbesuch weiß Sylvia bald, daß sie Ted Hughes heiraten wird. Die Ehe wird im selben Jahr in der „Church of St George“ geschlossen. Die Hochzeitsnacht verbringt das Paar noch in der ■ 65a: 18 Rugby Street (WC1). Die erste gemeinsame Wohnung befindet sich in der ■ 65b: 55 Eltisley Road (Ilford, dieser Teil der Straße ist nicht erhalten). Nach einem Intermezzo in den USA kehrt das Ehepaar 1959 nach England zurück. Sylvia notiert kurz vor ihrer Überfahrt ins Tagebuch: „Hatte einen schönen Traum unserer Rückkehr nach London: Wir mieteten uns ein Zimmer mit einem Bett im Garten, der voller Narzissen war. Bin mit dem Duft von Erde und leuchtend gelben Blumen in der Nase aufgewacht.“ Dieses Mal geht es nach Camden in die Nähe von Primrose Hill in eine Dreizimmerwohnung (■ 65c: 3 Chalcot Square, NW1, Hinweistafel). Dem Besucher bietet sich ein chaotisches Bild: „Die Etage war so klein, daß alles verquer gestellt schien. [...] Im Wohnzimmer saß man in einer Reihe nebeneinander zwischen einer Bücherwand und einer Bilderwand [...], die ganze Wohnung vermittelte den Eindruck von Leben und Geschäftigkeit. Eine Schreibmaschine stand auf einem kleinen Tisch am Fenster; Ted und Sylvia lösten einander beim Tippen ab, arbeiteten umschichtig“ (Hetmann). Hier wird die Tochter im April 1960 geboren. Die Künstlerehe kommt bald an ihre Grenzen: Plath muß feststellen, daß sie zunehmend als Mutter und Ehefrau des erfolgreichen Lyrikers wahrgenommen wird, nicht aber als ebenbürtige Autorin. Im gleichen Jahr erscheint ihr Gedichtband *The Colossus*. Nach einer Fehlgeburt und Blinddarmoperation zieht das Paar 1961 aufs Land nach Devonshire. 1962 kommt ein Sohn zur Welt. Im Herbst dieses Jahres trennen sich Sylvia Plath und Ted Hughes. Sie zieht mit den Kindern zurück in die Stadt – wieder nach Primrose Hill (■ 65d: 23 Fitzroy Road, NW1). Die Wohnung liegt im 2. Stock. Einst lebte hier der Dichter William Butler Yeats. In der folgenden kurzen Zeit schreibt Plath einige der Gedichte, die posthum in dem Band *Ariel* (1963) veröffentlicht werden. Kurz vor ihrem Tod entsteht die Kurzgeschichte *Snow Blitz*. Plath beschreibt darin ihren Überlebenskampf nach dem verheerenden Kälteeinbruch im Winter 1962/63 in der wie gelähmt daniederliegenden Hauptstadt, der von einem mindestens ebenso großen inneren Drama begleitet wird und zu ihrem Selbstmord führt. Aus der Vorfreude auf den ersten Schnee in England wird für Plath bald ein Albtraum: Wasser gefriert in den Außenrohren, zu einem Strom- und Heizungsausfall gesellt sich schließlich noch eine schwere Erkältung. Plath versucht trotz allem den Alltag überlebbar zu gestalten: „Meine Kinder werden zu beherzten, unabhängigen und zähen Menschen heranwachsen, und in meinem von Schüttelfrösten begleiteten Alter werden sie sich durch die Schlangen kämpfen, um Kerzen herbeizuschaffen, während ich einen wasserlosen Tee braue – *das* wenigstens sollte die Zukunft bringen – auf einem einflammigen Gaskocher in der Ecke. Falls das Gas nicht auch wegbleibt.“ Plath findet Worte für das, was in ihrer Seele geschieht. Die Intensität ihrer Schilderungen nimmt das selbstzerstörerische Ende vorweg. Trotz zunehmenden Erfolgs, ihr Roman *The Bell Jar* erscheint im Januar 1963 unter einem Pseudonym, setzt Sylvia Plath kurze Zeit später ihrem Leben ein Ende: Sie stirbt in ihrem Herd an einer Gasvergiftung. 1982 wird ihr posthum der Pulitzer-Preis verliehen.

P

W: *The Colossus* (1960) – *Ariel* (1963), dt. *Ariel. Gedichte – Johnny Panic and the Bible of Dreams and Other Prose Writings* (1977), dt. *Die Bibel der Träume – Letters Home* (1975), dt. *Briefe nach Hause. 1950–63 – Journals* (1982), dt. *Die Tagebücher* – Ted Hughes. *Birthday Letters* (1998).

🕮 Frederick Hetmann. *So leicht verletzbar unser Herz*. Weinheim 1988 – Elisabeth Bronfen. *Sylvia Plath*. Frankfurt 1998.

66. Alexander Pope

(1688 London – 1744 Twickenham/London)

Alexander Pope, „der größte englische Dichter des 18. Jahrhunderts“ (Müllenbrock), wird in der City (■ 66a Plough Court, 32 Lombard Street, EC3, Hinweistafel, zerstört) geboren. Als Katholik und mit seinem körperlichen Gebrechen hat er es nicht leicht. „Mein armer Pope, mein armer Buckliger, wer hat dir erzählt, daß Gott Dich nicht auch ohne Buckel hätte schaffen können?“, schreibt →Voltaire. Schopenhauer berichtet, daß der Dichter der „papiersparende Pope“ genannt werde, weil er Gedichte auf Papierfetzen und Briefkuverts niederschreibt und diese dann mit Stecknadeln und einem Seidenfaden bestmöglichst zusammenflickt. 1716–19 lebt Pope mit seinen Eltern in der Nähe seines Mäzens Lord Burlington in Chiswick (■66b: 110 Chiswick Lane South, zerstört, W4, heute Mawson's Buildings, Ecke Great West Road; Hinweistafel am „Mawson Arms Pub"). In ■ 66c „Chiswick House" (Burlington Lane, W4) sind heute noch Porträts und Bilder aus Popes letzter Wohnstätte in Twickenham zu sehen. Der klassizistische Dichter verbindet in *Windsor Forest* (1713) Landschaftsdichtung mit historischen Reminiszenzen und aktueller politischer Reflexion. Zwar tut sich Pope auch als Satiriker hervor, die bestehende gesellschaftliche Ordnung greift er aber nicht an. Er geht von einer nicht veränderbaren universellen Seinsordnung aus, in der jeder seinen festen Platz hat. In *The Rape of the Lock* (1714), einem scherzhaften Heldengedicht, übt er Kritik an der mit Trivialitäten beschäftigten Londoner Oberschicht. 1719 kehrt der Dichter der Hauptstadt endgültig den Rücken und zieht nach Twickenham (■ 66d Crossdeep an der Grotto Road, in der Nähe von Strawberry Hill, zerstört). Gründe für diesen Schritt finden sich in seinem Gedicht *A Farewell to London. In the Year 1715*: „Liebe, verdammte, ablenkende Stadt: Lebe wohl! / Deine Narren werde ich nicht mehr ärgern: / Dieses Jahr könnt ihr Dichter in Ruhe leben, / Ihr Huren schlaft wohl! [...] Warum sollte ich Freundschaften mit den Großen suchen, / Wenn ich keinen Gefallen benötige? / Oder Mädchen sieben von acht Stunden? / Ich brauche sie nur einmal die Woche. / Luxuriöse Hummernächte adieu, / Jetzt kommen nüchterne, geruhsame Tage! [...]". In Twickenham widmet er sich ausgiebig der Landschaftsgestaltung und legt einen kunstvollen Miniaturgarten an. Heute ist nur noch die Grotte erhalten (■ 66e „Pope's Grotto", St Catherine's College, Twickenham). Pope liegt in der Kirche „St Mary the Virgin" (Church Street, Twickenham) begraben. Auf einem Denkmal, das für ihn errichtet worden ist, steht: „Für einen, der in Westminster Abbey nicht begraben werden wollte."

W: *The Rape of the Lock* (1714), dt. *Herrn Alexander Popens Lockenraub – Poems in Facsimile*. Aldershot 1988.

🕮 Netta Murray Goldsmith. *Alexander Pope: The Evolution of a Poet*. Aldershot 2002.

67. Beatrix Potter

(1866 London – 1943 Sawrey)

Wenn man bedenkt, daß Beatrix Potter bereits als Kind in Kensington (■ 67: 2 Bolton Gardens, SW5, zerstört, Hinweistafel Ecke Old Brompton Road, heute befindet sich an der Stelle eine Schule) mit einem ganzen Zoo aufwächst, verwundert es kaum, daß sie später Hasen, Igel, Enten oder Mäuse zu den Protagonisten ihrer Kinderbücher macht. Die Tochter eines Rechtsanwalts, der, nachdem er ein Vermögen aus der Baumwollindustrie in Lancashire geerbt hat, seiner Leidenschaft für Kunst nachgibt, kommt schon früh mit dem Künstlermilieu in Berührung. Zunächst zeichnet sie ihre eigenen Tiere und verbringt viel Zeit im „Victoria & Albert Museum" oder im „Natural History Museum". Die Naturbegeisterung wird während der Sommeraufenthalte der Familie in Schottland noch verstärkt. Als Erwachsene engagiert sie sich für den Naturschutz und vermacht dem „National Trust“, einer privaten Einrichtung, die sich die Erhaltung historisch bedeutender Gebäude und Landschaften zur Aufgabe gemacht hat, 1619 Hektar Land. Die weltbekannte Autorin und Illustratorin will ursprünglich Naturforscherin werden. Mit viel Engagement widmet sie sich in jungen Jahren der Erforschung von Flechten und Pilzen. Sie schreibt darüber sogar eine Abhandlung, da sie glaubt, eine Methode zur Züchtung von Sporen entdeckt zu haben und hält 1897 einen Vortrag vor der berühmten „Linnean Society“ (Burlington House, Piccadilly, W1). Ihr Beitrag stößt auf Unverständnis. Erst hundert Jahre später wird die Richtigkeit ihrer Ergebnisse bestätigt. Enttäuscht von ihrem Mißerfolg wendet Potter sich verstärkt dem Zeichnen zu. Ihre Kaninchenbilder werden zunächst als Weihnachtspostkarten publiziert. Den Anstoß zum Schreiben ihrer Geschichten erhält sie, als sie dem kranken Sohn ihrer ehemaligen Gouvernante schreibt, um ihm bei der Genesung die Zeit zu vertreiben. Potter versieht den Brief mit Anekdoten und Illustrationen, die die Abenteuer ihrer Haustiere nachzeichnen. So entsteht *The Tale of Peter Rabbit* (1900). Da sich später kein Verleger hierfür findet, erscheint die Geschichte in Eigenregie. Erst 1902 wird sie von einem Verlag publiziert. Beatrix verläßt spät das Elternhaus: Die geplante Hochzeit mit ihrem Verleger kommt nicht zustande, da er stirbt. Aus dem Erlös ihrer Bücher kauft sie sich mit 39 Jahren einen Bauernhof im Lake District, den sie selbst bewirtschaftet. *Peter Rabbit* geht nicht nur als Kinderbuch, sondern auch als klassisches Ballett (*Tales of Beatrix Potter* vom Royal Ballet) und als erste patentrechtlich geschützte Figur mit Merchandising-Produkten wie Tapeten-, Stoffmustern und einer Steiff-Puppe in die Geschichte ein. Neben den 23 *Peter Rabbit*-Büchern, den meist verkauften Kinderbüchern aller Zeiten, hat Beatrix Potter auch als Malerin Beachtung gefunden.

P

W: *The Tale of Peter Rabbit* (1900), dt. *Die Geschichte von Peter Hase – Die gesammelten Abenteuer von Peter Hase*. Zürich 1988.
📖 Harriet Castor. *Beatrix Potter*. London u. a. 2002.

68. John Boyenton Priestley

(1894 Bradford – 1984 Alveston/Warwickshire)

„Ein Pfund pro Woche und eine Hütte, das war alles, was ich wollte.“ Auf diesen niedrigen Ansprüchen fußt die nicht geplante literarische Karriere des Vielschreibers J. B. Priestley. Der Hauptstadt steht er zunächst mit Gleichgültigkeit gegenüber – „London, das war für mich einfach ein Ort, an den die meisten Manuskripte geschickt werden mußten“ – und bleibt Nordengland zeitlebens sehr verbunden. Nach Kriegsende und einem Studium in Cambridge zieht er 1922 nach London. Er hat keine beruflichen Aussichten, will dort aber freiberuflich arbeiten. „Ich hatte eine Frau und konnte bald ein Kind haben, und unser Gesamtkapital betrug genau fünfzig Pfund.“ Gewohnt wird trotzdem in einer großen Wohnung zwischen Chelsea und Fulham: „Es war belebt und laut mit Straßenhändlern, fetten

Frauen, die in der Eingangstür von Pubs Starkbier tranken, jungen Müttern, die verschrumpelte Babies anschrieen.“ Kontakte aus der Studienzeit verhelfen ihm zu ersten Aufträgen als Journalist. Später arbeitet er an einem Vormittag in der Woche als Lektor in der Vigo Street bei John Lanes Verlag „Bodley Head“ (heute ein Imprint von „Random-House“) und befürwortet u. a. die ersten Romane von →Graham Greene. Nach einer außerhalb Londons verbrachten Zeit – seine erste Frau stirbt an Krebs – wohnt er 1929–31 in Hampstead (■ 68a: 27 Well Walk, NW3, heute Nr. 28) in einem Haus aus der Queen Anne-Zeit. Für Priestley ist London ein „wucherndes Monster“, durch das er gerne spaziert. Oder er nimmt den Bus und die Trambahn, um in die entlegenen Vororte zu fahren. Im Laufe der Jahre schreibt er viele Essays über die Stadt, und vor allem die Romane *Angel Pavement* (1930) und *They Walk in the City* (1936) spielen hier; letzteren verfaßt er allerdings in erster Linie in Arizona. 1932 entdeckt J. B. Priestley die Bühne für sich – zunächst ohne Erfolg. Über *Dangerous Corner* (1932) heißt es: „Dies ist Mr. Priestleys erstes Theaterstück, und es macht uns nichts aus, wenn es auch sein letztes ist.“ 1947 landet er mit *An Inspector Calls* (1946) im ■ T10 „Old Vic“ (Waterloo Road, SE1) einen Welterfolg. Es folgen unzählige Inszenierungen, auch an deutschen Bühnen. In späteren Jahren gründet Priestley eine eigene Theatergruppe und schreibt Filmdrehbücher. 1935–39 wohnt er in Highgate (■ 68b: 3 The Grove, N6, Hinweistafel). Der Dichter Coleridge hatte hier ebenfalls einmal gewohnt. 1940 entgeht Priestley nur durch glückliche Umstände dem Tod. Um für seine Nachtsendung bei der ■ V2 BBC in erreichbarer Nähe zu sein, übernachtet er im ■ 68c „Langham Hotel“ (1 Portland Place, W1, heute „Hilton Langham Hotel“). Als er gebeten wird, eine Sondersendung über den Blitzkrieg zu machen, geht er nur mißmutig zum Sender. „Das Zimmer, in dem ich mich einer langen Nachtruhe zu erfreuen gedachte, befand sich in jenem Teil des Hotels, der von einer Bombe wegrasiert wurde. Wahrscheinlich hätte die lange Nacht ewig gedauert.“ Priestley zieht während des Krieges ins ■ 68d „Albany“ (Piccadilly am Albany Court Yard, Apartments B3 und B4, W1), das auch seine Londoner Adresse bleibt, nachdem er außerhalb der Hauptstadt lebt. Er ist dreimal verheiratet, verrät aber selbst in seinen Autobiographien nicht viel über sich als Privatperson. Als Autor hält er sich für „zu konventionell für die Avantgarde, zu experimentell für Tante Edna; zu extrovertiert für die Introvertierten, zu introvertiert für die ganz Oberflächlichen; den Intellektuellen erscheine ich als Biedermann, den Biedermännern als Intellektueller.“ In seinen Theaterstücken versucht Priestley ein Äquivalent zu der Bewußtseinsdarstellung in Romanen, wie Virginia Woolf sie schreibt, zu schaffen. 1977 erhält er den „Order of Merrit“.

A: *Midnight on the Desert* (1937) – *Rain Upon Godshill* (1939) – *Margin Released* (1962), dt. *Der fröhliche Nörgler*.

W: *Angel Pavement* (1930), dt. *Engelgasse* – *They Walk in the City* (1936), dt. *Abenteuer in London* – *Dangerous Corner* (1932), dt. *Gefährliche Kurven* – *An Inspector Calls* (1947), dt. *Ein Inspektor kommt*.

🕮 John Braine. *J. B. Priestley*. London 1978.

69. Jean Rhys

(1890 Roseau/Domenica – 1979 Exeter)

„Es ist idiotisch, neugierig auf die Person zu sein", schreibt Jean Rhys in ihren autobiographischen Schriften. Obwohl sie betont, daß die Umgebung in der sie lebt, immer sehr wichtig für sie gewesen ist, bleiben ihre genauen Wohnadressen in London unbekannt. Rhys kommt 1907 aus der Dominikanischen Republik voller Erwartungen nach England: „Es würde fremd und wunderbar sein, mit viel Schnee und Hagel – was war Hagel? – und großstädtischen Straßen; die Straßen würden voll sein von wunderschönen, eleganten Frauen, die selbstbewußt am Arm von großen Männern mit ruhiger Stimme gingen." Die Sechzehnjährige lebt mit ihrer Tante in einer Pension in Bloomsbury. „Es könnte am Upper Bedford Place gewesen sein", schreibt sie (heute Bedford Way). Sie ist schon bald enttäuscht von London. „Zum Beispiel gefiel mir ■ K1 Westminster Abbey von außen, aber dann gingen wir hinein, und ich fand, das Ganze war ein Durcheinander, ein Sammelsurium von Statuen und Gedenktafeln. Man kann sich kaum rühren, dachte ich", und den „Zoo, den verabscheute ich ganz einfach." Rhys geht auf die ■ S5 „Akademie der Dramatischen Kunst" (heute RADA, damals „Tree's Schule", 62–64 Gower Street, WC1, nicht ursprüngliches Gebäude), um Schauspielerin zu werden. Ihr Fazit: „Ich habe nichts auf der Schule gelernt außer der exakten Bedeutung des Wortes Snob." Ohne ihre Ausbildung abschließen zu können, arbeitet sie für verschiedene Tournee-Theater. Später ist sie für *Cinderella* am ■ T11 „Old Lyceum Theatre" (dem Vorläufer des heutigen „Lyceum Theatre", Wellington Street, WC2) engagiert. 1914 wohnt sie am Rande von Chelsea in World's End. Sie hat eine Affäre mit einem älteren, reichen Börsenmakler und leidet später sehr unter der Trennung. Rhys bewohnt ein Apartment in der Langham Street, dann ein Zimmer in Bloomsbury („Carrington Hotel", zerstört). 1917 lebt sie in einer billigen Pension am Torrington Square und lernt hier ihren späteren Mann, den Journalisten Jean Lenglet, kennen, dem sie 1919 auf das europäische Festland folgt. In Paris trifft Rhys auf den Herausgeber der Zeitschrift *English Review*, →Ford Madox Ford, mit dem sie eine Affäre beginnt, und der einige ihrer Geschichten veröffentlicht. 1927 kehrt sie zurück nach London. 1934 wohnt sie zusammen mit ihrem zweiten Mann, dem Literaturagenten Leslie Tilden Smith, am eleganten Paulton Square in Chelsea – es ist der Beginn ihrer produktivsten Phase. Ihre Heldinnen sind modern, heimatlos und einsam. Sie müssen sich in einer sich ständig verändernden Welt zurechtfinden. Rhys' Stimme ist desillusioniert und ehrlich. Sie schreibt, um sich über sich selbst und ihr Leben klar zu werden: „Ich kann mir nichts ausdenken, ich kann nichts erfinden." Ihre Prosa ist bildhaft und exakt, die Sprache knapp. Es gibt keine Liebe für ihre Heldinnen, nur Leere und den Ausweg des Todes. *After Leaving Mr Mackenzie* (1930) spielt in Paris und London. Die Städte „bestehen aus Einzelheiten, Klein-Bühnenbildern, Interieurs und Exterieurs, zusammenhangloser Szenerie für eben eine Kette von Zufällen". 1960 zieht Rhys nach Devon und schreibt erst hier den Roman, der

R

sie berühmt machen wird: *Wide Sargasso Sea* (1966), eine Bearbeitung des *Jane Eyre*-Stoffes von →Charlotte Brontë, in dem sie sich mit ihrer doppelten Identität als Tochter englischer Eltern, die in der Dominikanischen Republik aufgewachsen ist, auseinandersetzt. Der Ruhm kommt zu spät. Jean Rhys verfällt zunehmend dem Alkohol. Im West End lief ein erfolgreiches Stück über ihr Leben (*After Mrs Rochester*, 2003, von Polly Teale im ■ T12 „Duke of York's Theatre", St Martin's Lane, WC2).

A: *Smile Please* (1979), dt. *Lächeln bitte! Unvollendete Erinnerungen.*
W: *After Leaving Mr Mackenzie* (1930), dt. *Nach der Trennung von Mr. Mackenzie – Wide Sargasso Sea* (1966), dt. *Sargassomeer.*
🕮 Carole Angier. *Jean Rhys. Lives of Modern Women.* Harmondsworth 1985.

70. Samuel Richardson

(1689 Mackworth – 1761 London)

Samuel Richardson wohnt die meiste Zeit seines Lebens in der Nähe der Fleet Street (Blue Ball Court und ab 1722 Salisbury Court, EC4) und unterhält dort auch seine Druckerei. Er druckt Gesetzestexte für das House of Commons und Zeitungen. Bald ist er einer der führenden Drucker Londons. Morgens steht er um fünf Uhr auf, und sein erster Gang führt ihn in die Druckerei, die sich bald über mehrere Häuser erstreckt. Eine Zeit lang besitzt Richardson ein Landhaus in Fulham (North End Road). 1754 kauft er ein Haus zwischen Fulham und Chelsea (■ 70: 247 New King's Road, SW6, mit Blick auf den Parson's Green; nicht ursprüngliches Haus, heute unten ein Restaurant). Vor ihm hat Catherine of Aragon hier gelebt. „Seine Villa ist im gleichen Stil gehalten wie seine Bücher geschrieben sind. Jedes kleinste Detail ist bedacht, immer mit der Absicht, daß es nützlich ist oder Gefallen hervorruft. Nicht ein Zentimeter in seinem Garten ist unverziert, selbst sein Geflügel wird glücklich, weil es fünfzig kleine Vorrichtungen gibt. Sein Haus ist nicht nur für die Familie da, sondern auch für Freunde, arm oder reich, denen die Luft und Erholung gut tun mag" (Eaves/Kimpel). Erst im Alter schreibt Richardson Romane: „Scheinbar mußte es in seinem Leben doch noch etwas anderes geben, auf jeden Fall in seinen Gedanken, weil dieser respektable alte Bürger plötzlich in seiner Phantasie eine junge Dienerin wurde" (ebd.). In dem Briefroman *Pamela: Or Virtue Rewarded* (1740) wird die minderbemittelte, tugendhafte Heldin zur Hausherrin, indem sie ihren durchtriebenen Verehrer davon überzeugt, sie zu heiraten anstelle eine unmoralische Affäre mit ihr einzugehen. Richardson stellt den Frauen in seinen empfindsamen Romanen unverblümt moralische und religiöse Benimmregeln auf. Im Mittelpunkt steht nicht die äußere Handlung, sondern die Widergabe des subjektiven Erlebens der Frauen. Richardson liegt im Kirchhof der ■ K9 „Church of St Bride's" (Fleet Street, Ecke New Bridge Street, EC4) begraben.

W: *Pamela; Or, Virtue Rewarded* (1740), dt. *Pamela oder die belohnte Tugend – Clarissa; Or, the History of a Young Lady* (1747f.), dt. *Die Geschichte der Clarissa, eines vornehmen Frauenzimmers.*
🕮 T. C. Duncan Eaves und Ben D. Kimpel. *Samuel Richardson: A Biography.* Oxford 1971.

71. Vita Sackville-West

(1892 Knole – 1962 Sissinghurst)

Die 1920er und 30er Jahre sind für Vita Sackville-West die produktivste Phase als Autorin. Zu dieser Zeit ist sie häufig in London, obwohl Städte ihr eigentlich zuwider sind. So bleiben ihre Auftritte in der Metropole auch immer nur Stippvisiten. Die Welt ihrer Dichtung ist für Vita die ländliche Idylle, und sie zieht herrschaftliche Landsitze der großstädtischen Betriebsamkeit und Enge vor. Einer der wenigen für sie angenehmen Orte in London ist das ■ C10 Restaurant im Hotel „Ritz" (150 Piccadilly, W1), wo sie häufig gesehen wird. „Vita SW ist innerhalb der literarischen Gesellschaft Londons, um in ihrer Sprache zu bleiben, für die einen ein Findling in der Landschaft und für die anderen ein Fremdkörper" (Glander). Kritiker drücken ihr den Stempel „zickig-kindlich-naiv" auf oder deklassieren sie als „Bloomsbury-Mitläuferin mit einer ungestümen aristokratischen Aura" (ebd.). →Virginia Woolf äußert sich ebenfalls wenig charmant über das schriftstellerische Können ihrer zeitweiligen Geliebten: Sie hält sie für eine Autorin, „die sich Romane für schlafwandelnde Dienstmädchen ausdenken muß" und niemals Neuland erobert. Von Vita als Frau ist sie allerdings so sehr fasziniert, daß sie der bisexuellen Aristokratin 1928 ein Denkmal mit der Orlando-Figur setzt, die eine Vielzahl von Ichs in sich vereint und Frauen wie Männer anzieht. Als Virginia ihr von dem geplanten Roman *Orlando* schreibt, antwortet Vita erfreut: „Wenn ich jemals vor Begeisterung und Schreck gezittert habe, dann bei der Aussicht, in die Form von Orlando gegossen zu werden." – Unbestritten bleibt, daß Sackville-Wests Romane zu ihren Lebzeiten ein wesentlich größeres Publikum finden als die von Virginia. Die Woolfs publizieren ihre Bücher erfolgreich in ihrem Verlag, der ■ V10a 9 „Hogarth Press" (Paradise Road, Richmond; ab 1924 ■ V10b 52 Tavistock Square, WC1, zerstört). Vita bleibt in ihrem Werk der Tradition und der Nostalgie verhaftet. Sie ist sehr vielseitig, schreibt neben Romanen Gedichte, Kurzgeschichten, Essays und journalistische Glossen. Die beiden Romane *All Passion Spent* (1931) und *Family History* (1932) spielen in London. Als Autorin verdient sie Geld, um finanziell unabhängig von ihrer exzentrischen Mutter Lady Sackville zu werden. Ihren Mann Harold Nicolson lernt sie 1910 auf einer Abendgesellschaft kennen. Das Paar sieht sich aber nur selten, da Nicolson als Diplomat häufig im Ausland lebt. In den späten 1920er Jahren ist Vitas Stadtdomizil in Pimlico (■ 71a: 182 Ebury Street, SW1, Hinweistafel) in einem weißen, schmucklosen und kastenförmigen Haus. Von 1930 bis 1945 dient ihr ■ 71b: 4 King's Bench Walk (EC4, City) als Londoner Adresse. Ihr Geburtshaus „Knole" in Sevenoaks (Kent) ist für die Öffentlichkeit zugänglich.

W: *All Passion Spent* (1931), dt. *Erloschenes Feuer* – *Family History* (1932), dt. *Eine Frau von vierzig Jahren.*

🕮 Victoria Glendinning. *Vita Sackville-West: Eine Biographie.* Frankfurt 1997 – Angelika Glander. *Lieber glorreich scheitern als schäbig siegen. Vita Sackville-West.* Berlin 1997.

S

72. Johanna Schopenhauer

(1766 Danzig – 1838 Jena)

Mit der englischen Sprache und Kultur kommt Johanna zum ersten Mal durch ihren Privatlehrer, den schottischen Theologen Richard Jameson, in Berührung. 1784 geht sie eine Vernunftehe mit dem fast zwanzig Jahre älteren Kaufmann Heinrich Floris Schopenhauer ein. Als dieser drei Jahre später eine gemeinsame Reise nach England plant, bricht sie in große Verzückung aus: „Reisen sollte ich, reisen! England sehen! [...] Mir schwindelte vor Freude, ich glaubte zu träumen, als mein Mann die Aussicht auf dieses nie geahnte Glück mir eröffnete." Doch die Fahrt muß schon bald abgebrochen werden. Der Gesundheitszustand der Schwangeren ist kritisch, und so erblickt Sohn Arthur, anders als geplant, auf deutschem Boden das Licht der Welt. 1803 findet dann endlich die ersehnte Europa-Reise statt, die für Johanna zum entscheidenden Bildungserlebnis wird. Von Mai bis Ende Juni sind sie in London und sehen die Stadt am Beginn der industriellen Revolution. Im September schließt sich eine Rundreise durch England und Schottland an. Ihre viele Jahre später erscheinende Reisebeschreibung *Reise durch England und Schottland* (1813/14) sieht sie als ihr erstes literarisches Werk an. Erst als Witwe findet sie zu ihrer schriftstellerischen Berufung. Nach dem Tod ihres Mannes ist sie eine der wenigen Autorinnen, die vom Erlös ihrer Arbeit leben mussen. Das London-Kapitel zählt zu dem „Wertvollsten, was Johanna Schopenhauer geschrieben hat" (Paul). England ist für die Schopenhauers der Inbegriff von Sicherheit und Stabilität. Deshalb übt Johanna wenig Kritik an den dortigen Verhältnissen. Sie wirft einen weiblichen Blick auf das häusliche Leben und bemüht sich, einen objektiven Bericht über die Landessitten zu liefern. Die Familie steigt zunächst südlich der Themse im ■ 72 „York-Hotel" (Ecke Waterloo Road und York Road; heute Tenison way, SE1, zerstört) ab. Danach zieht sie in eine stille Wohnung in einem Privathaus. Die Londoner Wohnverhältnisse beeindrucken Johanna wenig: „Eigentlich wohnt man im Durchschnitt in London nicht sonderlich." Selbst den „St James's Palace" bezeichnet sie als ein „königliches Rattennest." Allein „Hampton Court Palace" (East Molesey/ Surrey) und die ihn umgebende Landschaft begeistern sie: „gibt es einen Ort, wo man alles Leid vergangener Zeiten vergessen könnte in stiller, ruhiger Abgeschiedenheit, in einer himmlischen Gegend, so ist es hier, an diesen freundlichen Ufern der Themse." Da ihr nicht genügend Zeit bleibt, um alle Sehenswürdigkeiten anzusehen, kommt sie zu dem Schluß, daß man in London „entbehrend zu genießen wissen und lieber [...] nur etwas mit Muße betrachten [...]" sollte. Johanna weiß auch über Kurioses zu berichten: Es ist leichter bei Hofe eingeführt zu werden als Eintritt in gute Privathäuser und Familien gewährt zu bekommen, und im ■ G3 Tower werden die Juwelen in einem kleinen steinernen, ganz dunklen Gewölbe wie in einem Gefängnis hinter eisernem Gitter von einer „drachenähnlichen" alten Schatzhüterin dargeboten.

W: *Reise durch England und Schottland* (1813/14).

🕮 Carola Stern. *Alles, was ich in der Welt verlange*. Köln 2003.

73. Kurt Schwitters

(1887 Hannover – 1948 Kendal/Cumbria)

„Ein fertig gemachter Poet" – wie der Titel einer Collage von Schwitters aus dem Jahr 1947, so lautet auch das Fazit eines Biographen über Schwitters Erfahrungen im englischen Exil: „Es waren Jahre vergeblicher Anstrengungen, Anerkennung, öffentliche Resonanz zu finden" (Nündel). Der Maler abstrakter Kunst (und Schöpfer der MERZ-Kunst; später als Inbegriff seiner künstlerischen Tätigkeiten verwendet), Schriftsteller und Anreger der Konkreten Poesie lebt im Exil verarmt. Schwitters emigriert 1937 zunächst nach Norwegen. 1940 folgt auf seine Ankunft in Schottland die Internierung, zuletzt auf der Isle of Man. Er findet hier Weggefährten und ein Publikum, das ihn versteht, weil es in seiner Kultur zuhause ist. Außerdem kann er sich von den Arbeitsdiensten freikaufen, indem er Porträts malt. Aber Schwitters kämpft schwer mit dem Los des Eingesperrten: „Zwar lebe ich nicht in Ketten, / doch bin ich tot, ich schlafe. / Ich bin gefangen, gefangen [...] was habe ich getan? / Und weshalb sperren sie mich ein? / Ein Flüchtling bin ich, / Das ist alles." 1941 wird Schwitters entlassen und wohnt mit seinem Sohn, für den er den Haushalt besorgt, in London, ■ 73a: 3 St Stephen's Crescent (W2). Nach Deutschland schreibt er: „Wir leben hier den Verhältnissen entsprechend so gut, daß wir sehr dankbar sein können. Ernst und ich haben ein Haus, in einem Garten, der im Sommer voller Rosen ist." Es entstehen sporadisch kleine literarische Arbeiten über die Zeit in London, auch auf Englisch (*London. A Fairy Tale*, *The Landlady* und *On the Bench*). Seine Porträtzeichnungen werden zur Hauptverdienstquelle. 1942 zieht er nach Barnes, ■ 73b: 39 Westmoreland Road (SW13, Hinweistafel), und 1945 in den Lake District nach Ambleside. Seine letzten Jahre sind von Krankheit geprägt.

W: *Wir spielen, bis uns der Tod abholt. Briefe aus fünf Jahrzehnten.* Frankfurt/Berlin 1975 – *Das literarische Werk. Prosa 1931–1948.* Köln 1975.

📖 Stefan Themerson. *Kurt Schwitters in England, 1940–1948.* London 1958.

74. William Shakespeare

(1564 Stratford-upon Avon – 1616 ebd.)

Angesichts der sehr geringen gesellschaftlichen Stellung elisabethanischer Theaterautoren verwundert es nicht, daß nur sehr spärliche Informationen über Shakespeares Leben überliefert sind: Stücke waren damals Gebrauchsliteratur, und Biographien verfaßte man nur über prominente Männer des öffentlichen Lebens. Einiges ist dennoch bekannt: Geboren wird Shakespeare in Stratford-upon-Avon. Dort heiratet er auch Anne Hathaway, die mit den Kindern zurückbleibt, während er sein Glück als Schauspieler in der Hauptstadt sucht. Es spricht vieles dafür, daß Shakespeare als Lehrjunge beginnt, lange bevor er Stücke schreibt und 1592 von der führenden Theatergruppe, den „Lord Chamberlain's Men", engagiert wird. Er spielt im

■ T13 „Theatre“ (Hinweistafel am Haus 86–88 Curtain Road, EC2, zerstört), dem ersten permanenten Theater in England, und ab 1597 im „Curtain Theatre“ in der gleichnamigen Straße. Damals ist das Stadtbild ein völlig anderes: das West End ist noch Grasfläche, und London erstreckt sich im Osten nur bis Clerkenwell. Die meisten Theater befinden sich südlich der Themse in Southwark. So auch das „Globe Theatre“, an dessen Bau Shakespeare sich finanziell beteiligt (■ T14a Südsseite der Park Street, östlich der Southwark Bridge Road, SE1, Hinweistafel an der Wand der Courages Brauerei). Hier werden ca. 15 seiner Stücke zu seinen Lebzeiten inszeniert. Bereits 1613 fällt das Theater einem Feuer zum Opfer, entfacht durch Kanonenschüsse bei der ersten Aufführung von *Henry VIII*. Das Theater wird wieder aufgebaut, aber 1644 von den Puritanern geschlossen. Ein paar Straßen weiter in westlicher Richtung wird es 1997 als ■ T14b „Shakespeare’s Globe Theatre“ (New Globe Walk, SE1) originalgetreu rekonstruiert: mit Fachwerk und Materialien wie Ziegenhaar und Ried, einem in Galerien abgeteilten, kreisförmigen Auditorium und einer großen Freifläche mit Stehplätzen für hartgesottene Theaterfreunde in der Mitte. Hier kann man unter freiem Himmel sehr billig das Treiben auf der Bühne verfolgen. Dem Bau vorangegangen waren langwierige Streitigkeiten mit dem Stadtrat in Lambeth, der das Land nicht verkaufen, sondern dort Sozialwohnungen bauen lassen wollte. Heute wird das Theater im Sommer als ‚Open Air-Theater‘ für Inszenierungen von Shakespeares Stücken genutzt. Eine völlige Sicherheit über Shakespeares Autorschaft der im ‚First Folio‘ erschienenen ersten Gesamtausgabe des Werkes von 1623 steht noch ebenso aus, wie der Beweis des Gegenteils. Eine Dauerausstellung im Theater gibt ganzjährig eine Einführung in die Welt der Shakespeare Zeit. Das Elisabethanische Theater legt nicht viel Wert auf örtliche Angaben, wie dies in den realistischen Dramen später der Fall ist. Selbst in Shakespeares historischen Dramen sind die Hinweise auf reale Schauplätze in London nur sehr spärlich. Einige seiner Stücke werden auch gar nicht in Theatern aufgeführt, sondern z. B. in den ■ U2 Inns of Court, wie die *Comedy of Errors* (1594 in der „Gray’s Inn Hall“) und *Twelfth Night* (1601, „Middle Temple Hall“). Der direkte Verweis auf das Gebiet südlich der Themse in *Twelfth Night* hat Seltenheitswert: „In den südlichen Vororten bei Elephant wohnt man am besten.“ Shakespeare selbst läßt sich aber nördlich der Themse nieder. 1598 soll er in der ■ 74a Great St Helen’s Street gewohnt haben (in der Nähe der Kirche St Helen’s Bishopsgate und der heutigen Bank of England) und von 1598 bis 1600 in der Silver Street zwischen Wood Street und Noble Street – von der heute keinerlei Überreste mehr vorhanden sind. Hier hat er angeblich auch die Dramen *Much Ado About Nothing* (1600) und *As You Like It* (1599) geschrieben. 1613 hat Shakespeare im ■ 74b Ireland Yard (EC4) in Blackfriars ein Haus gekauft, das durch das ‚Great Fire‘ 1666 zerstört wird. In ■ K1 Westminster Abbey ist ihm 1740 ein Denkmal in der Dichterecke errichtet worden. In der ■ K2 Southwark Cathedral findet sich als Andenken an Shakespeare, der hier auch zur Messe gegangen sein soll, ein lebensgroßes Bildnis aus Alabaster. In den Buntglasfenstern sind Szenen aus seinen

Stücken dargestellt. Die First Folio-Ausgabe, die Schauspielkollegen nach Shakespeares Tod veröffentlicht haben, wird heute in der ■ LT5b British Library (96 Euston Road, NW1) aufbewahrt.

W: *The Oxford Shakespeare: The Complete Works*. St. Wells u. G. Taylor (Hrsg). Oxford 1998, dt. *Gesamtausgabe*. 39 Bde. Cadolzburg 2003.
🕮 Joseph Sobran. *Genannt Shakespeare*. Köln 2002.

75. George Bernard Shaw

(1856 Dublin bis 1950 Ayot St Lawrence/Hertfordshire)

„Unbeschäftigt“: So beschreibt George Bernard Shaw 1877 seinen ersten Sommer in London. Ein Jahr zuvor ist der Ire in das Haus seiner Mutter nach Fulham (■ 75a: 13 Victoria Grove, heute Netherton Grove, SW10, zerstört) gezogen, und lebt auf deren Kosten. 1882 zieht er mit ihr und einer Schwester ins Zentrum Londons nach St Pancras (■ 75b: 36 Osnaburgh Street, NW1, zerstört), fünf Jahre später dann ins West End. Shaws erster Auftritt in der englischen Öffentlichkeit markiert den Beginn seines sozialen Engagements und macht mit der Zeit aus dem schüchternen Iren einen „notorischen Freiluftredner“ (Holroyd): „Ich habe mir bei der britischen Öffentlichkeit das erste Mal Gehör verschafft, als ich unter dem Getöse einer Blaskapelle auf einer Kiste im Hyde Park stand, und zwar deshalb, weil alle Dramatiker und Mimen mit Talent geborene Scharlatane sind.“ Besonders springt dem aus ärmlichen Verhältnissen stammenden Iren die Armut ins Gesicht. Londons Schmutz, Alkohol- und Wirtschaftsprobleme machten aus Shaw einen Sozialisten. Er tritt der Gesellschaft der „Fabier“ bei und wird zusammen mit →William Morris zu einem großen Verfechter des Sozialismus. Die „Fabier“ wollen auf einen Sinneswandel und Veränderungen in der englischen Gesellschaft hinwirken: mit literarischer und soziologischer Kompetenz aber ohne Blutvergießen. Von den literarischen Arbeiten Shaws erfährt die Öffentlichkeit jahrelang nichts. Er schreibt fünf Romane – darunter auch den ersten englischen Roman, der unter dem Einfluß von Karl Marx entsteht (*An Unsocial Socialist*, 1887) – die lange kein Verlag veröffentlichen will. Shaw gibt ein kurzes Intermezzo in der Wegerecht-Abteilung der „Edison Telephone Company“, ab 1885 ist er als Musik- und später als Theaterkritiker tätig. Dann entsinnt er sich eines Besseren, wendet sich dem Theater zu und wird zu einem „Wegbereiter des modernen britischen Dramas“ (Krieger). Shaw wird berühmt mit seinen realistischen Ideen- und Diskussionsdramen, bei denen die Handlung zurückgedrängt ist, und die typisierte Figuren zeigen. Shaw kritisiert den Kapitalismus und verliert mit der Zeit den Glauben an Weiterentwicklung und Vernunft. Er setzt auf den Willen des Einzelnen, um geschichtlichen Fortschritt zu erreichen. – Am ■ 75c: 29 Fitzroy Square (W1, Plakette, in den beiden obersten Stockwerken) entstehen ab 1887 viele seiner Stücke, u. a. *Widowers' Houses* (1892), *Arms and the Man* (1894), *Mrs Warren's Profession* (1902), und *Candida* (1904). Der Lesesaal der ■ LT5a British Museum Library spielt in seinem Leben

S

eine bedeutende Rolle. Hier lernt er William Archer kennen, der ihn als Musikkritiker beschäftigt, hier liest er →Karl Marx, der zu einer „Offenbarung" für ihn wird und seinem Leben „Richtung und Auftrag" gibt, hier findet er ab 1880 für viele Jahre tagsüber sein Zuhause. Erst in den 1890er Jahren macht er sich einen Namen als Dramatiker. Insgesamt elf seiner Stücke werden im ■ T8 „Royal Court Theatre" uraufgeführt, als erstes *Candida*. 1898 rettet ihn die irische Millionärin Charlotte Payne-Thompson aus seinem Junggesellen-Zimmer. Nach der Heirat wohnen sie in ihrem Apartment (■ 75d: 10 Adelphi Terrace, WC2, zerstört). Ab 1906 verlegt das Paar seinen Hauptwohnsitz nach Hertfordshire („Shaw's Corner", Ayot St Lawrence, Museum), behält aber eine Stadtwohnung bei (1928–45 in Westminster, ■ 75e: 4 Whitehall Court, SW1). 1926 wird Shaw der Nobelpreis für Literatur verliehen. – Sein populärstes Stück *Pygmalion* (1914), das später auch die Vorlage für das Musical *My Fair Lady* liefert, spielt u. a. in Covent Garden. Der Linguist Prof. Higgins, der davon überzeugt ist die soziale Stellung eines Engländers sei nur von seinem Akzent abhängig, belauscht darin die arme Eliza Doolittle, die an der Ecke zur Tottenham Court Road Blumen verkauft und transkribiert ihren Dialekt. Eliza will, daß er ihren Akzent und ihre Ausdrucksweise verbessert, damit sie eine Stelle als Verkäuferin in einem Blumengeschäft bekommt. Shaws Fazit über die neue Heimat lautet: „London, wenn man es einmal gesehen hat, ist unfaßlich, und je mehr man davon gesehen hat, desto weniger glaubhaft wird es."

A: *Sixteen Self Sketches* (1949), dt. *Sechzehn selbstbiographische Skizzen*.
W: *An Unsocial Socialist* (1887), dt. *Amateursozialist – Widowers' Houses* (1892), dt. *Die Häuser des Herrn Sartorius – Arms and the Man* (1894), dt. *Helden – Mrs Warren's Profession* (1902), dt. *Frau Warrens Beruf – Candida* (1904) – *Pygmalion* (1914).
🕮 Michael Holroyd. *Bernard Shaw. Magier der Vernunft*. Frankfurt 1995.

76. Mary Wollstonecraft Shelley (geborene Godwin)

(1797 London – 1851 ebd.)

Mary Shelley kann bereits auf ein bewegtes Leben zurückblicken, als sie 1823 in ihre Geburtsstadt London zurückkehrt. Die Tochter des Philosophenpaares William Godwin und →Mary Wollstonecraft ist mit →Percy Shelley nach Italien geflohen, hat dem Dichter mehrere Kinder geboren, von denen nur eins überlebt, und kommt als Witwe nach England zurück. Ihr heute noch bekanntestes Werk, der Science-Fiction-Roman *Frankenstein or the Modern Prometheus* (1818), hat sie bereits geschrieben. In London zieht Mary ihren Sohn Percy groß und kämpft um Unterhalt bei ihrem wohlhabenden Schwiegervater, der von der Familie seines toten Sohnes nichts wissen will und sogar die von Mary angestrebte Veröffentlichung von Percy Shelleys Werken und einer Biographie über ihn lange Zeit unterbindet. Mary findet nach dem Tod ihres Mannes kein Glück mehr in London: „Mein Leben ist für mich vorgezeichnet – Es wird nur aus Büchern bestehen – und meinem armen Jungen." Sie schreibt einen weiteren Roman, der Phantastisches mit Realistischem vermischt, *The Last Man* (1826), und einen ganz in der Tradition von Sir Walter Scott stehenden historischen Roman, *The Fortunes of Perkin Warbeck* (1830). Hier wird der Titelheld, angeblich ein leiblicher Sohn von Edward IV., im Londoner Tower in den Kerker gesperrt. Wie bereits als Kind trifft Mary Shelley im Kreis ihres Vaters mit Literaten wie William Hazlitt, Charles Lamb und Samuel Taylor Coleridge zusammen. 1823 wohnt sie am Brunswick Square (14 Speldhurst Street, WC1, Straße nicht erhalten), 1825 in Kentish Town und 1827 am Portman Square (33 Somerset Street, W1, Straße nicht erhalten). Mehrere Jahre lebt sie ihrem Sohn zuliebe in ■ S1 Harrow, wo dieser die gleichnamige berühmte Privatschule besucht. 1837–38 und 1841–42 lebt sie in Mayfair (■ 76a: 41d Park Street, W1, später in der ■ 76b: 34 Half Moon Street, W1, heute Teil des „Green Park Hilton" Hotels). Ihre letzten Lebensjahre verbringt sie ab 1846 in Belgravia (■ 76c: 24 Chester Square, SW1, Hinweistafel).

W: *Frankenstein or the Modern Prometheus* (1818), dt. *Frankenstein oder der moderne Prometheus* – *The Last Man* (1826), dt. *Verney, der letzte Mensch* – *The Fortunes of Perkin Warbeck* (1830) – Betty T. Bennett (Hrsg.). *The Letters of Mary Wollstonecraft Shelley*. Baltimore/London 1988.

📖 Muriel Spark. *Mary Shelley*. Frankfurt 1999.

77. Percy Bysshe Shelley

(1792 Field Place/Sussex – 1822 im Golf von La Spezia/Italien)

Der romantische Dichter Shelley denkt und lebt zu unkonventionell und radikal, um zu Lebzeiten mit seiner Lyrik nachhaltig erfolgreich sein zu können. Er kommt nach London, weil er aufgrund seiner atheistischen Schrift in Oxford von der Universität verwiesen worden ist. 1811 wohnt er vorübergehend in einem Zimmer in der ■ 77a: 15 Poland Street (W1, Hinweistafel). In London kennt er nicht viele Menschen. Seine Schwestern verweisen ihn auf die Familie Westbrook, deren Tochter Harriet mit ihnen zusammen zur Schule gegangen ist. So lernt Percy Shelley, der in der Theorie die freie Liebe propagiert, seine zukünftige Ehefrau kennen. Das Zimmer in der Poland Street ist klein, so daß das Wohnzimmer der Westbrooks bald auch zu dem seinen wird. Er wäre eigentlich eine gute Partie, wenn der Vater sich nicht nach seinem Verweis völlig mit ihm überworfen hätte. So muß Shelley sich mit einem kleinen Auskommen begnügen. Harriet drängt ihn, mit ihr zusammen durchzubrennen. Er heiratet sie, bereut diesen Schritt aber, als →Mary Shelley in sein Leben tritt. Shelley bewundert ihren Vater William Godwin und beginnt 1812 einen Briefwechsel mit ihm. Godwin lädt ihn zum Essen ein, und fortan unterstützt Shelley diesen finanziell. Mary gesteht Percy wenige Wochen nach ihrem ersten Treffen 1814 ihre Liebe. Die Liaison der Tochter findet aber keineswegs Godwins Zustimmung. Percy lebt in der ■ 77b: 56 Margaret Street (W1, zerstört) und ist so verzweifelt, daß er Laudanum nimmt. Er wird aber noch rechtzeitig gefunden. In Mary findet er endlich

S

eine Seelenverwandte, die seine Gedichte und Gedankenwelt versteht. Nach der Rückkehr von einem Aufenthalt am Genfer See bei →Lord Byron, der sich für beide als literarisch produktiv erweist, wohnen sie zunächst noch nicht zusammen. Shelley kann Mary nur sonntags heimlich in Gray's Inn Garden treffen: Er ist verschuldet und darf nur an diesem Tag nicht verhaftet werden. Hier im Kirchhof hatten sie sich ihre Liebe am Grab von Marys Mutter, →Mary Wollstonecraft, erklärt (Pancras Road, nördlich des Bahnhofs, heute eine Parkanlage). Schließlich heiraten sie 1816, leben einige Zeit in Marlow und dann in der Great Russell Street, bevor beide 1818 nach Italien übersiedeln. Shelley verbringt nie viel Zeit an einem Ort in London. Weitere Wohnadressen sind im ■ 77c „Applegarth House" (Nelson Square, SE1, Hinweistafel, zerstört) und in Mayfair (■ 77d: 13 Old Bond Street, zerstört). – In der Satire *Peter Bell the Third* (1839) heißt es, die Hölle sei „eine Stadt ähnlich wie London, eine dicht bevölkerte, rauchige Stadt."

W: *Peter Bell the Third* (1839), dt. In: *Ausgewählte Werke: Dichtung und Prosa*. Horst Höhne (Hrsg.) Frankfurt 1985.
📖 Jean Overton Fuller. *Shelley. A Biography*. London 1968.

78. Edith Sitwell

(1887 Scarborough – 1964 London)

Ihr erster Aufenthalt in London bleibt Edith Sitwell zeitlebens in schlechter Erinnerung. Die Eltern, aus altem englischen Adel stammend, drängen darauf, daß die kleine Edith ihre Rückgratkrümmung bei einem Orthopäden in der Hauptstadt behandeln läßt. So verbringt sie die meiste Zeit in einer „Bastille aus Eisen" – ohne daß sich jedoch der erwünschte Erfolg einstellt. Das Verhältnis zu den Eltern wird durch diese Erfahrung nicht besser. Mit den Brüdern Sacheverell und Osbert hingegen wird Edith immer aufs Innigste verbunden bleiben. Kurz vor Beginn des Ersten Weltkrieges zieht sie zusammen mit ihrer Gouvernante Helen Rootham nach London. Beide bewohnen in Bayswater ein spartanisch gehaltenes 2-Zimmer Apartment (■ 78a: Moscow Road, 22 Pembridge Mansions, W2, heute Prince Edward Mansions). „Es befand sich in der obersten Etage eines großen Gebäudes und man hatte einen einmalig guten Blick auf die Bäume in Kensington Gardens [...] Osbert, obwohl er arm war, brachte uns jedesmal, wenn er auf Urlaub von der Front kam, wunderschöne Vorhänge um die Zimmer lebendiger zu gestalten. Helens Zimmer war grün und silber, meins rot und gold." Ihrem ersten und einzigen bürgerlichen Broterwerb geht sie von 9 bis 17 Uhr in dem „Pensions Office" in Chelsea nach: 25 Schilling in der Woche plus 2 Schilling Kriegsbonus. Der Vater ist entsetzt und will sie in einem seiner Läden als Spitzel einsetzen, damit sie ihren Rücken schont. Edith hat aber längst ihren eigenen Kopf und lehnt dankend ab. 1915 erscheint ihr erster Gedichtband (*Mother and Other Poems*). Nach dem Krieg beginnen die legendären Teeparties, die sie zusammen mit den Brüdern veranstaltet. Sie serviert ausschließlich Tee, dennoch kommen namhafte

Schriftsteller wie →T. S. Eliot, →E. M. Forster, William Butler Yeats, →William Somerset Maugham, →Evelyn Waugh, Gertrude Stein und →Virignia Woolf. Trotz dieser scheinbaren Geselligkeit bleibt sie zeitlebens eine Einzelgängerin. Bei ihrem ersten öffentlichen Auftritt in der „Aeolian Hall“ provoziert Edith mit dem Vortrag ihres Gedichts *Façade* (1923), der von Musik begleitet wird, einen Skandal. Rückblickend schreibt sie in ihrer Autobiographie: „Niemals zuvor ist ein neues Werk mit einem größeren und imposanteren Schauer von Beschimpfungen bedacht worden. Diese Geschoße sind heute gegen ebenso große und imposante Blumenbouquets ausgetauscht worden.“ Den Wandel im Ansehen bekräftigen mehrere Auszeichnungen, wie 1933 die Verleihung der Medaille der „Royal Society of Literature“. Nach einem längeren Aufenthalt in Paris lebt Sitwell von 1935 bis 1961, wenn sie in London ist, im „Sesame Club“ (■ 78b: 49 Grosvenor Street, W1, Club nicht mehr dort). Während des Zweiten Weltkrieges bekommt sie Einladungen, ihre Gedichte vorzutragen und erinnert sich an einen Abend, als sie in der ■ S2 Westminster School (im Churchill Club) vor einer Gruppe von Militärangehörigen ihre Gedichte liest und das Heulen einer Rakete hört. „Jeder im Raum überlegte kurz, ob man sich unter die Tische flüchten sollte oder einfach um sein Leben rennen. Ich las weiter, und die Rakete flog über uns hinweg.“ 1961 zieht sie nach Hampstead (■ 78c: 42 Greenhill, NW3, Hinweistafel). In den letzten Lebensjahren (■ 78d: 20 Keats Grove, Bryher House, NW3) ist sie an den Rollstuhl gebunden. Edith Sitwell ist eine avantgardistische Dichterin der Moderne: Sprachmächtig und sprachbedacht wendet sie sich von einer naturalistischen Wirklichkeitsauffassung ab. Rhythmus und Laute treten bei ihr in den Vordergrund und werden zu einem wichtigen Übersetzer vom Traum in die Realität. Neben der Dichterin ist aber auch die Essayistin und Biographin einzigartig. Mit dem Band *English Eccentrics* (1933) schafft sie ein skurriles Figurenkabinett, in dem sie die ganze Skala menschlicher Möglichkeiten versammelt. Sitwell wird selbst oft als exzentrisch bezeichnet. Allerdings ist Exzentrik für sie eine positive Eigenschaft: „Exzentrizität ist nicht, wie dumme Menschen uns glauben machen wollen, eine Form von Verrücktheit. Es ist oftmals eine Art unschuldiger Stolz, und das Genie ebenso wie der Aristokrat werden häufig für exzentrisch gehalten, weil beide furchtlos sind und sich nicht von den Meinungen der Menge beeinflußen lassen.“

A: *Taken Care Of* (1965), dt. *Mein exzentrisches Leben.*
W: *English Eccentrics* (1933), dt. *Englische Exzentriker* – *Façade and Other Poems* (1950), dt. *Gedichte*. W. Vordtriede (Hrsg.) Frankfurt 1964.
🕮 Victoria Glendinning. *Edith Sitwell: Eine Biographie*. Frankfurt 1995.

79. Muriel Spark, Dame (geborene Cambary)

(1918 Edinburgh)

Nach einer gescheiterten Ehe kehrt Muriel Spark 1944 aus Rhodesien in ihre Heimat zurück und zieht London dem ruhigeren Edinburgh vor, weil sie den Krieg „erleben" will. Während ihrer Jugend war Muriel Spark mit der Familie nur zu Kurzbesuchen in der Stadt gewesen: „So war das ausgebombte London das erste eigentliche London, das ich kennenlernte." Spark wohnt im Bahnhofshotel „Euston", bevor sie die Annehmlichkeiten des „Helena Club" (■ 79a: 82 Lancaster Gate, W2, zerstört) entdeckt: „Der Helena Club war einfach hinreißend. Er war in London über viele Jahre immer wieder mein Zuhause." Ihre Zeit dort verarbeitet sie in dem Roman *The Girls of Slender Means* (1963). Spark hat unter dem Dach ein Zimmer für sich: „Das Haus war sehr geräumig und atmete eine Atmosphäre von Ruhe und teurer Eleganz, die völlig im Widerspruch zu dem bescheidenen Preis stand, den wir bezahlten. Im Erdgeschoß befand sich ein großer Salon, der auf eine breite Terrasse führte, wo wir unsere Freunde empfangen konnten. Wir hatten ein ebenso großes Musikzimmer, wo wir studieren oder Klavier spielen konnten. Hausmädchen reinigten unsere Zimmer und machten unsere Betten. Und wir waren alle jung und trotz des Krieges voller Lebensfreude." Mit viel Glück findet sie eine Stelle als ‚Sekretärin vom Dienst' in der Abteilung für politische Aufklärung des Außenministeriums. Sie macht ‚schwarze Propaganda' – unter dem Deckmantel einer Hitler ergebenen Berichterstattung wird subtile Anti-Nazi-Propaganda betrieben. Da ihr Dienst erst nachmittags anfängt, beginnt Spark vormittags Gedichte zu schreiben. Sie wohnt außerhalb Londons und fährt nur noch an Wochenenden in die Stadt. Dann steigt sie wie gewohnt im „Helena Club" ab. 1946 bekommt Spark ihre erste literarische Arbeitsstelle bei der Zeitschrift einer Juweliersvereinigung. Dann arbeitet sie für die „Poetische Gesellschaft", wo sie allerdings nicht so viel erreichen kann, wie sie sich vorgenommen hat, und man über sie sagt: „Diese junge, ausnehmend hübsche Schottin, die über Charme, Temperament und Organisationsgabe verfügte, entpuppte sich ohne eigenes Verschulden eher als Sprengsatz denn als neuer Besen." (in *Curriculum Vitae*). In der Clarges Street und der Half Moon Street (Piccadilly) wohnt sie nicht lange, weil ihr die Geselligkeit des Clubs fehlt, weshalb sie dorthin zurückkehrt. Anfang der 1950er Jahre wohnt Spark in Kensington (■ 79b: 1 Vicarage Gate, W8) in der Pension „Eras House", dem Ort der Handlung ihres Romans *Loitering with Intent* (1981). Bevor Muriel Spark Romane schreibt, entstehen neben Gedichten eine Reihe von Biographien und Kurzgeschichten. In ihrer Prosa findet sie zu einer experimentellen Erzählweise, bei der es immer wieder zu Überschneidungen von dargestellter Wirklichkeit und Fiktion kommt. In den 1950er Jahren mietet Spark ein möbliertes Zimmer bei einem Ehepaar aus Mauritius in der ■ 79c: 65 Old Brompton Road (heute Sussex Mansions, SW5). 1955 zieht sie zusammen mit einer Katze nach Camberwell (■ 79d: 13 Baldwin Crescent). Sie findet Arbeit in dem Verlag von Peter Owen und wird dort seine erste Lektorin (■ 79e: 73 Kenway Road, SW5). →Evelyn Waugh gibt ihr – nachdem sie eine etablierte Schriftstellerin geworden ist – den Rat sie solle „vielleicht an eine gute Adresse umziehen". Aber sie bleibt in Camberwell, weil sie einen schönen Blick auf die Gärten hinter den Häusern hat und hier gut arbeiten kann. Nach dem Erfolg ihres Romans *The Prime of Miss Jean Brodie* (1961) verläßt Spark London und lebt zunächst in New York, dann in Rom.

A: *Curriculum Vitae* (1992).
W: *The Fanfarlo and Other Verse* (1952) – *The Comforters* (1957), dt. *Die Tröster* – *Die Ballade von Peckham Rye* (1960), dt. *Die Ballade von Peckham Rye* – *The Girls of Slender Means* (1963), dt. *Mädchen mit begrenzten Möglichkeiten* – *Loitering with Intent* (1981), dt. *Vorsätzliches Herumlungern* – *A Far Cry from Kensington* (1988), dt. *Ich bin Mrs. Hawkins*.
🕮 Bryan Cheyette. *Muriel Spark*. Devon 2000.

80. Hilde Spiel

(1911 Wien – 1990 ebd.)

Hilde Spiel hat von 1936 bis 1963 ihren Lebensmittelpunkt in London. Nach Hitlers Machtergreifung sieht sie sich als Jüdin zunächst gezwungen, Österreich zu verlassen – sie folgt ihrem zukünftigen Ehemann, dem Journalisten und Schriftsteller Peter de Mendelssohn, nach Großbritannien. Nach Kriegsende halten sie ihr großes Mißtrauen gegenüber den ehemals mit den Nationalsozialisten Verbündeten und der Glaube, in England eine neue Heimat gefunden zu haben, von einer Rückkehr ab. Vielleicht hat Spiel ihre Ankunft in London ähnlich erlebt, wie sie sie in ihrem Essay *London* beschreibt: „Vom Salzwind des Meeres gebeizt, vom Kohlenrauch und von den Schwaden der Holz- und Laubfeuerchen, die in allen Gärten schwelen, bräunlich und gelblich und aschgrau gegerbt, und erfüllt von den Gerüchen virginischen Tabaks, Starkbiers, herben Leders, feuchter Schafwolle, verwitterter Regenmäntel – so schlägt sie [d. h. London] dem Festländer entgegen, der aus der Victoria Station ins Freie tritt." Hilde Spiel ist eine der wenigen Schriftstellerinnen, die sich, nachdem sie bereits eine eigene Stimme gefunden hat, in englischer Sprache einen Namen machen kann. Die studierte und promovierte Philosophin tippt zunächst Manuskripte für befreundete Schriftsteller ab, um zum Lebensunterhalt beisteuern zu können. Anfangs wohnt das Paar in einer Nebenstraße der Kreuzung Notting Hill Gate (■ 80a: 59 Linden Gardens,W2). Hilde Spiel erlebt London als eine mächtige und prachtvolle Stadt: „Londons Straßen, sobald wir unser Viertel verlassen, scheinen mit Gold gepflastert. Immer von neuem bestaunen wir die Hotels und Hausburgen der Park Lane; die riesigen, ehrwürdigen Warenhäuser der Oxford Street; Piccadilly Circus mit seiner Eros-Statue, von der sich unsichtbare Fäden in alle Himmelsrichtungen bis zu den Antipoden ziehen; Mayfair und Belgravia, die Quartiere der Reichen; all die edlen georgianischen Fassaden, das viele Grün. Und überall dies Gewimmel exotischer Figuren [...] Wir sind überwältigt von der schieren Größe und Vielfalt der Stadt. Ihr anzu-

S

gehören, in ihr zumindest geduldet zu sein – auch wenn alle drei Monate bei der Fremdenpolizei in der Bow Sreet um Aufenthaltserlaubnis angesucht werden muß – , ist ein beglückender, ja erhebender Gedanke [...] Auf der anderen Seite unsere Armut." Zuhause gibt es das Rumpeln der unterirdischen Central Line umsonst als Zugabe, die Heizung hingegen muß mit Schilling-Münzen gefüttert werden. Spiel gewöhnt sich an eine neue Lebensform – das Spiel mit dem Feuer: „immer an der Kante einer Kluft entlang, stets dem Absturz nah." 1937 zieht das Paar in den Winchester Court in der Kensington Church Street. Anders als die Mehrzahl der Emigranten bleibt sie später nicht im Norden Londons, sondern zieht kurz vor Kriegsbeginn nach Wimbledon (■ 80b: 17 Wimbledon Close, The Downs, SW20). Spiel hofft, in dem dünner besiedelten Vorort vor Luftangriffen sicher zu sein – ein Trugschluß. Dem Ehepaar fällt die Integration schwer, obwohl es häufig Gäste einlädt und 1941 die englische Staatsbürgerschaft erhält: „Zumindest ein Drittel meines Erdendaseins habe ich in dem schönen, grünen, durch und durch groß- und spießbürgerlichen Bezirk verbracht – in all dieser Zeit in keinen englischen Haushalt an diesem Ort geladen." Spiel bezeichnet sich denn auch als Bürgerin „in England" aber nicht „von England". Die Mutter zweier Kinder ist viel beschäftigt: „Ich arbeite wie besessen, viele Stunden an der Schreibmaschine, wasche, putze, koche, helfe im *Times*-Büro", und sie engagiert sich im englischen PEN. Hier werden Frauen als „anspruchsvolle Romanstrickerinnen" gehandelt. Spiel bleibt auch in England der Heimat verbunden und wird zu einer wichtigen Vermittlerin zwischen der englisch- und deutschsprachigen Literatur, sei es als Autorin, Übersetzerin, Journalistin oder Essayistin. Rückblickend bedauert sie aber, nach Kriegsende nicht ihrem Mann ganz nach Berlin gefolgt zu sein. Sie bezeichnet die Zeit bis zu ihrer Rückkehr nach Wien 1963, in der sie in Wimbledon als alleinerziehende Mutter lebt, als ihr „grünes Grab". Andernfalls hätte sie aber vielleicht den österreichischen Schriftsteller Hans Flesch-Brunningen nicht lieben gelernt, der sich in London rührend um sie kümmert. In dem Roman *The Darkened Room* (1961) verarbeitet Hilde Spiel sowohl ihre eigenen Exilerfahrungen, als auch die ihrer Schriftstellerkollegen. Allerdings spielt der Roman in New York. Ihre umfassende journalistische Tätigkeit bleibt für Hilde Spiel nur „Tagesgestammel", das sie daran hindert, ihre literarische Produktion zielstrebig zu verfolgen.

A: *Die hellen und die finsteren Zeiten. Erinnerungen 1911–46* (1989) – *Welche Welt ist meine Welt? Erinnerungen 1946-1989* (1990).
W: *The Darkened Room* (1961), dt. *Lisas Zimmer* – *London. Stadt, Menschen, Augenblicke.* Ein Bildband von Elisabeth Niggemeyer mit Texten von Hilde Spiel. München 1956 – *London* In: *In meinem Garten schlendernd: Essays* (1981).
🕮 Sandra Wiesinger-Stock. *Hilde Spiel: Ein Leben ohne Heimat?* Wien 1996.

81. Henri Beyle Stendhal

(1783 Grenoble – 1842 Paris)

Seine Liebe für Shakespeare veranlaßt Stendhal eine Reise nach London zu unternehmen. 1817 wohnt er in einem Gasthof direkt am Covent Garden Market und sieht bei seinen Spaziergängen an jeder Ecke ein Schild mit der Aufschrift ‚möblierte Zimmer zu vermieten'. Er ist bis zu elf Stunden auf den Beinen und genießt es, durch die Stadt zu flanieren: „Man sollte nur das tun, was einem Vergnügen bereitet. – In London bereitet es uns das größte Vergnügen, durch die Straßen zu schlendern. – Das Vergnügen, um zwei Uhr die Oxford Street entlang zu laufen, und die Bond Street um drei. – Die Schönheit des großen Parks bei Piccadilly, wo wir dies gerade schreiben, von einer Kuhherde umgeben und einem Engländer, der uns erstaunt ansieht, und mit einem guten Blick auf Westminster in der Ferne. – Ein bewundernswerter Blick, tausend Mal besser als Paris, die Oxford Street um neun Uhr abends." 1821 nimmt er sich ein Zimmer im ■ 81 „Tavistock Hotel" (Covent Garden, zerstört): „Es ist ein Hotel für wohlhabende Leute, die aus der Provinz nach London kommen. Mein Zimmer – das in diesem Land, wo ständig geklaut wird, immer offensteht – ist acht Fuß breit und zehn Fuß lang. Dafür nehmen wir unser Frühstück in einem Salon ein, der wohl hundert Fuß lang, dreißig breit und zwanzig hoch ist." In *Souvenirs d'égotisme* schreibt Stendhal seine Erlebnisse in England nieder.

A: *Souvenirs d'égotisme* (1832), dt. *Das Leben eines Sonderlings.*
📖 Robert Alter. *Stendhal : Eine kritische Biographie.* München 1982.

82. Laurence Sterne

(1713 Clonmel/Irland – 1768 London)

Sterne lebt als ein anglikanischer Landpfarrer, der amourösen Eskapaden nicht abgeneigt ist, in Yorkshire, bevor sein Roman *Tristram Shandy* (1759) ihn berühmt macht. Anders als viele Schriftsteller muß Sterne nicht von dem Verdienst dieser Arbeit leben: „Ich schrieb, nicht um mich ernähren zu können, sondern um berühmt zu werden." 1760 kommt Sterne nach London und wohnt in der Nähe von Piccadilly (■ 82: 41 Old Bond Street, W1, zerstört). Er bleibt zunächst drei Monate und widmet sich in dieser Zeit der Vermarktung seines Werks. Der Ruhm läßt nicht lange auf sich warten, und die Kommerzialisierung folgt auf dem Fuße. Bald gibt es ein *Tristram Shandy*-Kartenspiel; auch eine Suppe, ein Tanz und ein Reitpferd werden nach der Titelfigur benannt. Heute wird Sterne als „Meister radikaler Subjektivierung und Dekonstruktion" (Stratmann) gepriesen. Sterne stirbt allerdings einsam und verarmt im Haus in der Old Bond Street an Tuberkulose.

W: *Tristram Shandy* (1759), dt. *Leben und Meinungen des Tristram Shandy.*
📖 Ian Campbell Ross. *Laurence Sterne. A Biography.* Oxford 2002.

83. Robert Louis Stevenson

(1850 Edinburgh – 1894 Vailima/Samoa)

Robert Louis Stevenson ist alles andere als ein häufiger Gast in London. Zweimal hält er sich für ein paar Wochen in der Hauptstadt auf. Um so mehr erstaunt es, daß sein erster erfolgreicher und heute noch sehr bekannter Roman *The Strange Case of Dr Jekyll and Mr Hyde* (1886) in London spielt. Stevenson stellt darin den Versuch an „über einen Mann zu schreiben, der eigentlich zwei Männer war“ (Hamblock), und reiht seinen Text in die Tradition der Detektivgeschichte ein. Es ist eine Satire auf die ehrbare, bürgerlich-viktorianische Gesellschaft: Dr. Jekylls Heuchelei beruht auf dem Kontrast zwischen guten Taten, die der Allgemeinheit gefallen, und den Untaten seines monströsen alter egos. Die Handlung spielt im verruchten Soho: „Ein weites, schokoladenfarbiges Leichentuch überzog den Himmel, doch der Wind sprang ständig um und trieb den zusammengeballten Dunst vor sich her, so daß Mr. Utterson, während der Wagen von Straße zu Straße kroch, in erstaunlicher Wiederholung ein Ab- und Zunehmen des Zwielichtes beobachtete. [...] Das elende Stadtviertel von Soho mit seinen schmutzigen Straßen, seinen schlampigen Bewohnern und mit seinen Laternen, die entweder überhaupt nicht ausgelöscht oder schon von neuem angezündet waren, um die trostlose neue Invasion der Finsternis zu bekämpfen, erschien in des Anwalts Augen, in diesem Wechsel zwischen Hell und Dunkel, wie der Distrikt einer Stadt in einem wüsten Traumgebilde.“ 1874 ist Stevenson für einen Monat in London und wohnt in Hampstead (■ 83a: 7 Mount Vernon, „Abernethy House“, NW3, Hinweistafel) in einer Villa aus schwarzem Stein. Er ist besonders vom Klima angetan: „Hampstead ist der wunderbarste Ort in London, was die Luft und die Landschaft anbelangt.“ 1878 verbringt er zwei Wochen in der Stadt, um sich mit Verlegern und einer Freundin zu treffen. Sonst dient London ihm nur als Abfahrtsort nach Übersee, wo er sich auch wegen seiner angeschlagenen Gesundheit immer wieder aufhält. So logiert er 1886 vor seiner Fahrt in die Südsee in Bloomsbury (■ 83b: 5 Fitzroy Square, W1).

W: *The Strange Case of Dr Jekyll and Mr Hyde* (1886), dt. *Der seltsame Fall des Dr. Jekyll und Mr. Hyde*.

📖 Michael Reinbold. *Robert Louis Stevenson*. Reinbek 1995.

84. Bram Stoker

(1847 Dublin – 1912 London)

Bram Stoker läßt sich 1878 zu einer Zeit in London nieder, als dort mehr Iren leben als in Dublin. Er wird die rechte Hand von Henry Irving, dem berühmten Schauspieler und Theaterleiter des ■ T11 „Lyceum Theatre“ (Wellington Street, WC2, heute „English Opera House“). Zunächst wohnt er mit seiner Frau in der Nähe des Theaters in Covent Garden in sechs möblierten Zimmern (■ 84a: 7 Southampton Street, WC2, oberster Stock). 1881 zieht das Paar nach Chelsea (■ 84b: 27

Cheyne Walk). Um zur Arbeit zu kommen, nimmt Stoker jeden Morgen die Fähre. Das Cadogan-Dampfschiff hält ein paar Schritte von Stokers Haustür entfernt und bringt ihn bis zur heutigen Waterloo Bridge, wo er aussteigt und bis zum Theater zu Fuß geht. Auch bei weiteren Umzügen bleibt er Chelsea treu. Ab 1886 wohnt er in der ■ 84c: 17 St Leonard's Terrace, ab 1896 in Nr. 18 (Hinweistafel). Danach lebt er am ■ 84d: 4 Durham Place (SW3, hinter Ormonde Gate). In St Leonard's Terrace Nr. 17 beginnt er ernsthaft zu schreiben. Vorher ist das Schreiben für ihn nur ein Hobby neben seiner Arbeit in der Theaterverwaltung. Stoker arbeitet 27 Jahre am „Lyceum Theatre", hat 48 Beschäftigte unter sich und schreibt in dieser Zeit etwa eine halbe Million Briefe. Damals gehört auch Ellen Terry zum Kreis der am Theater auftretenden Schauspielerinnen. Der tyrannische Leiter Henry Irving soll als Inspirationsquelle für die Figur des Grafen Dracula gedient haben: ein Künstler, der die Menschen um sich herum aussaugt, um sein eigenes Ego zu nähren. In Stokers Roman *Dracula* (1897) lebt die Familie Westenra in Hampstead, und die untote Lucy treibt sich nachts auf dem ■ LS5 Hampstead Heath herum. Hier in der Nähe wird sie auch beerdigt in einem „Grab ihrer Familie, ein herrschaftliches Totenhaus in einem einsamen Kirchhof, weit ab vom wimmelnden London; wo die Luft frisch ist und die Sonne über Hampstead Hill aufgeht und die wilden Blumen ungehindert wachsen" – vielleicht ist es der ■ F3 Highgate Cemetry mit seinen Mausoleen. Eine andere Passage des Romans spielt im Pub ■ C11 „Spaniard's Inn" (Spaniard's Road, NW3), der heute noch existiert. Dracula äußert sich Jonathan Harker gegenüber entzückt bei dem Gedanken, in London durch die Straßen zu gehen: „durch die vollen Straßen Ihres mächtigen Londons zu gehen, in der Mitte dieses Wirbels und der Menschenflut zu sein, ihr Leben, den Wandel, den Tod dort zu teilen und all das, was es macht, was es ist." – Stoker ist auf der Suche nach dem Guten. Seine „Geschichten sind nicht schauerlich, wie die der Gebrüder Grimm oder phantasievoll, wie die von Hans Christian Andersen, sie sind fast biblisch, durchtränkt mit Allegorien von Gut und Böse und einer Atmosphäre eines traumähnlichen Unwohlseins" (Belford). Am Ende seines Lebens wohnt Stoker in Pimlico (■ 84e: 26 St George Square, SW1, zerstört, aber ähnliche Häuser am Square sind erhalten).

W: *Dracula* (1897).
📖 Barbara Belford. *Bram Stoker*. London 1996.

85. Jonathan Swift

(1667 Dublin – 1745 ebd.)

Der großer Satiriker Jonathan Swift läßt Zeit seines Lebens keine Gelegenheit aus, sich in London aufzuhalten. Nach Ausbruch des Bürgerkrieges verläßt er wie viele Protestanten Dublin und wohnt zunächst bei seiner Mutter in Leicester. Sie bringt ihn im Haushalt von Sir William Temple, dem ersten großen Diplomaten Englands im modernen Sinne, unter. Swift lebt mit einigen Unterbrechungen bis 1699 in Temples Herrenhaus in Moor Park bei Farnham. Zunächst ist er wohl nur Sekretär und unterrichtet daneben ein junges Mädchen aus der Nachbarschaft, Esther Johnson (Swift nennt sie Stella) – der Anfang einer lebenslangen Freundschaft. 1693 schickt Temple ihn mit einem Auftrag an den englischen Hof nach Kensington. 1694 wird Swift zum Priester geweiht. In den Jahren 1701–04 hält er sich häufig und ausgiebig in London auf, wo er sich in die politischen Kämpfe einmischt. Zunächst schreibt er politische Pamphlete und frequentiert in London das ■ C1 Literatencafé „Will's Coffeehouse". Später reflektiert er kritisch: „Die schlechteste Unterhaltung, die ich in meinem Leben je gehört habe, war die in ‚Will's Kaffeehaus', wo sich die Schöngeister (wie sie genannt wurden) früher zu treffen pflegten. Sie unterhielten einander mit ihren unbedeutenden Machwerken, und zwar mit solcher Gewichtigkeit, als ob [...] das Schicksal ganzer Königreiche davon abhinge." 1704 veröffentlicht er mit großem Erfolg *A Tale of a Tub* (1704), eine Satire insbesondere auf Irrtümer der christlichen Religion. Im gleichen Jahr ist er wieder in Irland bei Stella, die mittlerweile in Dublin lebt. 1710 wird er zu einem gewichtigen Mann in London. Swift schließt sich den Torries an und wird „in den folgenden drei Jahren [...] einer der wirkungsvollsten Schriftsteller, die jemals die öffentliche Meinung beeinflußt haben" (Wittkop). Swift übernimmt die Leitung der Zeitschrift *The Examiner*. Er wohnt zuerst in der ■ 85a Pall Mall (SW1), dann in der ■ 85b Bury Street (SW1) – gleich neben ‚seiner' Londoner Familie – den Vanhomrighs. „Verteufelt teuer, aber fürs Essen gebe ich nichts aus, ich gehe nie in eine Schenke und fahre selten mit einem Wagen." Weitere Stationen sind Leicester Fields und Little Rider Street. Swift zieht im Laufe der drei Jahre in London unzählige Male um: „Ich habe meine Sachen an zwei oder drei Orten verstreut, und wenn ich eine Wohnung verlasse, verpacke ich alle Bücher, die ich bekommen habe [...] und komme nackt in eine neue Wohnung [...]." 1711 wohnt er in der ■ 85c Church Street (SW3, Straße nicht erhalten, in der Nähe von Cheyne Walk) und läuft zu Fuß in die Stadt: Nach seinen Berechnungen sind es 5748 Schritte von Chelsea Old Church bis in die Pall Mall. In den folgenden Jahren wohnt er in der ■ 85d Suffolk Street (SW1), zieht wiederum nach ■ 85e Leicester Fields (WC2) und wohnt 1712–13 in Kensington Gravel Pits (heute in der Nähe von Notting Hill Gate). Swift schreibt nachts oder am frühen Morgen: „In meinem Schlafzimmer habe ich keinen Kamin, aber wenn man im Bett liegt, ist immer warmes Wetter." In seinen tagebuchartigen Briefen an Stella, *Journal to Stella* (1710–13), berichtet er über sein Leben in London: seine Besuche, Spaziergänge, Gespräche und Streitigkeiten mit den Ministern, den Ärger, den er mit seinen trunksüchtigen Dienern hat, die Art, wie er wohnt und seine Gesundheit. 1713 gründet er zusammen mit John Gay, William Congreve und →Alexander Pope den ■ LT7 „Scriblerus Club", der meist in der königlichen Residenz, dem St James's Palace (Westminster), zusammenkommt. Das Projekt eines gemeinsamen satirischen Abenteuerbuches wird nicht realisiert. Viele Anregungen aus den Treffen finden jedoch Eingang in *Gulliver's Travels* (1726). Swift befaßt sich hier unter dem Deckmantel der Satire mit den politischen

Ereignissen der jüngsten Vergangenheit Englands und der Lage Irlands. Die Hauptfigur, Lemuel Gulliver, lebt in der Fetter Lane. 1713 bekommt Swift die lang ersehnte kirchliche Stellung: Er wird anglikanischer Dekan der St Patrick's Cathedral in Dublin. Besuche in London werden seltener.

A: *Journal to Stella* (1710–13), dt. *Swift's Tagebuch in Briefen an Stella.*
W: *A Tale of a Tub* (1704), dt. *Das Märchen von einer Tonne – Gulliver's Travels* (1726), dt. *Gullivers Reisen.*
🕮 Justus Franz Wittkop. *Swift.* Reinbek 1976 – Victoria Glendinning. *Jonathan Swift.* London 1998.

86. Gabriele Tergit (geborene Elise Hirschmann)

(1894 Berlin – 1982 London)

Die deutsche Journalistin und Schriftstellerin emigriert 1938 zusammen mit ihrem Mann, dem Architekten Heinz Reifenberg, nach London. Es ist ihre letzte Station auf der Flucht aus Nazi-Deutschland. In Berlin war sie eine erfolgreiche Gerichtsreporterin beim *Berliner Tageblatt.* In England hingegen gelingt es ihr kaum, Fuß zu fassen: „Im Gegensatz zu meinen Kollegen, die in England für die British Broadcasting Corporation (BBC) oder das Informationsministerium arbeiteten, war mir nichts geglückt." Nach dem Krieg schreibt sie hin und wieder Zeitungsartikel, so auch für die Festschrift der Flüchtlingsorganisation „Association of Jewish Refugees in Great Britain". Tergit berichtet über das Leben der Emigranten, das geprägt ist von Problemen wie Arbeitslosigkeit, Abgeschiedenheit, Internierung und Umschulungen, und sie erzählt von den Treffpunkten der Emigranten. Tergit bezeichnet die Stadt als eine „Schatzkammer der Geschichte". Für sie ist London die „häßlichste und zugleich schönste Stadt der Welt." Nach dem Krieg wird ihr Familienroman *Effingers* (1951) in Deutschland veröffentlicht – eine Familienchronik, die in erster Linie in Deutschland spielt. Wohnadressen sind zunächst in Hampstead (■ 86a: 134 Goldhurst Terrace, NW6 und ■ 86b: 23 Belsize Avenue, NW3) und Hammersmith. In dem Haus in Hammersmith, das die Tergits sich im Krieg in der Nähe der Schule ihres Sohnes kaufen, können sie nicht wohnen: „Im Hochparterre, im großen Zimmer mit anschließendem Wintergarten stand eine Schaufensterfigur ohne Kopf, in der knallroten Uniform der englischen Garde. Küche und Wirtschaftsräume lagen im Souterrain, auf dessen Fußboden oft Wasser stand. [...] Das Haus hatte weder Elektrizität noch Heizung, außer offenen Kaminen, und nur ein Badezimmer. Das Haus wurde sofort, nachdem wir es gekauft hatten, für die Möbel von Ausgebombten beschlagnahmt. Als wir es wiederbekamen, war unser Sohn mit der Schule fertig." Gabriele Tergit wird Mitglied beim deutschen ■ LT4 Exil-PEN. Sie arbeitet von 1957 bis 1981 ehrenamtlich als Sekretärin beim PEN-Zentrum deutschsprachiger Autoren im Ausland (der Nachfolgeorganisation des Exil-PEN) und ist in dieser Funktion weltweit die langjährigste Mitarbeiterin. In ihren Erinnerungen *Etwas Seltenes überhaupt* (1983) schreibt sie auch über die Zeit der Emigration. Nach dem Krieg lebt sie bis zu ihrem Tod in Putney (■ 86c: 315 Upper Richmond Road, SW15).

A: *Etwas Seltenes überhaupt. Erinnerungen* (1983).
W: *Effingers* (1951).
🕮 Egon Larsen. *Die Welt der Gabriele Tergit.* München 1987.

87. William Makepeace Thackeray

(1811 Kalkutta/Indien – 1863 London)

Thackeray kommt 1817 aus Indien nach England und geht auf die „Dr Turner's Academy" in Chiswick. Dann besucht er die Schule ■ S6 „Charterhouse" (damals Charterhouse Square, EC1, die Originalgebäude sind größtenteils zerstört). Er verbringt dort keine glückliche Zeit, später beschwert er sich über die Brutalität in dieser Privatschule. In seinem bekannten Roman *Vanity Fair* (1848) macht Thackeray sich über die Schule lustig und nennt sie „Slaughterhouse". Nach einem abgebrochenen Studium verdingt sich Thackeray als Journalist. Als er sich 1831 in London niederläßt, wohnt er in der Nähe der Inner Temple Lane (■ 87a: 1 Hare Court, EC4) und studiert im Middle Temple Jura. Die Hauptfigur in *The History of Pendennis* (1850) sagt über den ■ U2 Inner Temple: „Nur Antiquare und literarische Amateure schauen ihn sich mit großem Interesse an." Eine weitere Wohnadresse in den 1830er Jahren ist die ■ 87b: 18 Albion Street (W2, Hinweistafel). Nach seiner Heirat 1838 wohnt er in Bloomsbury (■ 87c: 13 Coram Street, WC1, früher Great Coram Street, zerstört). Drei Kinder werden hier geboren, seine Frau erleidet später einen Nervenzusammenbruch und ist danach pflegebedürftig. Thackeray führt in den folgenden Jahren wieder ein Junggesellenleben. Ab 1846 wohnt er mit seinen Kindern in Kensington (■ 87d: 16 Young Street, W8, Hinweistafel, heute Gebäude der „American International University of London"). Hier schreibt er *Vanity Fair*. London ist bei Thackeray nicht so sehr an spezifischen Orten festzumachen wie bei →Dickens. Er stellt vor allem die Oberschicht und die obere Mittelschicht dar, die Clubs der Gentlemen, und wie es der Titel seines berühmtesten Romans besagt, die Welt der Oberflächlichkeit und des Betrugs – eine Welt, in der Habgier und Heuchelei gegenüber Tugend und Ehrlichkeit überwiegen. 1854 zieht er nach Brompton, ■ 87e: 36 Onslow Square, SW7 (Hinweistafel), in ein nagelneues Haus. 1862 geht er zurück nach Kensington (■ 87f: 2 Palace Green, W8, heute Sitz der Botschaft Israels). Thackeray nennt seine Wohnstätte „Vanity Fair House", weil sie so teuer und groß ist: „Das Haus verkörpert das leichte Unbehagen mit der Kultur der 1850er Jahre und läßt eine Vorliebe für das 18. Jahrhundert und die *Regency*-Periode durchschimmern, die auch typisch für sein Werk ist" (Ousby). Den Trubel in London schätzt Thackeray mit den Jahren immer weniger: „Die Heiterkeit der Londoner Saison ist zu viel und zu laut für mich. Ich bevorzuge es, mit meiner geliebten Metropole zu sprechen, wenn das Tanzen auf überfüllten Bällen vorüber ist, das Gedränge auf Konzerten, das Geschwätz bei Unterhaltungen [...], wenn sie zur Ruhe gekommen ist, nachdenklich gestimmt, vertraut und voller Muße." Thackeray liegt auf dem ■ F5 Kensal Green Cemetry (Grab Nr. 18177) begraben. In ■ K1 Westminster Abbey erinnert heute eine Büste an den Schriftsteller.

W: *Vanity Fair* (1848), dt. *Jahrmarkt der Eitelkeit oder ein Roman ohne Held* – *The History of Pendennis* (1850), dt. *Die Geschichte des Pendennis*.
🕮 Gordon N. Ray. *Thackeray. The Use of Adversity. 1811–1846*. London 1955 – Ders. *Thackeray. The Age of Wisdom. 1847–1863*. London 1958.

88. Ernst Toller

(1893 Samotschin/Posen – 1939 New York)

Toller schreibt im Londoner Exil wenig, der persönliche Einsatz für Flüchtlinge und gegen das nazionalsozialistische Regime wird zunehmend wichtiger für ihn als die Kunst. Der expressionistische Dramatiker, Lyriker und Chronist seiner Zeit reist bereits in den 1920er Jahren zu Inszenierungen seiner Stücke nach London (z. B. 1929 zu *Hoppla, wir leben!*). 1933 aber holt ihn das politische Zeitgeschehen ein: Er sagt in London vor der Kommission aus, die den Reichstagsbrand untersucht. Toller hat einen großen Sinn für Gerechtigkeit und sieht diesen nirgendwo so lebendig verwirklicht wie in Großbritannien. Deshalb verwundert es nicht, daß der Sohn jüdischer Eltern 1934 nach England ins Exil geht: „Ich war in Deutschland ein Rebell. Ich werde es nun in England sein. Und wo sich die sinnvolle Gelegenheit bietet, handelnd eingreifen." So hilft er 1933 mit bei der Gründung der „Gesellschaft der Freunde verbrannter Bücher" in England und der des deutschen ■ LT4 Exil-PEN, bemüht sich um eine Arbeits- und Aufenthaltserlaubnis für Flüchtlinge und hält Reden u. a. auch über die Zustände in den Konzentrationslagern im ■ PL1 House of Commons. Toller wird schnell zu einer Symbolfigur der deutschen Exil-Opposition. Sein Engagement bleibt nicht ohne Folgen: Er steht teilweise unter Polizeischutz und entgeht 1935 angeblich dem Versuch eines Naziagenten, ihn zu verschleppen. Toller kann sich anders als viele seiner Landsleute sehr gut in die britische Gesellschaft integrieren und wird Ehrenmitglied des englischen PEN. Dramatiker wie der Ire Sean O'Casey loben seine Werke: „Bekommt Toller in London seine Spielzeit, wird England besserem Theater ein Stück näher kommen." Aber seine Stücke werden nur in kleinem Rahmen und auf experimentellen Bühnen, wie dem Londoner ■ T9 „Gate Theatre" in Notting Hill, aufgeführt. *Nie wieder Friede* bleibt das einzige Stück, das in London entsteht und dort in der englischen Bearbeitung von W. H. Auden uraufgeführt wird. Auch hier kreist das Thema um die politische Lage. Obwohl die Schauplätze in dieser pazifistischen Komödie imaginär sind, ist es die Thematik keineswegs. Toller fragt, wie angesichts des Faschismus der Frieden bewahrt werden kann und klagt den Wankelmut des leicht verführbaren Volkes an. 1934 wohnt Toller – ein unruhiger Mensch, „der nie ein Haus, möglicherweise nicht einmal eine Wohnung sein eigen nannte" (Dove) –, in Hampstead

(■ 88a: 1 Lambolle Road, NW3, zerstört). Im Nachbarhaus, der Nr. 3, mietet er ein Zimmer für die Schauspielerin Christiane Grautoff, die ihm bald nach London folgt. 1935 heiraten sie und ziehen um die Ecke in eine gemeinsame Wohnung (■ 88b: 27 Belsize Park). Sie hat ihr englisches Bühnendebüt in der Rolle der jungen Liebenden in *No More Peace* (1936). Die beiden Jahre in London sind ihre glücklichste gemeinsame Zeit. Doch der gefeierte Redner, der alle fasziniert, die ihn kennenlernen, kann das Glück nicht festhalten: Er leidet zunehmend an Depressionen, sein Erfolg läßt nach, die Ehe geht in die Brüche, und angesichts eines immer sicherer erscheinenden Krieges steht er auch als Literat an einer Schwelle, die er in seinem Drama bereits prophetisch beschrieben hat: „Ich kann mich nicht umstellen. Ich bin ein Dichter," sagt dort eine Figur, die bei Kriegsausbruch gedrängt wird, die Arbeit den geänderten Verhältnissen anzupassen. Den Kriegseintritt Englands erlebt Ernst Toller nicht mehr. 1936 geht er in die USA und bringt sich 1939 in einem New Yorker Hotel um.

W: *No More Peace* (1936), dt. *Nie wieder Friede.*
🕮 Richard Dove. *Ernst Toller. Ein Leben in Deutschland.* Göttingen 1993.

89. Mark Twain (eigentlich Samuel Langhorne Clemens)

(1835 Florida/Missouri bis 1910 Redding/Connecticut)

Als der bekannte Autor von *Tom Sawyer* und *Huckle berry Finn* 1896 London erreicht, ist er bankrott. Als er England wieder verläßt, hat er all seine Schulden bezahlt. Vorangegangen sind mehrere kürzere Aufenthalte in den 1870er Jahren zu Vortragsreisen. So hält Twain eine Rede vor den Mitgliedern des ■ PL1 Parlaments (House of Lords) zum Copyright, das damals noch nicht gesetzlich geregelt war. Auf die Frage, wie lange ein Autor Rechte an seinem Werk haben sollte, antwortet er: „eine Million Jahre". Twain steigt mit Vorliebe im ■ 89a „Langham Hotel" (1 Portland Place, W1, heute „Langham Hilton Hotel") ab, das bei amerikanischen Touristen sehr beliebt ist. 1896–97 wohnt Twain zusammen mit seiner Frau in einem Haus in Chelsea am ■ 89b: 23 Tedworth Square (SW3, Plakette): „Der Platz und die benachbarten Straßen sind nicht nur ruhig, sondern tot. Man hört nicht einen Laut." Er schreibt hier einen Teil von *Following the Equator (More Tramps Abroad in England,* 1897) und beschreibt darin auch seine Zeit in London. Ursprünglich hat er sich sogar vorgenommen, ein Buch über die Engländer und ihre Institutionen zu verfassen. Daraus wird leider nichts. Twain skizziert u. a. die Saint Paul's Cathedral und das British Museum. Besonders lustig macht er sich über das Albert Memorial (Kensington Gardens, W2) und die gerade errichtete Royal Albert Hall (Kensington Gore, SW7). Er vergleicht das Denkmal mit Napoleons Grab in Paris und nennt es „das schönste Denkmal der Welt, das je errichtet wurde, um das Banale zu glorifizieren." Seiner Meinung nach war der deutsche Ehemann von Königin Victoria – dieser „exzellente fremde Gentleman" – eine Ausgeburt an Mittelmäßigkeit. Twain hält sich eine Weile in

Wien auf und kehrt im Mai 1899 nach London zurück. Zunächst wohnt er in der Nähe vom Regent's Park in einer so kleinen Wohnung, daß er nur bei seinem Verlag ■ V11 „Chatto & Windus" (110 St Martin's Lane, WC2) ein Arbeitszimmer hat. Dann wohnt er in Kilburn (■ 89c „Dollis Hill House", Dollis Hill Lane, NW2): „Dollis Hill" ist für ihn „näher am Paradies, als jede andere Wohnung, die [er] je hatte." Ende September zieht er in ein Familienhotel nach Mayfair (■ 89d „Brown's Hotel", Albermarle Street, W1). Dort ergeht es ihm weniger gut: Diese Familienhotels „sind eine Londoner Besonderheit, die die Schöpfung nur hier hervorgebracht hat. Es handelt sich dabei um baufällige Klubs, die in grauer Vorzeit einmal bewohnbar waren. [...] Die ehedem großen Räume hat man in winzige Zellen aufgeteilt, und diese bieten jede erdenkliche Unbequemlichkeit, die außerhalb eines Gefängnisses für gutes Geld zu haben ist [...] Die Zimmer sind genauso interessant wie der Tower, aber vermutlich älter." 1900 kehrt er nach Amerika zurück.

A: *More Tramps Abroad in England* (1897).
📖 Milton Meltzer. *Mark Twain Himself: A Pictorial Biography*. Columbia u.a. 2002.

90. Peter Ustinov, Sir

(1921 London)

Der Sohn russischer Einwanderer kommt in London zur Welt. Die Familie wohnt in den ■ 90a „Carlyle Mansions" (Cheyne Walk, Ecke Lawrence Street, SW3), zieht aber in eine billigere Wohngegend (Lexham Gardens, W8), als das Schulgeld für Peter aufgebracht werden muß. Er geht auf ■ 90b „Mr. Gibbs' Knabenschule" (134 Sloane Street, SW1, zerstört), eine der führenden Privatschulen Englands und danach zusammen mit zukünftigen Politikern, Kirchenmännern und Wissenschaftlern auf die exklusive ■ S2 „Westminster School". Ustinov wohnt dort zunächst im Internat. Die Schule „liegt in eine kirchliche Umgebung eingebettet, die man auch den Kreml der Westminster Abbey nennen könnte. Es gibt Unmengen von Torbögen, an denen man sich den Kopf stoßen, vom Zahn der Zeit abgeschliffene Treppenstufen unterschiedlicher Höhe, auf denen man sich den Hals brechen, sowie Gemälde toter kirchlicher Würdenträger, an denen man seinen Glauben verlieren kann." Mit sechzehn Jahren wird er bereits auf der Schauspielschule „London Theatre Studio" in Islington (nicht erhalten) aufgenommen. Beim Vorsprechen soll er eine beliebige Seite aus einem Stück vortragen. Er lernt aber nicht wie üblich nur eine Rolle, sondern spricht alle. Ustinov wohnt zu dieser Zeit immer noch bei seinem Eltern im 4. Stock eines viktorianischen Mietshauses ohne Aufzug in Chelsea (■ 90c: 134 Redcliffe Gardens, SW10, Coleherne Court, Ecke Old Brompton Road). Der Vater arbeitet für den britischen Geheimdienst und organisiert in der Wohnung Treffen zwischen deutschen und englischen Offizieren. Nach seiner Ausbildung spielt Ustinov zunächst in dem Kabarett ■ T15 „The Players' Theatre" (King Street, WC2). Als er sein erstes Engagement im West End erhält, zieht er in eine winzige Dachterrassenwohnung in der Dover Street – „tagsüber

U

eine gute Geschäftsadresse, nachts eine schlechte Geschäftsadresse.“ Die Wohnung bietet mit ihrem großen Glasdach kaum Schutz vor den deutschen Bombenangriffen, und die „Einrichtung war schlichtweg schauderhaft, am Eingang hielt ein falscher venezianischer Negerjunge ein verstaubtes Tablett gläserner Weintrauben, außerdem gab es noch anderen Kitsch und Chichi zuhauf.“ Kurze Zeit später heiratet er eine Schauspielkollegin, und sie ziehen in eine Kellerwohnung in der Redcliffe Road: „ein Abstieg vom affektierten Luxus in die trübe Realität der Arbeitswelt.“ Ustinov bekommt Filmangebote. Sein erstes eigenes Theaterstück *House of Regrets* wird 1942 am ■ T16 „Arts Theatre“ (Chillingworth Road, N7, heute „Unicorn Theatre for Children“, Saint Mark's Studios) aufgeführt und in den Kritiken als bestes Theaterstück des Krieges gelobt. 1943 wird Ustinov eingezogen und arbeitet im Kinematographendienst des Heeres, wo Propagandafilme mit Starbesetzung gedreht werden. Nach dem Krieg ziehen die Ustinovs in eine „völlig gesichts- und charakterlose Neubauwohnung.“ Das Paar hat sich auseinandergelebt. Ustinov heiratet noch zweimal, hat insgesamt vier Kinder und zieht mit seiner zweiten Frau in die Schweiz. Er schreibt weiterhin Stücke und Romane, das internationale Publikum kennt ihn aber in erster Linie als Schauspieler. So erhält er zwei Oscars, einen davon für seine Rolle als Nero in *Quo Vadis*. Weitere Londoner Adressen sind in Chelsea (■ 90d: 14 Embankment, SW3 und in der ■ 90e: 215 King's Road, SW3). In der King's Road wohnt er in einem Haus von 1702, in dem schon die Schauspielerin Ellen Terry gelebt hat: „Statt eines Gartens hatte das Haus ein riesiges Atelier, in dem ich die meiste Zeit verbrachte, mit meinen Büchern, Schallplatten und den wenigen Kunstwerken, die ich nach und nach erwarb.“ Ustinov ist jemand, „der sich auf sehr vielen Gebieten auskennt und es auf den meisten zur Meisterschaft bringt“ (Miller). Einige seiner Theaterstücke, wie *The Love of Four Colonels* (1951) am ■ T17 „Wyndham's Theatre“ (Charing Cross Road, WC2), sind auch in deutschen Theatern erfolgreich aufgeführt worden.

A: *Dear Me* (1977), dt. *Ich und Ich. Erinnerungen.*
W: *House of Regrets* (1942) – *The Love of Four Colonels* (1951), dt. *Die Liebe der vier Obersten* – *Halfway Up the Tree* (1966), dt. *Halb auf dem Baum* – *The Loser* (1961), dt. *Der Verlierer* – *The Photo Finish* (1962), dt. *Endspurt.*
🕮 John Miller. *Peter Ustinov, die Gabe des Lachens: Seine Lebensgeschichte.* Köln 2003.

91. Jules Verne

(1828 Nantes – 1905 Amiens)

Jules Verne studiert Rechtswissenschaften in Paris und wird später Börsenmakler. Er ist zweimal kurz auf Besuch in London, noch bevor er seinen bekanntesten Roman *Le tour du monde en 80 jours* (1873) schreibt. 1859 macht Verne mit einem Freund eine Reise durch Schottland und England, die er in London beendet. In seinem Reisebericht *Voyage à reculons, en Angleterre et en Ecosse* (1989), der erst posthum veröffentlicht wird, beschreibt Jules Verne die viktorianische Stadt. Der Bericht ist gespickt mit Vergleichen zwischen Engländern und

Franzosen. Die alter egos der beiden Reisenden sind Jacques Lavaret und Jonathan Savournon. Sie steigen im „Family Hotel" (zerstört) in der Nähe der London Bridge ab. Der London-Führer, den sie als Informationsquelle mitgenommen haben, empfiehlt Touristen, ein Minimum von fünf Tagen in der Stadt zu verbringen – Verne bleibt nur zwei Tage. Er besichtigt St Paul's Cathedral, Westminster, Whitehall, Trafalgar Square, St James's Park, die Parade der Horse Guards, er geht zu einer *Macbeth*-Aufführung im „Princess's Royal Theatre" (Oxford Street, zerstört) und macht eine Fahrt auf der Themse bis nach Greenwich. Über das ■ PL1 Parlament vermerkt er: „Der Palast ist ein wertvolles Relikt, ein gigantischer mittelalterlicher Schrein – ein Märchentraum verwandelt in einen unbezahlbaren Stein, im Land des Volkes, wo die Industrialisierung am weitesten fortgeschritten ist." Über ■ M10 Madam Tussaud's (damals noch „The Bazar" in der Baker Street) schreibt er: „Wo sind wir? Bei Madame Tussaud's [...] – Ein Wachsfigurenkabinett? – Nein! Ein Museum, wie du noch kein anderes gesehen hast: Ich sage es dir zum letzten Mal, mach deine Augen auf und schau hin. Eine große Menschenmenge füllte die Räume und ohne ihre aufsehenerregenden Kostüme wäre es so manches Mal schwierig gewesen, die Besucher von den Besuchten zu unterscheiden." 1868 macht Verne mit seiner Familie eine Bootsreise und legt mit seinem Boot Saint-Michel in London an.

W: *Voyage à reculons, en Angleterre et en Ecosse* (1989), dt. *Reise mit Hindernissen nach England und Schottland* – *Cinq semaines en ballon* (1863), dt. *Fünf Wochen im Ballon.*
🕮 Jean Jules-Verne. *Jules Verne. A Biography*. London 1976.

92. Voltaire (eigentlich François-Marie Arouet de Voltaire)

(1694 Paris – 1778 ebd.)

„Wir wissen, daß er Swift traf, oft ins Theater ging, mit Lord Chesterfield speiste, bei zwei Königen vorsprach (Georg I. und II.), als Spion bezichtigt wurde, an Versammlungen der Quäker teilnahm, ein Drama schrieb (*Brutus*), in dem er die englische Freiheit der französischen Tyrannei gegenüberstellte, und es mit Lord Herveys Frau trieb (vielleicht auch mit dem Lord selbst). Sonst wissen wir fast gar nichts" (Buruma). Dieses Kurzresümee läßt nicht vermuten, daß Voltaire in England eine ihn sehr prägende Zeit verbracht hat. Wer auf Reiseimpressionen hofft, wird enttäuscht. Voltaire betrachtet das Land mit den Augen eines Bildungsforschers und liefert eine „Ideenrundfahrt". Die Gedankenwelt der Briten beeindruckt den Franzosen zutiefst, denn er findet hier „alles in der Weltweisheit sowie in den übrigen Dingen verändert". Er lobt die Anerkennung, die Schriftstellern und Künstlern in England zuteil wird, sowie die freie Meinungsäußerung, die Toleranz ermöglicht. Voltaire schreibt nicht nur keine Reiseimpressionen, er kommt 1726 auch nicht als gewöhnlicher Besucher, sondern als Exilant. Im Vergleich zur Bastille – wo er sich vorher aufhalten mußte – scheint das Leben in England eine verlockende Alternative zu sein. Obwohl er mit Empfehlungsschreiben

V

ausgestattet ist, gelingt ihm nicht gleich der Eintritt in die Gesellschaft. Sein Bankier geht in Konkurs, und er steht erst einmal ohne Bargeld da. So verwundert es nicht, daß Voltaire zunächst unsicher ist, ob er bleiben wird: „Ich weiß nicht, ob mein geringfügiges, durch so viele Reisen in Unordnung geratenes Vermögen, meine schlechte, mehr denn je zerrüttete Gesundheit und meine Vorliebe für ein zurückgezogenes Leben mir erlauben werden, mich in den Trubel von Whitehall und London zu stürzen." Die finanzielle Misere endet bald. Voltaire kommt durch die Protektion von Queen Caroline mit der englischen Publikation des Epos *La Henriade* (1723) – einer Streitschrift für Toleranz in Glaubensfragen – zu beachtlichem Wohlstand. Er wohnt in der ■ 92: 10 Maiden Lane (WC2; Hinweistafel, daß Voltaire hier in der Nähe gewohnt hat) oder abwechselnd bei einem seiner Gönner in der Pall Mall und auf dem Land in Wandsworth. Seine Beobachtungen hält Voltaire in Briefen an den Freund Thiériot fest. Daraus entstehen die *Lettres anglaises* (1734), die sehr erfolgreiche „Bibel der Anglomanie" (Buruma). In Frankreich hingegen erfährt Voltaire scharfe Kritik. Da die Briefe dort angeblich gegen die guten Sitten verstoßen, wird ihre Verbreitung untersagt. Voltaire lernt im Theater mit dem Manuskript der Souffleuse in der Hand die englische Sprache, aber sein Theatergeschmack bleibt ganz den französischen klassischen Auffassungen verhaftet: Er verdammt die „Regellosigkeit im Theaterspiel, unwahrscheinliche Handlungsabläufe, grobe Rede und sonstige Geschmacklosigkeiten." Auch die Kunst eines Herrn →Shakespeare vermag er nicht zu goutieren. Über den Grund seiner Rückkehr nach Frankreich 1728/29 ist wenig bekannt. Heimweh wird dabei eine Rolle gespielt haben. Die Wohnungen waren in Paris wohl besser: die Möbel, die Bedienung, die Ausstattung. Er vermißt „die gepflegten Umgangsformen, die feine Sprache, die sanfte und leise Musik." Daneben kommt es wahrscheinlich zum Streit mit einem Mäzen. Voltaire kommt einem Buchauftrag nicht nach, obwohl er den Vorschuß kassiert hat. Der Mäzen sieht hierin einen schweren Vertrauensbruch und soll gesagt haben: „Ich bringe den Schurken um."

W: *Lettres anglaises* (1734), dt. *Briefe des Herrn De Voltaire die Engländer und anderes betreffend – Brutus.*

🕮 Joachim G. Leithäuser. *Voltaire Leben und Briefe*. Essen 1996 – „Voltaires Kokospalmen." In: Ian Buruma. *Anglomania*. München 2002, S. 30–67.

93. Evelyn Waugh

(1903 London – 1966 Taunton/Somerset)

„Ich habe genauso wenig Erinnerung an das Haus, in dem ich geboren wurde, wie an das Ereignis selbst." Waugh kommt in Hampstead als Sohn eines Verlegers zur Welt (■ 93a: 11 Hillfield Road, NW6). 1916 zieht die Familie in das vom Vater entworfene Haus ■ 93b „Underhill" (145 North End Road, NW11, Hinweistafel) nach Golders Green. Waugh studiert in Oxford Geschichte, bricht das Studium aber ab und arbeitet für kurze Zeit erfolglos als Journalist beim ■ 93c *Daily Express* (23 St Bride Street, EC4, zerstört) und als Lehrer. Er heiratet

Evelyn Gardner: sie wird She-Evelyn er He-Evelyn genannt. 1928–30 wohnt Waugh in Islington (■ 93d: 17a Canonbury Square, N1), zieht aber wieder weg, nachdem seine Frau ihn verlassen hat. Er ist es leid, seinen Freunden erklären zu müssen, wie er dazu kommt, in so einer schrecklichen Gegend zu wohnen. 1929–37 ist Waugh zumeist auf Reisen außerhalb Englands. Mit *Decline and Fall* (1928) landet er seinen ersten großen Erfolg. Es ist eine Satire auf die gehobene Londoner Gesellschaft der 1920er Jahre, insbesondere der „bright young people", deren Leben von Leere, Sinnlosigkeit und Ausschweifungen geprägt ist. Wie auch in seinem zweiten Roman *Vile Bodies* (1930) zeigt Waugh London als einen „barbarischen Ort" – er selbst ist gleichzeitig abgestoßen und fasziniert von der Highsociety. Er nimmt insbesondere den Stadtteil Mayfair und das Treiben im „Cavendish Hotel" (Jermyn Street, SW1, ursprüngliches Haus nicht erhalten; im Roman ist es „Lottie Crump's Hotel" in der Dover Street) unter die Lupe: „Maskierte Parties, wilde Parties, viktorianische Parties, griechische Parties, Wilder Westen Parties, russische Parties, Zirkus Parties, Parties, bei denen man sich als wer anderes verkleiden mußte, fast nackte Parties in St John's Wood, Parties in Apartments und Studios und Häusern und auf Schiffen und in Nachtklubs, in Windmühlen und Swimmingpools [...], langweiliges Tanzen in London, komisches Tanzen in Schottland und widerliches Tanzen in Paris – diese ganze Aufeinanderfolge und Wiederholung von geballter Menschenmasse [...] diese widerwärtigen Körper [...]" Andere Romane wie *A Handful of Dust* (1934) und *Brideshead Revisited* (1945) werden später erfolgreich verfilmt. 1937 heiratet Waugh ein zweites Mal: Mit Laura Herbert hat er sechs Kinder. Im Krieg ist er als Offizier bei den Marinelandungstruppen. Mehr und mehr kommt Waugh zu dem Schluß, daß das Leben der Highsociety nichts für ihn ist, und wendet sich dem katholischen Glauben zu: „Dieses Leben blieb unverständlich und unerträglich ohne Gott." Insbesondere nach dem Krieg erscheint Waugh das Leben in London wenig reizvoll. Zwei Orte gibt es jedoch, an denen er sich weiterhin wohlfühlt: seinen Lieblingsclub ■ C12 „White's" (37–38 St James's Street, SW1) – „der einzige Ort auf Erden, wo hin [man] sich vor den Jagdhunden der modernen Welt flüchten kann" – und die Buchhandlung ■ Bu4 „Heywood Hill" (10 Curzon Street, W1), ein Treffpunkt der Intellektuellen in Mayfair. Später zieht Waugh sich als exzentrischer Gutsbesitzer nach Somerset zurück.

A: *A Little Learning*. London 1964.
W: *Decline and Fall* (1928), dt. *Auf der schiefen Ebene* – *Vile Bodies* (1930), dt. *Aber das Fleisch ist schwach* – *A Handful of Dust* (1934), dt. *Eine Handvoll Staub*. *The Diaries of Evelyn Waugh*. London 1995.
🕮 Douglas Lane Patey. *The Life of Evelyn Waugh*. Oxford 1998.

94. Herbert Georg Wells

(1866 Bromley/Kent – 1946 London)

H. G. Wells galt lange Zeit als „*der* Repräsentant englischer Literatur" (Schenkel). Nach dem Ersten Weltkrieg sinkt sein literarischer Stern allerdings. Heute verbinden deutsche Leser seinen Namen am ehesten mit dem Roman *Time Machine* (1895), in dem er eine negative menschliche Evolution entwirft. – Wells entstammt kleinbürgerlichen, ärmlichen Verhältnissen in Bromley (■ 94a: 47 High Street, heute 162 High Street, Gedenktafel am Alders Department Store), heute gehört der Vorort zu London. Seine Mutter arbeitet als Hausdame in dem Herrenhaus „Uppark" (South Harting/Petersfield/Hampshire), wo Wells zeitweilig lebt. Als Lehrling bei einem Tuchhändler scheitert er. 1884 erhält er ein Stipendium und geht nach London. Er studiert Zoologie an der ■ U4 „Normal School of Science" (Imperial College, Exhibition Road, SW7) in South Kensington und wohnt bei seinen Tanten in Hampstead (■ 94b: 12 Fitzroy Road, NW1; danach alleine bis 1891 in ■ 94c Nr. 46). Das Studium ist noch nicht beendet, da arbeitet er schon als Lehrer und Wissenschaftsjournalist, bis die Schriftstellerei zu seiner Hauptverdienstquelle wird. Wells heiratet in erster Ehe seine Cousine Isabel Wells. 1891–92 hat er ein Haus in East Putney. 1894 trennt sich das Paar, und Wells lebt mit Amy Catherine zusammen, die auch auf wissenschaftlichem und literarischem Gebiet seine Partnerin wird. 1901 und 1903 werden ihre zwei Söhne geboren. Daneben und danach unterhält Wells diverse andere Liebesbeziehungen. 1909–12 lebt er in einem georgianischen Haus in Hampstead (■ 94d: 17 Church Row, NW3). Wells ist literarisch sehr produktiv – er verfaßt 130 Romane – und vereint in seinem Werk getrennte Denkwelten: die Utopie und das Kleinbürgertum. In seinen Science-Fiction-Romanen macht er sich Gedanken über die Zukunft der menschlichen Spezies. In den tragikomischen, realistischen Gesellschaftsromanen erprobt das Kleinbürgertum die Anarchie. In *The Shape of Things to Come* (1933) entwirft Wells ein Bild des zukünftigen Londons: „Die Pest kehrt in den Jahren 1955 bis 56 zurück und dezimiert die Bevölkerung, London geht beinah durch einen großen Erdrutsch unter und wird 1968 durch einen Brand zerstört. Von 1945 bis 2000 werden unter dem Eindruck der Bunkerarchitektur des Krieges keine Hochhäuser mehr gebaut." Für einige Kritiker sind seine Science-Fiction-Romane ebenso im kleinbürgerlichen Milieu verankert wie die realistischen: alles „Ausgeburten der kleinbürgerlichen Hölle" (Schenkel). Eine solche Hölle schildert Wells in *Tono-Bungay* (1909). Er verbindet in diesem Roman seine eigenen Erfahrungen als Jugendlicher in „Uppark" (im Roman heißt das Herrenhaus „Bladesover House") mit dem Schicksal eines provokativen Kleinbürgers, der sich mit Hilfe einer dubiosen Medizin gesellschaftliches Ansehen verschafft, zwischen „Großmachtphantasien und Verdauungsproblemen" schwankt und schließlich am kapitalistischen System scheitert. London ist hier ein Ort mit „endlosen Straßen, nicht unterscheidbaren Häusern, nicht unterscheidbaren Fabriken, schäbigen Familien, zweitklassigen Geschäften, unerklärlichen Menschen." Wells bleibt zeitlebens seinem sozialistischen Denken treu. 1933–36 steht er als Präsident des englischen und internationalen PEN-Club noch einmal im Rampenlicht. Ab 1928 führt er ein sehr unstetes Leben. 1930–37 wohnt er in einem luxuriösen Apartment in Marylebone (■ 94e Baker Street, Chiltren Court Mansions, Apartment Nr. 47, NW1). Eigentlich sucht er nach einem Haus, in dem er sterben kann. Dies findet er ganz in der Nähe am Rande des Regent's Park (■ 94f: 13 Hanover Terrace, NW1, Plakette). Wells beschreibt das Gebäude als „ein altes, heruntergekommenes Haus." Heute ist der Gebäudekomplex renoviert und einer der eindrucksvollsten in ganz London. Wells bemalt eine Mauer hinter dem Haus mit einer Darstellung der Evolution und schreibt unter das Bild des Menschen: „Es ist Zeit zu verschwinden."

W: *Tono-Bungay* (1909), dt. *Der Traum – Ann Veronica* (1909) – *The Shape of Things to Come: The Ultimate Revolution.*

🕮 Elmar Schenkel. *H. G. Wells. Der Prophet im Labyrinth.* Wien 2001.

95. Edith Wharton (geborene Newbold Jones)

(1862 New York City bis 1937 b. Saint-Brice-sous-Foret/Frankreich)

„Von frühester Jugend an waren um mich herum immer Menschen, die entweder gerade von einer Europareise zurückkamen, oder die gerade zum Kontinent aufbrechen wollten", schreibt Edith Wharton in ihrer Autobiographie. 1880 sieht sie London das erste Mal als erwachsene Frau: „Ein glücklicherer Pilger hat nie zuvor seinen Fuß in den Londoner Nebel gesetzt." 1908 reist sie mit ihrem Mann und übernachtet sechs Wochen im ■ 95a „Berkley Hotel" (Piccadilly, Ecke Berkeley Street, SW1, zerstört). Die Einladungen zum Abendessen häufen sich: „Zweifellos wollte sie von der englischen High-Society anerkannt werden, von ihren Vorzügen Gebrauch machen und in ihren Reihen aufgenommen werden" (Benstock). Sie selbst sagt über diese Veranstaltungen, sie seien entweder „freudvoll" oder „leidvoll", aber niemals „gedankenvoll" gewesen. In den folgenden Jahren steigt Edith häufig in Mayfair im ■ 95b „Brown's Hotel" (Dover Street, W1) ab, das auch ein Schauplatz ihres Romans *The Age of Innocence* (1920) ist. 1909 wählt sie einen besonderen Ort für ein besonderes Ereignis: Sie verbringt mit dem amerikanischen Journalisten und Frauenhelden William Morton Fullerton eine Nacht im ■ 95c „Charing Cross Hotel" (The Strand, WC2, in der Suite 92, zwei Schlafzimmer und ein Wohnzimmer; heute heißt es „Thistle Charing Cross"). In dem Gedicht *Terminus* verewigt sie diese Nacht mit ihrer großen Liebe: „Geliebter, die lange geheime Nacht, die du mir gegeben hast, war wundervoll / Hand in Hand, Brust an Brust im Halbdunkeln. Die schwache rote Lampe / die mit magischen Schatten das gewöhnliche Zimmer im Gasthaus mit seinen unpersönlichen Möbeln durchdringt, / entfachte eine mystische Flamme / im Herzen des sich auf und ab bewegenden Spiegels [...]." Nach dem Ende der Affäre und ihrer Scheidung ist London mehr denn je ein Ort der Entspannung für sie: „Ohne einen kranken Mann, auf den sie aufpassen, und ohne einen rätselhaften Liebhaber, über den sie sich Sorgen machen mußte“ (Benstock). Sie verbringt jetzt zwar die meiste Zeit in Frankreich, besucht aber immer wieder ihre Freunde in London. Zu diesen zählt vor allem →Henry James, den sie auch finanziell fördert, da sie mit dem Schreiben mehr verdient als er.

A: *A Backward Glance* (1934).
W: *Terminus* (1909) – *The Age of Innocence* (1920), dt. *Zeit der Unschuld* – *The Gods Arrive* (1932).
🕮 Shari Benstock. *Ich gehe meinen Weg: Das Leben der Edith Wharton*. München 1995.

96. Oscar Wilde

(1854 Dublin – 1900 Paris)

„Er war entschlossen, die Stadt als Dandy aufzuschrecken, und sein exzentrisches Äußeres verlieh ihm die gefährliche und entzückende Auszeichnung, anders zu sein als die anderen [...] Dieser junge Dandy strebte mehr danach, etwas darzustellen, als etwas zu leisten. Er erkannte, daß das Leben selbst eine Kunstform sei, mit eigenen Stilen, nicht weniger als die Kunstgattungen, die es zu erfassen suchten“ (Funke). – Der irische Autor Oscar Wilde verdingt sich nach dem Studium in Dublin und Oxford ab 1879 in London als Rezensent, Kunstkritiker und zeitweiliger Herausgeber einer Frauenzeitschrift, bevor er vor allem als Dramatiker Erfolge verzeichnen kann. 1879–80 wohnt er in der ■ 96a: 13 Salisbury Street (WC2; zerstört, heute 80 Strand „Shell-Mex House“). 1881 zieht er zusammen mit einem befreundeten Künstler nach Chelsea (■ 96b: 44 Tite Street, SW3), bevor er für kurze Zeit in der ■ 96c Charles Street (heute 9 Carlos Place, W1) lebt. 1884 kauft er für sich und seine Frau Constance das Haus ■ 96d: 16 Tite Street (heute Nr. 34). Er findet die Gegend gräßlich, aber das Haus sei hübsch: „Ich habe mein Zimmer immer noch nicht vollständig eingerichtet und bereits mein ganzes Geld daran gewendet. [...] aber schließlich hätte ich wirklich nichts anderes nehmen können als Chippendale und Satinholz. Ich hätte einfach nichts schreiben können.“ Sein Sohn erinnert sich an das Arbeitszimmer des Vaters: „Es war ein ehrfurchtgebietender Raum, und er war sakrosankt. [...] Gelang es meinem Bruder und mir einmal, in dieses Allerheiligste vorzudringen, dann machten wir uns als erstes über den Papierkorb her auf der Suche nach Schätzen.“ Zunächst führen die Wildes eine glückliche Ehe. Wildes homosexuelle Affären führen aber schließlich dazu, daß er auszieht und sich im ■ 96e „Savoy Hotel“ (Beaufort Buildings, Strand, WC2) niederläßt. *A Woman of No Importance* (1893) und *The Ideal Husband* (1895) werden im ■ T18 „Theatre Royal“ am Haymarket (SW1) uraufgeführt (Hinweistafel an der Hinterseite des Theaters; Fotos im ■ M11 „Theatre Museum“, Russell Street, Covent Garden). In seinem bekanntesten Stück *The Importance of Being Earnest* (1895) mockiert sich Wilde u. a. über den Standesdünkel der Oberschicht. Als Jack bei Lady Bracknell um die Hand von Gwendolen anhält, wird er aufgefordert, seine angemessene Herkunft zu bescheinigen. Dies gestaltet sich als schwierig, weil Jack ein Findelkind aus der Gepäckaufbewahrung der ■ LS6 Victoria Station (Victoria Street, SW1) ist. Jack: „Der verstorbene Mister Thomas Cardew [...] hat mich gefunden und mir den Namen Worthing beigelegt, weil er damals zufällig eine Fahrkarte erster Klasse nach Worthing in der Tasche hatte. [...] Ich lag in einem Handköfferchen – einem ziemlich großen schwarzen Lederköfferchen mit Griffen [...].“ Lady Bracknell: „Und in welcher Lokalität ist dieser Mr. James – oder Thomas Cardew an dieses ganz gewöhnliche Handköfferchen geraten?“ Jack: „In der Gepäckaufbewahrung des Victoria-Bahnhofs. Es wurde ihm aus Versehen statt seines Koffers ausgehändigt.“ Lady Bracknell ist empört, was die Lokalität betrifft, die „kaum als die gesicherte Basis einer anerkannten Stellung in den Kreisen der guten Gesellschaft“ betrachtet werden kann. – 1895 wird Oscar Wilde im ■ 96f „Cadogan Hotel“ (75 Sloane Street, SW1) in Zimmer 53 im Beisein seines Geliebten Lord Alfred Douglas wegen Homosexualität verhaftet. Es folgt eine Gerichtsverhandlung im ■ G1 Old Bailey und die Verurteilung zu zwei Jahren Zwangsarbeit. Wilde verliert seinen gesamten Besitz. Viele seiner sogenannten Freunde wenden sich von ihm ab. In seinen Komödien hat er die viktorianische Gesellschaft immer wieder verspottet, indem er ihre Doppelmoral entlarvte und ihr damit den Spiegel vorhielt, obwohl sie gleichzeitig auch eine unwiderstehliche Anziehungskraft auf ihn ausübte. Die Macht der Gesellschaft, die er in seinem Werk nie unterschätzt hat, wird ihm im Leben zum Verhängnis. An Wilde wird im Prozeß ein Exempel statuiert. Nicht nur der Mensch, sondern auch der Künstler, der sich programmatisch gegen eine Vereinnahmung der Kunst als moralischer Richtungsweiser ausgesprochen hat, wird verdammt. Nach seiner Entlassung verläßt Wilde England und stirbt in Paris. Sein Porträt hängt zusammen mit dem anderer großer Autoren in der Chelsea Library (Chelsea Old Town Hall, King's Road bei Chelsea Manor Street).

W: *The Picture of Dorian Gray* (1890), dt. *Das Bildnis des Dorian Gray* – *A Woman of No Importance* (1893), dt. *Eine Frau ohne Bedeutung* – *The Ideal Husband* (1895), dt. *Ein idealer Gatte* – *The Importance of Being Earnest* (1895), dt. *Bunbury, oder: Die Bedeutung ernst zu sein.*
🕮 Richard Ellman. *Oscar Wilde.* München 1997. Norbert Kohl. *Oscar Wilde: Leben und Werke.* Frankfurt 2000 – Martin Holland. *Oscar Wilde im Kreuzverhör.* München 2003.

97. Mary Wollstonecraft

(1759 Hoxton/London – 1797 London)

Mary folgt ihrer Schwester nach London, als diese es bei ihrem Ehemann nicht mehr aushält. Zusammen gründen sie eine Schule in Islington, wo Mary als Lehrerin arbeitet. Sie trifft auf den radikal gesinnten Verleger und Drucker Joseph Johnson, der ihr eine Bleibe in der 49 George Street besorgt (heute Dolben Street, zerstört, Hinweistafel in der ■ 97a: 209–15 Blackfriars Road, SE1) und sie mit Literaten wie →William Blake und dem politischen Philosophen William Godwin bekannt macht. 1791 wohnt sie in Bloomsbury (Store Street, WC1, zerstört) und schreibt dort *A Vindication of the Rights of Woman* (1792), eine Schrift, in der sie sich für die Bildung der Frauen und die Gleichheit der Geschlechter einsetzt. Nach dieser Publikation ist Wollstonecraft zunächst sehr populär, wird aber bald von einigen Autoren als „eine Hyäne in Petticoats" beschimpft. Wollstonecraft ist während der Französischen Revolution in Paris. 1795 kommt sie vom Kontinent zurück und wohnt mit Gilbert Imlay und der gemeinsamen Tochter Fanny in der ■ 97b: 26 Charlotte Street (W1) und in der ■ 97c: 26 Percy Street (W1, zerstört). Nachdem Imlay sich von ihr getrennt hat, versucht sie sich das Leben zu nehmen. Sie springt von der Putney Bridge, kann aber gerettet werden. Bevor sie William Godwin näher kennenlernt, lebt sie in der Nähe der City am Finsbury Place (zerstört): Die Straßen um sie herum erinnern sie daran, wo sie enden wird, wenn sie sich nicht anstrengt. Eine Weile wohnt Mary in St Pancras (■ 97d: 1 Cumming Street, N1, zerstört), dann am Rande von Somers Town (16 Judd Place West; Straße nicht mehr vorhanden). Auch nachdem Mary und William ein Paar sind, wohnen sie ein paar Häuser voneinander entfernt. Beide sind strikt gegen eine Heirat, weil dadurch Gefühle in Besitz übergehen würden. Sie schicken sich Briefchen, um miteinander zu kommunizieren. Mary schreibt: „Der Satz, der mir am besten gefallen hat, war der letzte, wo du mir sagst, daß du nach Hause kommen, und nicht mehr weggehen wirst – Aber ich habe schlechte Laune. Ich werde meine Liebenswürdigkeit in mir aufstauen wie in einer Flasche, bis etwas in deinem Gesichtsausdruck, wenn ich dich sehe, den Korken in die Luft springen läßt – ob ich es will oder nicht." Als Mary schwanger wird, entscheiden sie sich doch für eine Heirat, und sie nehmen sich eine gemeinsame Wohnung zwischen der Chalton Street und Polygon Road (früher ■ 97e: 29 The Polygon, Somers Town, zerstört). Godwin behält daneben ein eigenes Apartment. Mary Wollstoncraft stirbt 1797 nach der Geburt ihrer Tochter, der späteren Autorin →Mary Shelley.

W: *A Vindication of the Rights of Woman* (1792), dt. *Eine Verteidigung der Rechte der Frau – The Wrongs of Woman; or, Maria* (1798), dt. *Das Unrecht an den Frauen oder Maria: Ein Fragment.*

🕮 Janet Todd. *Mary Wollstonecraft: A Revolutionary Life.* London 2000. Karin Priester. *Mary Wollstonecraft.* München 2002

98. Virginia Woolf (geborene Stephen)

(1882 London – 1941 Rodmell/Sussex)

London ist für Virginia Woolf das Zentrum aller Dinge, der Mittelpunkt ihres Lebens. Es ist ein Ort, der sie inspiriert und zugleich schädlich für sie ist, da zu viele Reize sie aus ihrem psychischen Gleichgewicht bringen können. Sie verbringt die meiste Zeit ihres Lebens in London und spiegelt die Stadt im Bewußtsein ihrer Figuren sowie in der Beschreibung ihres Alltags. Virginia Woolf wird vor allem als Mitbegründerin des modernen Romans berühmt. Dabei wird schnell vergessen, daß sie auch eine ausgezeichnete Essayistin, Kritikerin, Journalistin und nicht zuletzt Lektorin der „Hogarth Press" gewesen ist – einem Verlag, der nicht nur ihre eigenen Werke verlegte, sondern auch große Autoren wie →T. S. Eliot, →Katherine Mansfield oder Italo Svevo entdeckte. Geboren wird Virginia als drittes Kind des bekannten Biographen Leslie Stephen im Stadtteil Kensington (■ 98a: 22 Hyde Park Gate, SW7, Hinweistafel). Später resümiert sie ihre Kindheit: „Aus Nicht-Sein bestand ein großer Teil unserer Zeit." Nach dem Tod des autoritären Vaters zieht sie 1904 mit ihren Geschwistern nach Bloomsbury (■ LT2: 50 Gordon Square, WC1, Hinweistafel). Ihr neues Lebensmotto lautet: „Alles muß neu, alles muß anders sein. Alles wird ausprobiert." Der Gordon Square symbolisiert für die Geschwister ein ganz neues Lebensgefühl: Er „ist wohlhabende Mittelklasse und ausgesprochen mittelviktorianisch. Doch ich kann euch versichern, daß er im Oktober 1904 der schönste, der reizvollste, der romantischste Platz der Welt war." Hier beginnen die Geschwister zu den Donnerstagabenden einzuladen, an denen sich die Bloomsbury-Group formiert. Nach der Heirat ihrer Schwester Vanessa folgt eine weniger glückliche Zeit. Virginia wohnt 1907 mit ihrem Bruder Adrian zusammen (■ 98b: 29 Fitzroy Square, W1, Plakette; ehemalige Adresse von →Shaw), 1911 lebt sie gleich mit vier Männern unter einem Dach (■ 98c: 38 Brunswick Square, WC1, zerstört). Einen von ihnen, Leonard Woolf, heiratet sie 1912. Das Ehepaar läßt sich in der City nieder (■ 98d: 13 Clifford's Inn, WC2, zerstört), wo Virginia an ihrem ersten Roman *The Voyage Out* (1915) arbeitet. Ihr schlechter Gesundheitszustand – es kommt immer wieder zu Nervenzusammenbrüchen und Selbstmordversuchen – läßt ein Leben auf dem Land reizvoll erscheinen. 1914 ziehen die Woolfs nach Richmond (■ 98e: 17 The Green, Zimmer im 1. Stock) und mieten im folgenden Jahr nach zähen Verhandlungen das ■ V10a „Hogarth House", Paradise Road (Hinweistafel). Hier richten sie mit einer eigenen Druckerpresse ihren Verlag, die „Hogarth Press", ein. Virginia lernt in Richmond ihre spätere Geliebte →Vita Sackville-West kennen, deren Romane die Woolfs erfolgreich verlegen. Auch während ihrer Zeit in der Vorstadt unternimmt Virginia immer wieder Tagesausflüge nach London. „Ich bin nach London gefahren auf meiner gewohnten Tour – die, die ich am liebsten mag [d.h. Partridge und Cooper's Schreibwarenhandlung in der Fleet Street, Gordon Square, Mudie's Bibliothek in der New Oxford Street und der Club 17 in Soho (Gerard Street)]. Ich war so glücklich, daß ich die Hauptsache vergessen habe: ein Farbband für die Schreibmaschine zu besorgen. Egal. Das wird mir einen weiteren Tag in der Stadt bescheren." 1924 setzt sich Virginia durch, und das Paar zieht zurück nach Bloomsbury. Am ■ V10b 52 Tavistock Square (WC1, zerstört) verbringt sie fast fünfzehn Jahre. Virginia Woolf wohnt mit großer Vorliebe an Plätzen: „Die Plätze in Bloomsbury berauschen mich immer wieder mit ihrer Schönheit." Sie geht häufig in die nahegelegene ■ LT5a British Museum Library: „London war wie eine Werkstatt. London war wie eine Maschine [...] Auch das Britische Museum war eine Abteilung dieser Fabrik. Die Pendeltüren schwangen auf; und da stand man, unter der riesigen Kuppel, als wäre man ein Gedanke in dieser großen kahlen Stirn, die so prunkvoll umrahmt ist von einem Band berühmter Namen." In ihren Romanen steht Bloomsbury für die Bohème, Kensington für Respektabilität und die

City für die Geschäftigkeit der Welt des Handels. Woolf beschreibt London aber nicht als Außenstehende, sondern die Stadt wird zum Spiegel des Innenlebens ihrer Figuren. *Mrs Dalloway* (1925) ist sicherlich der London-Roman schlechthin. Die Stadt wird an einem Tag beschrieben, ähnlich wie Joyce mit Dublin verfährt. Clarissa fühlt sich wohl in der Stadt, während der Kriegsveteran Septimus psychisch instabil ist. Clarissa erfreut sich daran, die gewohnten Glockenschläge von Big Ben zu hören: „Wenn man – wie lange schon? Über zwanzig Jahre waren es jetzt – in Westminster gelebt hat, so spürt man mitten im ärgsten Straßenlärm oder auch in der Nacht, wenn man nicht schlafen kann, ein ganz eigenes Stillwerden, das wußte Clarissa ganz genau; etwas Feierliches, ein unbeschreibliches Atemanhalten, ein Stocken [...] ehe der Big Ben, die große Glocke auf dem Turm des Parlaments, zu schlagen beginnt. Da! Jetzt dröhnte es. Erst die klingende Ankündigung; dann die Stunde, unwiderruflich. Die bleischweren Wellenringe zerflossen in der Luft." Septimus hingegen sieht im Regent's Park nur die bedrohliche Natur, die für ihn zum Spiegel seiner verletzten Seele wird. In *Orlando* (1928) kommt die in der elisabethanischen Zeit zunächst männliche Titelfigur – eine Huldigung an →Vita Sackville-West – Anfang des 20. Jahrhunderts von einer Reise als Frau zurück nach London. Da in diesem Roman bei der Darstellung von Orlandos Leben auch die Grenzen der Zeit überschritten werden, kann Woolf die Geschichte der Stadt in kurzer Zeit Revue passieren lassen: „Das also war die Kuppel der St. Paul's Kathedrale, die Mr. Wren während ihrer Abwesenheit erbaut hatte. In der Nähe barst ein Schopf goldener Haare aus einer Säule – Kapitän Bartolus war an ihrer Seite, um sie darüber zu informieren, daß dies das *Monument* sei; während ihrer Abwesenheit habe es die Pest und eine Feuersbrunst gegeben, sagte er." Virginia Woolfs letzte Londoner Adresse, das Haus am ■ 98f Mecklenburgh Square (Nr. 37, WC1, zerstört), wird 1940 von einer Bombe getroffen und unbewohnbar. 1941 ertränkt sich Virginia Woolf im Fluß Ouse in der Nähe ihres Anwesens „Monks House" in Sussex.

W: *Night and Day* (1919), dt. *Nacht und Tag* – *Jacob's Room* (1922), dt. *Jacobs Zimmer* – *Mrs Dalloway* (1925) – *Orlando* (1928) – *The Waves* (1931), dt. *Die Wellen* – *The Years* (1937), dt. *Die Jahre* – *London. Bilder einer großen Stadt*. Berlin 1992.

🕮 Hermione Lee. *Virginia Woolf: Ein Leben*. Frankfurt 1999 – Jean Moorcroft Wilson. *Virginia Woolf's London*. London 2000.

99. Emile Zola

(1840 Paris – 1902 ebd.)

1893 ist Zola das erste Mal in London. Er reist zusammen mit einer Reihe von Journalisten an. Zola übernachtet im ■ 99a „Savoy Hotel" (Beaufort Buildings, Strand) und hält in den ■ U2 Inns of Court (Lincoln's Inn Hall) einen Vortrag über Anonymität im Journalismus. Im Juli 1898 sucht er nach der Dreyfus-Affäre Zuflucht in London und bleibt bis 1899 im englischen Exil. Sein offener Brief *J'accuse* in dem er Dreyfus verteidigte, hat ihm eine einjährige Gefängnisstrafe eingebracht, weil er angeblich die Armee diffamiert hat. Zola nennt sich in London ‚Monsieur Pascal' und wohnt zunächst im ■ 99b „Grosvenor Hotel" (Buckingham Palace Road, SW1, heute „Thistle Victoria Hotel"). Da er kein Englisch spricht, muß er sich mit Gesten verständlich machen. Ihn begleitet die ständige Angst, entdeckt zu werden. So erscheint es ihm auch bald zu gefährlich, in der Innenstadt wohnen zu bleiben, und er zieht erst zu einem Anwalt nach Wimbledon (Prince's Road), dann ins ■ 99c „Oatlands Park Hotel" (146 Oatlands Drive, Weybridge). Nur wenige Menschen wissen jeweils, wo er sich gerade aufhält. Schließlich lebt er in Norwood (■ 99d „Queen's Hotel", 122 Church Road, SE19, Hinweistafel). Im ■ P2 Hyde Park trifft →Ford Madox Ford auf ihn: „Ich fand Zola auf einer Bank im Hyde Park sitzen. Er sah düster vor sich hin und stocherte mit seinem Spazierstock im Sand. Schwermütig sagte er: ‚Was soll man nur von einem Land halten, in dem die Kindermädchen ihre Frisur so nachlässig herrichten, daß ich an einem einzigen Morgen vor einer Parkbank achtzehn Haarnadeln gefunden habe? Eine Stadt, in der solche Verschwendung herrscht, ist dem Untergang geweiht!'" Sein Prozeß geht 1899 in die Revision, und er kann nach Paris zurückkehren. Seinen Eindruck von London beschreibt er ausführlich in *Pages d'exil* (1898): „Was mich am meisten verwundert, ist der Zwang zur Agglomeration [...] So gibt es Straßen, ganze Stadtteile, die aus kleinen identischen Häusern bestehen, die aneinander kleben. Man könnte meinen, hier sei der Traum unserer Kommunisten in die Praxis umgesetzt worden."

W: *Pages d' exil* (1898).
🕮 Veronika Beci. *Emile Zola*. Düsseldorf 2002.

100. Stefan Zweig

(1881 Wien – 1942 Petropolis/Brasilien)

Stefan Zweig kommt 1906 mit großen Erwartungen erstmals nach London – und wird enttäuscht: „Ich klapperte alle Sehenswürdigkeiten des Baedekers von der Madame Tussaud bis zum Parlament mit studentischem Pflichtgefühl ab, ich lernte Ale trinken und ersetzte die Pariser Zigarette durch die landesübliche Pfeife, ich gab mir in hundert Einzelheiten Mühe, mich anzupassen; aber weder gesellschaftlich noch literarisch kam ich in einen wirklichen Kontakt, und wer England nur von außen sieht, der geht am Wesentlichen vorbei." Zweig verbringt zwei Monate auf seiner Europa-Tour in London, arbeitet aber die meiste Zeit in seinem Zimmer oder in der ■ LT5a British Museum Library und nimmt als bleibende Erinnerung lediglich eine Bleistiftzeichnung eines toten, fast vergessenen Künstlers mit: Shakespeares King John von →William Blake. Fast dreißig Jahre später kommt er wieder nach London: Nach einer Durchsuchung seines Hauses in Salzburg, die er als Jude über sich ergehen lassen muß, reist er im Oktober 1933 in die englische Metropole. „Das Gepäck, das ich mitbrachte, war gering, und ebenso meine Erwartungen." Aber es geschieht ein kleines Wunder: Zweig überkommt ein Gefühl der Vertrautheit – „Noch hatte ich keinen Blick auf die Stadt getan, aber mein

Geruchssinn hatte, über drei Jahrzehnte hinweg, diese sonderbar herbe, dichte, feuchte, einen von nah umhüllende Luft wiedererkannt" – und er fühlt sich bald „unbeschreiblich wohl". Auf seiner Rückfahrt nach Österreich entschließt er sich, in das „liebgewonnene London" zurückzukehren. Ein weiterer Grund ist ein neues Buchprojekt, das ihn nicht losläßt: Nachdem er im Schauraum des ■ M13 British Museum einige zeitgenössische Urkunden über die Hinrichtung von Maria Stuart gesehen hat, ist seine Neugierde geweckt, und er beginnt, eine Biographie über sie zu schreiben. Es entsteht ein weiteres tragisches Lebensbild, das sich in die Reihe seiner dramatisch gestalteten Porträts historischer Persönlichkeiten, die einem übermächtigen Schicksal ausgeliefert waren, einreihen läßt. Zweig mietet sich bis Ende 1935 eine möblierte Wohnung (■ 100a: 11 Portland Place, W1, zerstört), „weil aller Besitz schon wieder Bindung bedeutet". Obwohl er sich jetzt mit der Stadt angefreundet hat, und der international sehr erfolgreiche Autor auch keine finanziellen Sorgen mehr haben muß, verzagt er über den Neuanfang: Er sieht sich wieder als Student, „nur nicht so gläubig, nicht so enthusiastisch mehr, einen Schimmer von grau auf dem Haar und ein leises Dämmern von Verzagtheit über der ermüdeten Seele". Anders als andere deutsche Emigranten, wie Ernst Toller, hält er sich aus politischen Diskussionen ganz heraus, bereut dies aber später. Zweig war ohne seine Frau Friderike nach London gezogen, sie besucht ihn aber häufig. Sie ist es auch, die eine Sekretärin für ihn sucht. So tritt Lotte Altmann in das Leben des Schriftstellers. Nach der Rückkehr von mehreren Reisen hilft Friderike ihm im Oktober 1936, die neue Wohnung in der ■ 100b: 49 Hallam Street (W1) einzurichten. Sie ahnt bereits nichts Gutes und fordert ihren Mann auf, er solle seine Sekretärin wieder entlassen, aber Zweig weigert sich. Bald darauf kommt das Ehepaar überein, sich zu trennen. 1938, nach dem Anschluß Österreichs, trägt Zweig sein Schicksal als ‚offizieller' Emigrant schwer: „Und da saß ich wie alle die andern in meinem Zimmer, wehrlos wie eine Fliege, machtlos wie eine Schnecke, indes es auf Tod und Leben ging, um mein innerstes Ich und meine Zukunft, um die in meinem Gehirn werdenden Gedanken, die geborenen und ungeborenen Pläne, mein Wachen und meinen Schlaf, meinen Willen, meinen Besitz, mein ganzes Sein." Die Emigration ist für ihn wie ein Identitätsverlust, eine „Art von Gleichgewichtsstörung". Ein Lichtblick in dieser Zeit ist →Sigmund Freud. Er verbringt viel Zeit mit Freud, der zu einer „unermeßlichen Tröstung und seelischen Bestärkung" wird, die aber nur kurze Zeit währt. 1939 spricht Zweig die *Worte am Sarge Sigmund Freuds.* Mit der Zeit kann Zweig die Großstadt nur noch schwer ertragen, „weil ich unwillkürlich jedem der Tausenden Menschen, die vorüberfluteten, von der Stirn ablesen wollte, was er dachte." Alle beschäftigt nur die einzige Frage: Wird es Krieg geben oder nicht? Mit →H. G. Wells' Hilfe gelingt es ihm, die britische Staatsbürgerschaft zu erhalten. Stefan Zweig zieht mit Lotte Altmann für wenige Monate nach Bath, wo er sie heiratet, u. a. auch, weil nach dem Kriegseintritt Englands beide zu ‚feindlichen Ausländern' erklärt worden sind, und Lotte eine Internierung befürchten muß. 1940 treten die Zweigs eine Vortragsreise nach Südamerika an, von der sie nicht wieder zurückkehren werden. Kurz vor seinem Tod beendet Zweig seine Autobiographie. Er sieht sich in einer „wahnsinnig gewordenen Welt“ leben, in der er sich unnütz und allein wie nie zuvor fühlt: Er muß das Scheitern der friedlichen Vereinigung Europas mit ansehen, für die er sich sein Leben lang eingesetzt hat. Der Selbstmord scheint der einzige Ausweg zu sein.

A: *Die Welt von gestern. Erinnerungen eines Europäers* (1944).
W: *Triumph und Tragik des Erasmus von Rotterdam* (1935) – *Maria Stuart* (1935) – *Magellan. Der Mann und seine Tat* (1938) – *Ungeduld des Herzens* (1938) – *Worte am Grabe Sigmund Freuds* (1939).
🕮 Hartmut Müller. *Stefan Zweig*. Reinbeck 1988. – Donald A. Prater. *Stefan Zweig: Das Leben eines Ungeduldigen*. München 1988.

Auswahlbibliographie

Abbey, William u. a. (Hrsg.): *Between Two Languages. German-speaking Exiles in Great Britain 1933-45*. Stuttgart 1995.

Ackroyd, Peter: *London. Die Biographie*. München 2002.

Ashton, Rosemary: *Exile and Asylum in Victorian England*. Oxford 1986.

Barth, Adolf (Hrsg.): *London Poems*. Stuttgart 1988.

Bassett, H. B.: *Literary Places In and Out of London*. London 1985.

Berthold, Werner und Brita Eckert: *Der deutsche PEN-Club im Exil 1933–48*. Frankfurt 1980.

Borish, Elaine: *Literary Lodgings*. London 1995.

Bretet, Christian und Alain Pozzuoli: *Guide littéraire de Londres*. Paris 1999.

Buruma, Ian: *Anglomania. Europas englischer Traum*. München 2002.

Carter, Katy: *London and the Famous*. London 1982.

Cunningham, Ian: *A Reader's Guide to Writers' London*. London 2001.

Davies, Andrew: *Literary London*. London 1988.

De Young, Jim und John Miller: *London Theatre Walks*. New York/London 1998.

Dove, Richard: *Journey of No Return. Five German-Speaking Literary Exiles in Britain, 1933–1945*. London 2000.

Elliman, Michael und Frederick Roll: *The Pink Plaque Guide to London*. London: 1986.

Glinert, Ed: *A Literary Guide to London*. London 2000.

Görner, Rüdiger: *Londoner Fragmente*. Düsseldorf 2003.

Grimm, Jürgen (Hrsg.): *Französische Literaturgeschichte*. Stuttgart 1989.

Hechtfischer, Ute (Hrsg.): *Metzler-Autorinnen Lexikon*. Stuttgart 1998.

Hirschfeld, Gerhard (Hrsg.): *Exil in Großbritannien. Zur Emigration aus dem nationalsozialistischen Deutschland*. Stuttgart 1983.

Kilcher, Andreas B. (Hrsg.): *Metzler Lexikon der deutsch-jüdischen Literatur*. Stuttgart 2000.

Kitchen, Paddy: *Poets' London*. London 1980.

König, Johann-Günther: *Von Pub zu Pub. Eine literarische Kneipentour durch London und Südengland*. Frankfurt 2003.

Kreutzer, Eberhard und Ansgar Nünning (Hrsg.): *Metzler Lexikon englischsprachiger Autorinnen und Autoren*. Stuttgart 2002.

Krieger, Gottfried: *Das englische Drama des 20. Jahrhunderts*. Stuttgart 1998.

Lane, Eric: *Literary London*. Dublin 1988.

Lutz, Bernd: *Metzler Autoren Lexikon*. Stuttgart 1994.

Mackworth, Cecily: *English Interludes*. London 1974.

Maurer, Michael (Hrsg.): *O Britannien, von deiner Freiheit einen Hut voll. Deutsche Reiseberichte des 18. Jahrhunderts*. Köln 1992.

Nowel, Ingrid: *London. Biographie einer Weltstadt*. Köln 1998.

Ousby, Ian: *Literary Britain and Ireland*. London 1985.

Panay, Panikos (Hrsg.): *Germans in Britain Since 1500*. London 1996.

Patsch, Sylvia M.: *Österreichische Schriftsteller im Exil. Ein Kapitel vergessene österreichische Literatur*. Wien/München 1985.

Pentelow, Mike und Marsha Rowe: *Characters of Fitzrovia*. London 2001.

Pross, Steffen: *In London treffen wir uns wieder. Vier Spaziergänge durch ein vergessenes Kapitel deutscher Kulturgeschichte*. Frankfurt 2000.

Raykowski, Harald: *London. Literarische Spaziergänge*. Frankfurt 2000.

Raykowski, Harald (Hrsg.): *Reise Textbuch London*. München 1986.

Reader, Lesley: *Book Lovers' London*. London 2002.

Rennison, Nick: *The London Blue Plaque Guide*. Sutton 1999.

Rennison, Nick (Hrsg.): *Waterstone's Guide to London Writing*. London 1998.

Rickards, Maurice: *Where They Lived in London: A Guide to Famous Doorsteps*. Newton Abbot 1972.

Rieder, Ines: *Wer mit wem: Berühmte Frauen und ihre Liebhaberinnen*. München 1997.

Seeber, Hans Ulrich (Hrsg.): *Englische Literaturgeschichte*. Stuttgart 1991.

Sturtevant, Katherine: *Our Sisters' London.* London 1990.
Sumeray, Derek: *Discovering London Plaques.* Buckinghamshire 1999.
Taylor, Barry: *Foreign-Language Printing in London, 1500–1900.* Boston Spa 2002.
Teske, Doris: *Die Vertextung der Megalopolis. London im Spiel postmoderner Texte.* Trier 1999.
Vansittart, Peter: *London: A Literary Companion.* London 1992.
Varlow, Sally: *A Reader's Guide to Writers' Britain.* London 1996.
Webb, Edwin: *Literary London.* Kent 1990.
Weinreb, Ben (Hrsg.): *The London Encyclopaedia.* London 1983.
Weintraub, Stanley: *London Yankees. Portraits of American Writers and Artists in England 1894–1914.* London 1979.
Wolfreys, Julian: *Writing London.* London 1998.

Bildnachweise und Quellenrecherche

Amerika Gedenkbibliothek, Berlin
British Library, London
Deutsches Exilarchiv, Frankfurt
Staatsbibliothek, Berlin
Universitätsbibliothek, Münster
Verlag Jena 1800, Berlin
Wiener Library, London
Katrin Ribbe, London (mit freundlicher Genehmigung S. 59: Foto Sarah Kane)

Leider konnten nicht alle Rechteinhaber ermittelt werden. Wir bitten Sie, sich gegebenenfalls mit dem Verlag Jena 1800 in Verbindung zu setzen.

Historischer Stadtplan und vergrößerter Innenstadtplanausschnitt:
London – Pharus-Map von 1913
mit freundlicher Genehmigung von:
© Pharus-Plan, Berlin
Otto-Suhr-Allee 114, 10585 Berlin, Tel.: 030/39 88 88 83 Fax: 030/36 40 77 37
www.pharus-plan.de, E-mail: pharus@pharus-plan.de

Für die Markierung der Wohn- und Wirkungsstätten und literarischen Schauplätze haben wir einen historischen Stadtplan der Pharus-Reihe ausgewählt. Die *Pharus-Map von London, 1913* ist von allen in Frage kommenden Stadtplänen aus dieser Zeit – unserer Ansicht nach – der beste und dekorativste: Markante Londoner Gebäude und Sehenswürdigkeiten wie der Tower, Westminster Abbey, Buckingham Palace, die Houses of Parliament, St Paul's Cathedral, St James Palace und viele andere sind aus der Vogelperspektive eingezeichnet, geben dem Plan große Anschaulichkeit und machen eine schnelle Orientierung für den Benutzer möglich. Sämtliche Haupt- und Nebenstraßen bis hin zu kleinen Gassen sind aufgeführt und übersichtlich beschriftet, so daß wir punktgenau unsere Adressen markieren konnten. Der Maßstab 1:22 000 dieser Karte machte es außerdem möglich, 90 % aller Adressen einzutragen, auch so wichtige wie die der Emigranten, die größtenteils in Hampstead gewohnt haben. Die schöne Farbigkeit des Plans u. a. die grün eingezeichneten Parks wie der bekannte Hyde Park, der Regent's Park oder die Kensington Gardens, die rotmarkierten Bahnhöfe wie die Victoria Station und die originäre Titelgestaltung sind nicht zuletzt ein ästhetischer Genuß.

Pharus-Pläne gibt es seit 1902. Der Name erinnert an eines der sieben Weltwunder, den Leuchtturm vor Alexandria, auf der Insel Pharos, der den Seefahrern ihren Weg in den sicheren Hafen wies. Das Emblem ließ der Firmengründer Cornelius Loewe von dem Grafiker und Schriftschöpfer Ludwig Sütterlin entwerfen.
Ähnlich wie der Leuchtturm den Seefahrern das Ziel vor Augen führte, sollen Pharus-Pläne den Gast oder den Bewohner einer Stadt sicher an seinen Bestimmungsort geleiten. Diesen Gedanken haben wir mit viel Liebe zum Detail bis heute beibehalten.
Bereits 1903 zur Deutschen Städte-Ausstellung in Dresden erhielt der junge Verlag für seine „technisch vorzüglich ausgeführten Pläne mit zweckmäßigen, der klaren Anschauung und raschen Übersicht dienenden Neuerungen", die Silbermedaille. Auch der deutsche Kaiser und der englische König lobten die Pläne in blumigen Worten.
Der Verlag entwickelte sich schnell und nahm 1910 an der Weltausstellung in Brüssel teil, wo er die Bronzemedaille erhielt. In Deutschland hatte Pharus bereits einen Anteil von 20 % an der Stadtplanproduktion. Es gab Niederlassungen in Paris und London. Viele europäische Metropolen wurden von Pharus kartografiert. Das Sortiment umfasste mehr als 1000 Städte. Es gab Pläne von Kairo, vom Panama-Kanal, aber auch Gerichts- und Kinopläne sind erschienen. Der Verlag wurde in Liedern besungen und der Begriff Pharus-Plan war Synonym für Stadtpläne überhaupt.
In den 20er Jahren war Pharus zum größten europäischen Stadtplanverlag aufgestiegen. Diese Position hielt er bis 1945. Noch 1954 erschienen beim damals letzten privaten Verlag in der DDR weiterhin Stadtpläne, bis er keine Papierzuteilung mehr erhielt und die Produktion einstellen mußte. Im gleichen Jahr verlegte Pharus seinen Sitz vom Prenzlauer Berg im Ostsektor Berlins in den Westen, nach Charlottenburg. Die Verlagstätigkeit ruhte bis 1972. Aber erst in den 80er Jahren erschienen Neuauflagen von alten Karten und 1991 die ersten aktuellen Karten. Seither werden fortlaufend Stadtpläne, Freizeitpläne und Wasserwanderpläne hergestellt. Der Schwerpunkt liegt hier bei Berlin und Brandenburg.
Eine Liste der Reproduktionen historischer Pläne finden Sie auf der nächsten Seite.

Historische Stadtpläne gibt es bei PHARUS-PLAN

Stadt/Ort	Jahr	Preis (Euro)
Deutschland		
Ahlbeck	1910	2,50
Arnstadt	1911	7,50
Altlandsberg	1928	4
Baden Baden	1920	5
Bad Prerow	1910	5
Berlin (Innenstadt)	1903	5
Berlin (große Ausgabe)	1905	19
Berlin-Spandau	1924	7,50
Berlin (Innenstadt)	1926	7,50
Berlin-Pankow	1927	7,50
Berlin (große Ausgabe)	1928	12,50
Berlin & Potsdam (Innenstadt)	1935	7,50
Berlin (Olympiaplan)	1936	6,80
Berlin (Innenstadt)	1940	9
Berlin (große Ausgabe)	1948	10
Binz	1906	5
Borkum	1920/1926	5
Brandenburg (Havel)	1920	4
Cottbus	1920	4
Deutschland (Reisekarte)	1927	5
Dresden	1932	10
Eberswalde	1934	4
Fürstenwalde	1933	4
Frankfurt/Oder	1931	5
Guben (Gubin)	1923	4
Kaiserslautern	1914	5
Küstrin	1930	5
Neukölln-Mittenwalder Eisenbahn	1934	4
Neuruppin	1927	4
Offenbach am Main	1926	5
Pirmasens	1920	5
Pforzheim	1924	5
Potsdam	1930	9
Quedlinburg	1910	5
Rathenow	1925	4
Sylt	1935	5
Teltow-Kanal-Führer	1906	32
Warnemünde	1925	4
Wernigerode	1920/21	5
Wilhelmshaven	1928 u. 1940	7,50
Worms	1923	5
Würzburg	1921	5
Polen		
Gdańsk (Danzig)	1940	9
Gubin (Guben)	1923	4
Kostrzyn (Küstrin)	1930	5
Szczecin (Stettin, Schulplan, s/w)	1941	7,50
Słubice (Frankfurt)	1931	5
Wrocław (Breslau)	1941	9
Wrocław (Breslau)	1945	5
Russland		
Kaliningrad (Königsberg)	1934	9

Einzelkopien weiterer historischer Pläne sind auf Anfrage möglich. Wir können Ihnen einen Plan auch auf eine CD brennen. In unserem Archiv befinden sich über 800 Einzelpläne. Nähere Informationen finden sie unter

www.pharus-plan.de

in der Rubrik Archiv. Hier gibt es auch Informationen über die Preise.

Nachdrucke sind ab einer Auflage von 500 Exemplaren möglich. Hierbei kann die Rückseite der Pläne und der Umschlag nach Ihren Wünschen gestaltet werden.

Rufen Sie uns an, schicken Sie uns eine E-mail oder kommen Sie einfach vorbei.

Pharus-Plan
Otto-Suhr-Allee 114 · 10585 Berlin
Tel. 030-39 88 88 83
E-mail: pharus@pharus-plan.de

Die Autorin

Dr. Stephanie Kramer (geb. 1969 in Münster/ Westf.) lebt seit 2002 in Berlin. Sie hat an der Justus-Liebig-Universität Gießen und der Sheffield University Sheffield/Großbritannien Anglistik, Romanistik, Didaktik und Betriebswirtschaftslehre studiert und im Anschluß in der Literaturwissenschaft über zeitgenössische britische Dramatik promoviert. Der Band ist unter dem Titel *Fiktionale Biographien: (Re-)Visionen und (Re-)Konstruktionen weiblicher Lebensentwürfe in Dramen britischer Autorinnen seit 1970* (Trier 2000) erschienen. Nach London zieht es sie immer wieder, seitdem sie 1988–89 als Aupair in West-London (Ealing) gelebt hat. Für die Arbeit an dem Band *Literarisches London* war sie 2002/2003 zu längeren Studienaufenthalten in London.
Sie arbeitet als freie Lektorin und bei der Berliner Niederlassung der Literaturagentur Mohrbooks.

Danksagung

Für Hinweise und Tips danke ich Sylvia Asmus (Exilarchiv der Deutschen Bibliothek in Frankfurt), dem Brecht-Archiv/Berlin, Dr. Karin Clark (Deutscher PEN), Sarah Haffner, Prof. Richard Humphrey (Hochschule Zittau/Görlitz), Paolo Le Moli, Dr. Joanna Newman (London Jewish Cultural Centre), Sylviana Ollennu (Goethe-Institut/London), Dorit Philipp, Max Stafford-Clark und Prof. Hartmut Vollmer. Der British Library in London und der Staatsbibliothek in Berlin möchte ich für ihre Bücherschätze danken, ohne die das Projekt nicht in diesem Umfang hätte realisiert werden können. Für das Lektorat geht mein Dank an Christiane Müller und für die graphische Gestaltung an Katharina Hertel. Insbesondere danke ich der Verlegerin Ute Fritsch, die Idee und Konzept der Reihe „Literarische Stadtpläne“ entwickelt hat, für die engagierte Unterstützung dieses Projektes.
S

Siglen (Koordinaten/Adreßangaben/Autorennummern)

BUCHHANDLUNG UND BIBLIOTHEK

Bu1 (In) Tom Davies (heute Boswell's Café), 8 Russell Street, WC2 – 5, 43
Bu2 (In) Marx Memorial Library, 37a Clerkenwell Green, Clerkenwell, EC1 – 53
Bu3 (In) Guildhall Library, Aldermanbury, EC2 – 56
Bu4 (In) Heywood Hill, 10 Curzon Street, W1 – 93

CAFÉ, RESTAURANT, PUB, CLUB

C1 (In) Will's Coffee House (zerstört), 20 Russell Street, WC2 – 3, 85
C2 (E1) Coffee Cup, Hampstead High Street, NW3 – 11
C3 (In) Dickens Inn, St Katherine's Dock, E1 – 20
C4 (X) The Prospect of Whitby, 57 Wapping Wall, E1 – 20
C5 (In) The George Inn, 77 Borough High Street, SE1 – 20
C6 (In) Pub The Sherlock Holmes, 10 Northumberland Street, WC2 – 21
C7 (In) Reform Club, 104 Pall Mall, Westminster, SW1 – 42
C8 (In) Crown and Two Chairmen, 31 Dean Street, W1 – 62
C9 (In) Pub Samuel Pepys, Brooks Wharf, 48 Upper Thames Street (Ecke Stew Lane), EC4 – 64
C10 (In) Restaurant Hotel Ritz, 150 Piccadilly, W1 – 71
C11 (X) Spaniard's Inn, Spaniard's Road, NW3 – 84
C12 (In) White's, 37-38St James's Street (früher Nr. 28), SW1 – 93

FRIEDHOF

F1 (In) Bunnhill Fields, Moorgate, EC1, 38 City Road – 4, 19
F2 (E1) Hampstead Parish Church, Hampstead Church Row, NW3 – 11, 45
F3 (X) Highgate, Swains Lane, N6, 20 – 23, 84
F4 (X) Golders Green Crematorium, Jüdischer Friedhof, Hoop Lane, NW11 – 24, 31, 36
F5 (A5) Kensal Green Friedhof (früher All Souls' Cemetry), Harrow Road, W10 – 32, 62, 87
F6 (X) St Marylebone Cemetry, East End Road, East Finchley, N2 – 40

GERICHT UND GEFÄNGNIS

G1 (In) Newgate (heute Old Bailey), Newgate Street, EC1 – 19, 49, 96
G2 (In) Marshalsea (zerstört), Borough High Street, Southwark, SE1 – 20
G3 (In) Tower, Tower Hill, EC3 – 57, 72

KIRCHE

K1 (In) Westminster Abbey, Parliament Square, SW1 – 1, 3, 8, 10, 16, 37, 43, 45, 57, 69, 74, 87
K2 (In) Southwark Cathedral, Cathedral Street, SE1 – 16, 74
K3 (E11) Chelsea Old Church, Mallord Street, SW3 – 42
K4 (In) St Paul's Cathedral, Ludgate Hill, EC4 – 43
K5 (X) St Nicholas' Church, Creek Road, SE8 – 52
K6 (In) St Margaret's Church, Parliament Square, SW1 – 56
K7 (F11) Chelsea Old Church, Cheyne Walk, SW3 – 57
K8 (In) St Olave's Church, Hart Street, EC4 – 64
K9 (In) St Bride's, Fleet Street, Ecke New Bridge Street, EC4 – 70

LITERARISCHER SCHAUPLATZ

LS1 (X) Greenwich Park und Old Observatory, Greenwich Park, Greenwich SE10 – 18
LS2 (In) Royal Courts of Justice, Inns of Court, Chancery Lane, WC2 – 20
LS3 (In) Old Curiosity Shop, 13–14 Portsmouth Street, WC2 – 20
LS4 (In) National Gallery, Trafalgar Square, WC2 – 42
LS5 (F1) Hampstead Heath, NW3 – 84
LS6 (H10) Victoria Station, Victoria Street, SW1 – 96

LITERARISCHER TREFFPUNKT

LT1 (C8) Salon Violet Hunt / Ford Madox Ford, 28b South Lodge, 80 Campden Hill Road, W8 – 28
LT2 (In) Bloomsbury Group, 50 Gordon Square, WC1 – 29, 98
LT3a (In) Salon von Lady Ottoline Morrell, 44 Bedford Square (um 1910), WC1 – 41
LT3b (In) Salon von Lady Ottoline Morrell, 10 Gower Street, WC1 – 41
LT4 (G7) Deutscher PEN Club, 101a Wigmore Street (ab 1933; zerstört), W1 – 46, 86, 88
LT5a (In) British Museum Library, Great Russell Street, WC1 – 53, 75, 98, 100
LT5b (In) British Library (seit 1997), 96 Euston Road, NW1 – 74
LT6 (In) Österreichischer PEN Club (ab 1939), Albion House, 59/61 New Oxford Street, WC1 – 61
LT7 (In) Scriblerus Club, St James's Palace, SW1 – 85

MUSEUM

M1 (In) National Gallery, Trafalgar Square, WC2 – 2
M2 (In) Carlyle House, 24 Cheyne Row, SW3 – 12
M3 (In) Dickens Hous, 48 Doughty Street, WC1 – 20
M4 (G6) Sherlock Holmes Museum, 239 Baker Street, W1 – 21
M5 (E2) Freud-Museum, 20 Maresfield Gardens, NW3 – 31
M6 (F1) Keats House, Keats Grove, NW3 – 45
M7 (X) William Morris Gallery, Water House, Lloyd Park, Forest Road, Walthamstow, E17 – 59
M8 (F9) Victoria & Albert Museum, Cromwell Road, SW7 – 59
M9 (In) Prince Henry's Room, 17 Fleet Street, EC4 – 64
M10 (G6) Madame Tussaud's, The Bazar, Baker Street, W1 (ab 1884 Marylebone Road, NW1) – 91
M11 (In) Theatre Museum, Russell Street, Covent Garden, WC2 – 96
M12 (In) Johnson Museum, 17 Gough Square, EC4 – 43
M13 (In) British Museum, Great Russell Street, WC1 – 100

PARK

P1 (E8) Kensington Gardens, W8 – 15, 34
P2 (F8) Hyde Park, W2 – 25, 40, 99
P3 (G4) Regent's Park, NW1 – 6, 40

PARLAMENT

PL1 (In) Houses of Parliament, Parliament Square, SW1 – 16, 88, 89, 91

SCHULE

S1 (X) Internat Harrow, Old Schools, Church Hill, Harrow on the Hill, SW19 – 10
S2 (In) Westminster School, Little Dean's Yard, SW1 – 55, 90
S3 (In) Queen's College, 45 Harley Street, W1 – 51
S4 (In) St Paul's School (zerstört), St. Paul's Churchyard, EC4 – 56, 64
S5 (In) Akademie der Dramatischen Kunst (RADA; 1907 Tree's Schule), 62-64 Gower Street, WC1 – 69
S6 (In) Charterhouse School, früher Charterhouse Square, EC1 – 87

THEATER

T1 (In) Lincoln's Inn Fields Theatre, Portugal Street, WC2 – 3
T2 (In) Drury Lane Theatre, Catherine Street, WC2 – 3
T3 (In) Palace Theatre, Cambridge Circus, WC2 – 7
T4 (In) Ambassadors Theatre, West Street, WC2 – 17
T5 (In) St Martin's Theatre, West Street, WC2 – 17
T6 (In) Theatre Royal, Haymarket, SW1 – 26
T7 (A8) Bush Theatre, Shepards Bush Green, Goldhawk Road, W12 – 44
T8 (G10) Royal Court Theatre, Sloane Square, SW1 – 44, 54, 63, 75
T9 (D8) Gate Theatre, 11 Pembridge Road, Notting Hill, W11 – 44, 88
T10 (In) Old Vic, Waterloo Road, Ecke 103 The Cut, SE1 – 68

UNIVERSITÄT

VERLAG, REDAKTION, RUNDFUNK UND FERNSEHEN

Schriftsteller (Numerierungen/Koordinaten)

1. Jane Austen 1a (G9), 1b (In), 1c (G9)
2. Samuel Beckett 2a (F11), 2b (E11)
3. Aphra Behn
4. William Blake 4a (In), 4b (In), 4c (In), 4d (In), 4e (In), 4f (In)
5. James Boswell 5a (In), 5b (In)
6. Elizabeth Bowen 6 (In)
7. Bertolt Brecht 7a (In), 7b (D3)
8. Charlotte Brontë 8a (E7), 8b (E7)
9. Anthony Burgess 9 (X)
10. George Gordon Noël Byron 10a (In), 10b (In), 10c (In), 10d (In), 10e (In)
11. Elias Canetti u. Veza Canetti 11a (F7), 11b (F3), 11c (G6), 11d (E2)
12. Thomas Carlyle 12 (F11)
13. Angela Carter 13 (H14)
14. Giacomo Casanova 14 (In)
15. Francois René de Chateaubriand 15 (G6)
16. Geoffrey Chaucer 16 (In)
17. Agatha Christie 17a (E5), 17b (C/D8), 17c (F/G2), 17d (E10)
18. Joseph Conrad 18a (X), 18b (H10)
19. Daniel Defoe 19a (X), 19b (In)
20. Charles Dickens 20a (H4), 20b (I4), 20c (In), 20d (In), 20e (In), 20f (P7), 20g (In), 20h (E7), 20i (G10), 20j (In), 20k (In)
21. Arthur Conan Doyle 21a (In), 21b (X)
22. Daphne du Maurier 22a (In), 22b (X)
23. George Eliot 23a (In), 23b (H10), 23c (X), 23d (X), 23e (F6), 23f (F5), 23g (F11)
24. T.S. Eliot 24a (In), 24b (F6), 24c (In), 24d (G6), 24e (E9), 24f (F11), 24g (D9)
25. Friedrich Engels 25 (G3)
26. Henry Fielding 26a (In), 26b (X), 26c (F11), 26d (In)
27. Theodor Fontane 27a (In), 27b (In), 27c (In), 27d (In), 27e (D8), 27f (In), 27g (In), 27h (In), 27i (I3)
28. Ford Madox Ford 28 (C8)
29. E.M. Forster 29a (F6), 29b (E10), 29c (In), 29d (In), 29e (X), 29f (X), 29g (X)
30. Janet Frame 30a (H14), 30b (X)
31. Sigmund Freud u. Anna Freud 31a (F4), 31b (F2), 31c (E2)
32. Erich Fried 32a (C4), 32b (E7), 32c (D3), 32d (F3), 32e (E4/5), 32f (In), 32g (X), 32h (F2), 32i (X), 32j (B2)
33. William Golding
34. Graham Greene 34a (H14), 34b (In)
35. Sebastian Haffner 35a (X), 35b (X)
36. Henriette Hardenberg 36a (X), 36b (D5), 36c (X)
37. Thomas Hardy 37a (In), 37b (D6), 37c (X)
38. Nathaniel Hawthorne 38a (In), 38b (X), 38c (In)
39. Heinrich Heine 39 (In)
40. Max Herrmann-Neiße 40a (In), 40b (F7)
41. Aldous Huxley 41a (D1), 41b (F2), 41c (In)
42. Henry James 42a (F11), 42b (E9), 42c (F11), 42d (In)
43. Samuel Johnson 43a (In), 43b (In), 43c (In), 43d (X)
44. Sarah Kane
45. John Keats 45 (In)
46. Alfred Kerr u. Judith Kneale 46a (In), 46b (X), 46c (X)
47. Arthur Koestler 47a (K3), 47b (F9)
48. Sophie von La Roche 48 (In)
49. D.H. Lawrence 49a (X), 49b (X), 49c (In), 49d (In), 49e (E1)
50. Georg Christoph Lichtenberg 50 (X)
51. Katherine Mansfield 51a (In), 51b (In), 51c (In), 51d (E/F4), 51e (In), 51f (F6), 51g (E11), 51h (F1), 51i (F2)
52. Christopher Marlowe 52 (In)
53. Karl Marx 53a (In), 53b (In), 53c (G2), 53d (G2), 53e (In), 53f (In)
54. William Somerset Maugham 54a (I10), 54b (In), 54c (In), 54d (G8), 54e (G6)